U0656006

解密湍流和气候变化

2021年诺贝尔物理学奖得主
克劳斯·哈塞尔曼的故事

Hans von Storch ————— 著

傅刚　傅钊　刘嘉伟 ————— 译

中国海洋大学出版社
CHINA OCEAN UNIVERSITY PRESS

·青岛·

图书在版编目（CIP）数据

解密湍流和气候变化：2021年诺贝尔物理学奖得主克劳斯·哈塞尔曼的故事／（德）汉斯·冯·斯托奇著；傅刚，傅钊，刘嘉伟译.—青岛：中国海洋大学出版社，2024.1

书名原文：From Decoding Turbulence to Unveiling the Fingerprint of Climate Change Klaus Hasselmann—Nobel Prize Winner in Physics 2021

ISBN 978-7-5670-3716-8

Ⅰ.①解… Ⅱ.①汉… ②傅… ③傅… ④刘… Ⅲ.①克劳斯·哈塞尔曼—传记 Ⅳ.① K835.166.11

中国国家版本馆 CIP 数据核字（2023）第 236019 号

著作权合同登记号 图字：15-2023-114号

First published in Switzerland under the title
From Decoding Turbulence to Unveiling the Fingerprint of Climate Change：Klaus Hasselmann—Nobel Prize Winner in Physics 2021
by Hans von Storch
Copyright © The Editor(s) (if applicable) and The Author (s)
This edition has been translated and published under the permission of
Hans von Storch
Hans von Storch，Springer Nature Switzerland AG take no responsibility and shall not be made liable for the accuracy of the translation.

出版发行　中国海洋大学出版社
社　　址　青岛市香港东路23号　　邮政编码　266071
网　　址　http://pub.ouc.edu.cn
出 版 人　刘文菁
责任编辑　张　华　郝倩倩　　　电　　话　0532-85902342
电子信箱　zhanghua@ouc-press.com
印　　制　青岛海蓝印刷有限责任公司
版　　次　2024年1月第1版
印　　次　2024年1月第1次印刷
成品尺寸　175 mm×250 mm
印　　张　14
字　　数　240千
印　　数　1～1000
定　　价　128.00元
订购电话　0532-82032573（传真）

发现印装质量问题，请致电13335059885，由印刷厂负责调换。

本书作者和译者简介

　　本书是中国海洋大学客座教授、德国海岸带研究所汉斯·冯·斯托奇（Hans Von Storch）教授/博士组织人员撰写的关于2021年诺贝尔物理学奖得主、德国马克斯·普朗克气象研究所（Max-Planck-Institut für Meteorologie）所长克劳斯·哈塞尔曼（Klaus Hasselmann）教授的故事，撰稿人包括克劳斯·哈塞尔曼的朋友、同事以及合作者。阅读此书，可以了解克劳斯·哈塞尔曼教授人生成长的轨迹及其从事的研究工作，包括他在海洋学、气候学、经济学和物理学等领域做出的杰出贡献。

　　本书作者汉斯·冯·斯托奇教授/博士是德国亥尔姆霍兹学会（Helmholtz Association of German Research Centres）所属的德国海岸带研究所（Centre for Materials and Coastal Research，原名为GKSS Research Center Geesthacht GmbH）退休所长、德国马克斯·普朗克气象研究所教授、汉堡大学教授、波兰科学院外籍院士、Göteborgs大学荣誉博士、中国海洋大学客座教授，曾获得德意志联邦共和国十字勋章。他长期致力于中德友好交流，指导多名中国留学生在德国学习并获得博士学位。

　　本书主要译者傅刚教授是中国海洋大学海洋与大气学院海洋气象学系二级教授，中国海洋湖沼学会水文气象分会第九届理事会理事长。他先后获得青岛海洋大学（今中国海洋大学）和日本东京大学理学博士学位，长期从事海雾、海上爆发性气旋和台风研究，在国内外学术刊物上发表论文140余篇，出版学术专著4部，2006年获得全国优秀气象科技工作者荣誉称号。他曾与汉斯·冯·斯托奇等德国友人合作，使得百余年前德国占领青岛时期的珍贵历史气象资料完整回归青岛。

本书的另外两位翻译者是傅钊和刘嘉伟，傅钊是陕西师范大学文学院文学专业的硕士研究生，刘嘉伟是中国科学院西安授时中心物理学专业的硕士研究生。

傅刚的研究工作得到中国国家自然科学基金项目（西北太平洋上爆发性气旋风场特征的研究，42275001）和国家重点研发计划项目（全球海洋气象灾害监测预报预警技术及示范应用，2022YFC3004200）的资助。

英文版序言（中文译文）

本书汇集了我们作者、科学家克劳斯·哈塞尔曼的朋友、同事以及合作者如何看待他的文字材料。我们试图评述他的研究工作，包括他在海洋学、气候学、经济学和物理学方面做出的贡献。

本书的撰写出自奥拉·M.约翰内森（Ola M. Johannessen）的提议，汉斯·冯·斯托奇设计了本书的框架，指导了本书的写作，并对全书负总责。

一组作者为本书做出多方面贡献，尤其是对第一章和第三章的贡献颇多，其他人参与了第四章的采访。同时，马克斯·普朗克气象研究所图书馆的工作人员完成了第五章的出版物列表，参与人员包括奥拉·M.约翰内森、苏珊娜·哈塞尔曼（Susanne Hasselmann）、格布兰德·科曼（Gerbrand Komen）、彼得·莱姆克（Peter Lemke）、德克·奥尔伯斯（Dirk Olbers）、卡罗拉·考斯（Carola Kauhs）、马丁·海曼（Martin Heimann）、汉斯·冯·斯托奇、德米特里·V.科瓦洛夫斯基（Dmitry V. Kovalevsky）和伦纳特·本特森（Lennart Bengtsson）。

另一组作者在第三章中提供的是"个人报告"，这些报告（按随机顺序）分别由汉斯·格拉夫（Hans Graf）、徐劲松（Jin-Song von Storch）、尤尔根·维勒布兰德（Jürgen Willebrand）、阿希姆·斯特塞尔（Achim Stössel）、莫吉布·拉蒂夫（Mojib Latif）、尤格·沃尔夫（Jörg Wolff）、克里斯托夫·海因策（Christoph Heinze）、乌尔里希·库巴什（Ulrich Cubasch）、本·桑特（Ben Santer）、帕特里克·海姆巴赫（Patrick Heimbach）、罗伯特·索森（Robert Sausen）、加布里埃尔·黑格尔（Gabriele Hegerl）、路易吉·卡瓦列里（Luigi Cavaleri）、克里斯蒂

娜·卡萨罗斯（Kristina Katsaros）、彼得·杨森（Peter Janssen）、尤尔根·逊德曼（Jürgen Sündermann）、克劳斯·弗雷德里希（Klaus Fraedrich）、哈特穆特·格拉斯（Hartmut Graβl）和乌多·西蒙尼斯（Udo Simonis）撰写。这些报告是受邀提供的，当然克劳斯还有很多朋友和伙伴，他们讲的故事可能会很有意思，甚至更风趣。但由于本书篇幅有限，我们向那些未被邀请的人表达歉意。

在资金支持方面，部分是因为技术原因，但更重要的是为了让斯普林格出版社（Springer Publisher）出版此书，这些费用由德国汉堡的马克斯·普朗克气象研究所（Max Planck Institute）慷慨支付。

本书封面由维克多·奥卡纳（Victor Ocana）完成。以下两项重要工作须向公众说明：卡罗拉·考斯负责最终核查各种参考文献，德克·奥尔伯斯负责检查各种小问题。汉斯·冯·斯托奇在最终纠错时可能又发现了新问题。本书完成后，我们被告知克劳斯·哈塞尔曼获得了2021年诺贝尔物理学奖。

Preface of Chinese Version

Our Springer book "From Decoding Turbulence to Unveiling the Fingerprint of Climate Change Klaus Hasselmann—Nobel Prize Winner in Physics 2021", was prepared by colleagues, friends and students of Hasselmann under my editorship. Just when we had completed the book, the news came that the achievements of this great old man have been recognized with the Nobel Prize in Physics in 2021. The book was published first on-line in June 2022 and shortly later in print. Thanks to a generous funding by the Max-Plank-Institute of Meteorology, the online version is available open access.

Shortly after sending the online–version of this book to him, Professor Gang FU suggested immediately a Chinese translation. Some of his young Chinese students liked reading this book. Miss Zhao FU, a master student of literature in Shaanxi Normal University, and Mr. Jiawei LIU, a master student of Physics in National Time Service Center of Chinese Academy of Sciences in Xi'an, Shaanxi Province, volunteered to take part in the translation. What a pleasure to learn that students enjoy the story of Klaus Hasselmann and this book! Now, the translated book will be published by the Press of Ocean University of China, which is of extra significance for me as the Ocean University of China is my second "home university" next to the University of Hamburg. It is my honor to add this Preface to the Chinese version book.

In the process of our decades-long cooperation, Prof. Gang FU and myself formed a deep and solid friendship. I know that he is blessed with broad interests to both scientific researches and writing poems. Earlier, he invited me to write a preface for his book "Explosive Cyclone" published in March 2022. As one of the co-authors, he also took part in writing a joint paper "Storms as Forming and Threatening Factors for Coasts" submitted to Oxford University Press in November 2022, and was accepted for publication.

Prof. Dr. Gang FU was a long-time executive vice dean of the graduate school in Ocean University of China, and a frequent visitor to many universities and institutes in Germany. Since many years I am a guest professor of Ocean University of China, and have supervised a series of successful Ph.D students sent by the Ocean University of China to Germany through the generous funding by the China Scholarship Council.

A highlight of my cooperation with Prof. Gang FU took place on 08 April 2014: The original paper-archived meteorological observation records of Qingdao and other valuable historical files from 1898 to 1909, when Qingdao was colonized by Germany, were returned to the government of Qingdao, China. This remarkable event, which was made possible through the joint effort of Professor Gang FU, the then-head of the office for marine weather in Hamburg Gudrun Rosenhagen, and me, was widely reported by the Chinese and Germany medias.

I had knew Professor Dr. Klaus Hasselmann for more than 40 years. He was born in Hamburg in 1931, and grew up in England, as his family emigrated after the Nazi-government took over. His first achievements were in the field of dynamics of ocean waves, when eventually in 1975 he was asked to build the Max-Planck-Institute for Meteorology and became its director until 1999. I was hired by him in 1985 and stayed until 1996-and had the pleasure to implement, test and develop statistical ideas of Klaus', in particular on testing differences of ensembles and long-term simulations, detection of climate change and attribution of plausible causes, and the concepts of POPs and PIPs. We also studied concepts of linking climate and society. In all these years we continued our exchange and friendship.

I share the idea of Professor Gang FU that one of the great missions of the old generation is to educate young people. I sincerely hope that this book may play a function as "two bridges" linking China and Germany: one linking the scientific societies between China and Germany, another one linking the old and the younger generations.

I was retired from the position of director of the Institute of Coastal Research in Germany, but I am still active as a researcher, and a guest professor of Ocean University of China. Even though I could not visit China in these three-year mainly due to the impact of COVID–19, I hope that I may visit Qingdao in near future to attend the official publishing ceremony of this Chinese book.

Former Director of the Institute of Coastal Research, GKSS

Prof. Dr. Hans von Storch

Hamburg, Germany

6 June 2023

中文版序言（译文）

我们在斯普林格公司出版的学术著作《解密湍流和气候变化——2021年诺贝尔物理学奖得主克劳斯·哈塞尔曼的故事》是由我组织，哈塞尔曼的同事、朋友和学生共同撰写的。就在我们完成该书的时候，我们得到消息，这位伟大老人的学术成就被认可，并被授予2021年度诺贝尔物理学奖。该书于2022年6月首次在网络上公开出版发行，不久后被印成纸质版发行。感谢德国马克斯·普朗克气象研究所的慷慨资助，该书网络版可以开放获取。

我在把该书的网络版发给傅刚教授后不久，他立即建议翻译成中文，他周围的一些年轻的中国学生也喜欢该书。位于陕西省西安市的陕西师范大学文学院硕士研究生傅钊小姐和中国科学院西安授时中心的硕士研究生刘嘉伟先生自愿参与本书的翻译工作。得知学生们喜欢克劳斯·哈塞尔曼的故事和这本书我是多么高兴！现在这本书的中文版将由中国海洋大学出版社出版，这对我来说意义非凡，因为中国海洋大学是我继汉堡大学之后的第二个"家乡大学"，我很高兴为该书中文版加上序言。

在几十年的合作过程中，我与傅刚教授结下了深厚而坚实的友谊。我知道傅刚教授对科学研究和写诗都有广泛的兴趣。我为他在2022年3月出版的《爆发性气旋》一书撰写了序言。我们还共同撰写了一篇论文《作为海岸形成和威胁因素的风暴》，该文于2022年11月提交给牛津大学出版社并被发表。

傅刚教授曾担任中国海洋大学研究生院常务副院长，访问过德国多所大学和研究所。多年来我也一直是中国海洋大学的客座教授，指导了多位由中国国家留学基金委员会慷慨资助的中国海洋大学派往德国留学的博士研究生。

我与傅刚教授合作的一个亮点发生在2014年4月8日：青岛被德国占领时期的从1898年至1909年的原始纸质气象观测记录和其他宝贵的历史文件被归还给了中国青岛市政府。这一重要事件是在傅刚教授、当时担任汉堡海洋气象部门负责人的古德伦·罗森哈根女士和我的共同努力下得以成功促成的，被中、德两国媒体广泛报道。

　　我认识克劳斯·哈塞尔曼教授/博士已经40多年。他1931年出生于汉堡，在纳粹统治德国后，他与家人移居英国，并在英国长大。他的第一个学术成就是在海浪动力学领域。1975年，他被要求成立马克斯·普朗克气象研究所，并担任该所所长至1999年。我在1985年被他聘用，一直工作到1996年。我很高兴能够实施、检验和发展克劳斯的统计思想，特别是在检验集合模拟和长期模拟的差异、探测气候变化和归因合理的原因以及主振荡模式（POP）和主相互作用模式（PIP）等概念方面，我们还研究了气候与社会联系的概念，多年来我们一直保持着交流和友谊。

　　我非常同意傅刚教授的观点，老一代的重要使命之一是培养年轻人。我真诚地希望该书能成为连接中、德两国的"两座桥梁"：一座连接两国的科学界，另一座连接两国的老一代和年轻一代。

　　虽然我从德国海岸带研究所所长的职位上退休了，但我仍然活跃在科学研究的岗位上，并担任中国海洋大学的客座教授。虽然近三年主要是受新冠肺炎疫情的影响，我无法访问中国，但希望在不久的将来，我可以访问青岛，并参加该书中文版的出版仪式。

德国海岸带研究所退休所长

汉斯·冯·斯托奇教授/博士

德国汉堡

2023年6月6日

2018 年 4 月 5 日，汉斯·冯·斯托奇（左四）与傅刚教授（左三）和他率领的研究生在德国特里尔大学（University of Trier）参加第 14 次欧洲极地低压工作组会议——极地低压和中尺度极端天气研讨会（14th European Polar Low Working Group Meeting——Workshop on Polar lows and Mesoscale Weather Extremes）时合影留念（左起：陈莅佳，孙雅文，傅刚教授，汉斯·冯·斯托奇教授，李鹏远博士，张雪贝，李昱薇）

2018 年 4 月 5 日，汉斯·冯·斯托奇（右）与傅刚教授（左）在
德国特里尔大学参加第 14 届欧洲极地低压工作组会议——极地低
压和中尺度极端天气研讨会时合影留念

2022 年 5 月 2 日，汉斯·冯·斯托奇收到傅刚教授
在 2022 年 3 月由科学出版社出版的学术著作《爆发
性气旋》

目录

4

同事们讲述的故事

5
克劳斯·哈塞尔曼的简历和主要研究论文

1

克劳斯·哈塞尔曼的
科学足迹和成就

1.1 概述

克劳斯·哈塞尔曼，1931年出生于德国汉堡。1934年，由于受到纳粹的迫害，他们全家逃往英国，因此克劳斯是在英语环境中长大的。第二次世界大战后，克劳斯回到了汉堡。在汉堡，他学习物理学，组建了家庭，成为一名有创新思想的科研人员。随后，他在美国待了几年，但最终回到家乡汉堡。1975年，他在那里指导创立了马克斯·普朗克气象研究所，该研究所很快成为气候研究领域国际领先的研究机构之一。克劳斯于2000年退休，但他作为背后的关键性人物，仍然继续从事气候科学研究，同时他的研究转向了粒子物理学。他最近刚过90岁生日，我们这些他以前的同事、朋友，决定向公众讲述这位非凡人物的故事。

我们面临的挑战之一是克劳斯在其职业生涯中有广泛的兴趣和贡献。在本章中，我们将试图评述他作为自然领域的大科学家①（1.2节）、成大事者（1.3节）和公众人物（1.4节）的成就。克劳斯本人将在第二章发表他的个人观点。在第二章，我们增加了2007年对他的一次采访记录和近期的一次简短补充以及2021年5月克劳斯与妻子及自己与两位助手德克·奥尔伯斯和汉斯·冯·斯托奇之间的一次聊天内容。他的主要科学成就在1.2节进行总结。第三章详细讨论和评述了一些文献，其中一些是德语文献②。在第四章，克劳斯以前的一些同事和现在的同事讲述了他们与克劳斯共事的经历。读者会发现不同人的描述有一定程度的重叠——反复出现的主题包括个

---

① 在这里选择使用德语单词"Naturwissenschaft"（及其衍生词）而不是"science"（科学），因为其含义有重要区别。后者"science"（科学）指的是"一门知识或系统地整理事实或真理、并显示一般规律运作的学问的分支"，因此是科学努力的产物。而前者"Naturwissenschaft"描述了创造关于自然系统的特征和动力知识的过程，即努力本身。（原书注）

② 经与本书作者汉斯·冯·斯托奇教授商量，原书的1.5节（第12页至20页）以及论文*Grundgleichungen der Seegangsvoraussage*（第110页至114页）是德语内容，没有被翻译到本书中。（译者注）

人爱好，但也包括他对科学严谨的、固执的追求。但不同人描述的内容和所涉及的科学问题有所不同。这些描述将使读者深入了解这位伟大科学家的各种努力、兴趣和成功所在。最后，第五章概述了他的主要研究论文、获奖情况和个人简历。

1.2 大科学家

考虑如何评述克劳斯·哈塞尔曼的科学成就，使人想起印度的一个古老寓言[①]：聪明的盲人们想了解大象是什么，于是一个人查看腿，另一个人查看鼻子，第三个人查看耳朵，等等。他们都很清楚面前有什么，但没有人知道整个动物是什么样子。本书作者就像是"盲人"，而克劳斯·哈塞尔曼就像是"大象"。

图1-1　适合于评述克劳斯·哈塞尔曼科学成就的印度古老寓言"盲人摸象"

克劳斯主要在七个主要领域，甚至更多领域做出了重大贡献，我们这些"盲人"尚未进行分类和充分评估，原因之一是内波——这是克劳斯在拉荷亚（La Jolla）[②]逗留期间以及他与沃尔特·蒙克（Walter Munk）合作期间涉及的一个研究主题，与表面波问题（波生成、波与波相互作用及波耗散）有很多共同点，他为此投入大量时间。当时，沃尔特·蒙克正在与克里斯·加勒特（Chris Garrett）合作，以三

---

① 该寓言来源于网站https：//en.wikipedia.org/wiki/Blind_men_and_an_elephant。（原书注）

② 拉荷亚（La Jolla）被誉为"美国最美丽城市的宝石"（The Jewel of America's Finest City），位于美国加利福尼亚州南部圣地亚哥市的海岸线上，其经纬度约为117° 15' 27.9612" W，32° 50' 33.6264" N。（译者注）

维海洋波场波谱的统一形式建立内波研究的科学基础。克劳斯本人从未发表过任何关于该主题的实质性工作（除了文献[27]），但他确实鼓励几名博士研究生，如拉荷亚大学的科恩·凯尼恩（Kern Kenyon）以及后来在伍兹豪尔海洋研究所（Woods Hole Oceangraphic Institution）和汉堡大学的彼得·穆勒（Peter Müller）、德克·奥尔伯斯研究这个问题，并提出了一些具有深远意义的新概念。

克劳斯一直对海浪很感兴趣，这给了他进入科学主流的切入点（见3.1节）。1957年，他的博士论文题目为"一种测定激波锋面和任意短波波长在两种介质交界面处反射和折射的方法"（德文题目为*über eine Methode zur Bestimmung der reflection und Brechungvon Stoßfronten und von beliebigen Wellen kleiner Wellennelänge an der Trennungsfläche zweier Medien*，英文题目为*A Method for Determining the Reflection and Refraction of Shock Fronts and of Arbitrary Short Wavelength at the Interface between Two Media*）。他在该领域发表的第一篇开创性论文是1960年的《海况预测的基本方程》（德文题目为*Grundgleichungen der Seegangsvorhersage*，英文题目为*Basic Sea State Prediction Equations*）[3]（见3.1节的文献）。该文为建立一种可靠的、普遍适用的基于海洋波谱基本能量平衡方程的海况预报方法提供了基础。他在1962年至1963年期间发表了3篇论文，主题为"重力波谱中的非线性能量传递"（*On the Nonlinear Energy Transfer in Gravity-Wave Spectrum*）[6, 8, 9]，并于1966年与沃尔特·蒙克[①]合著了《涌浪在太平洋上的传播》（*Propagation of Ocean Swell across the Pacific*）[18]。

克劳斯在遥感和"欧洲遥感1号卫星"（European Remote-Sensing Satellite-1，ERS-1）方面的工作（见3.2节）也与海浪动力学有关。他与曼弗雷德·席勒（Manfred Schieler）在1970年发表了一篇关于"海面雷达后向散射"（*Radar Backscatter from the Sea Surface*）的论文[26]。其后的论文，从1978年的文献[45]开始，讨论了基于飞机或卫星的海洋波谱测量方法。海洋遥感实验（The Marine Remote Sensing Experiment，MARSEN实验）带来了另一项突破，克劳斯与其合作者基于一种成像模型发表了《SAR海浪成像理论：一种MARSEN视图》（*Theory of SAR Ocean Wave Imaging：A MARSEN View*）[75]一文，这是未来利用卫星对海洋表面进行合成

---

① 他们还制作了一部电影，主要是沃尔特·蒙克出镜讲解，但克劳斯也偶尔会出现，请参见https：//www.youtube.com/watch？v=MX5cKoOm6Pk。（原书注）

孔径雷达（Synthetic Aperture Radar，SAR）成像的基础。克劳斯与妻子苏珊娜共同撰写的另一篇重要论文是《海洋波浪谱与SAR图像谱的非线性映射及其反演》（*On the Nonlinear Mapping of an Ocean Wave Spectrum into an SAR Image Spectrum and Its Inversion*）[102]，4.2节引用了这篇论文。这篇论文是哈塞尔曼夫妇在全球尺度上对未来利用ERS-1卫星C波段SAR来反演海浪谱所做主要贡献的一个例子。克劳斯对这一主题的最新也可能是最后贡献是，发表了一篇题为"ERS SAR海浪模式：全球海浪观测的重大突破"（*The ERS SAR Wave Mode：A Breakthrough in Global Wave Observations*）的综述文章[176]。

当克劳斯·哈塞尔曼在汉堡担负起管理马克斯·普朗克气象研究所的责任时，他把大部分时间和注意力放在了气候变化这一主题上。他在1976年发表了具有开创性的论文《随机气候模式》（*Stochastic Climate Model*）[38]（见3.3节），文中阐述了他对这一主题的最初想法，该模式有助于深入理解短期随机波动激发的气候内部长期变化的形成。虽然该方法对一个理论物理学家来说并不特别令人吃惊，但这个概念确实改变了气候学家思考该问题的方式。随机气候模式牢固地建立了随机气候系统的概念，其中包括分离激起的外部"变化"（"信号"）和非激起的内部"变化"（"噪声"）。这导致了总体概念"主相互作用模态"（Principal Interactions Patterns）的出现[86]（见3.4节），其中包含了一个关键的想法，即整个无限状态空间可以分解为一个低维的"信号"空间，其中确定性动力学起主导作用；一个无限的高维"噪声"空间，这是与随机动力学很近似的，"主振荡模态"[89]是一个特例。但这种方法最重要的方面是检测和归因问题[54, 110]，即在气候变化的经验记录中检测人为气候变化的足迹。这种方法是政府间气候变化专门委员会（Intergovernmental Panel on Climate Change，IPCC）评估中的一个关键论点，即人为气候变化是真实的，如果温室气体排放继续增加，气候变化将加剧。

20世纪90年代初，当气候变异和变化机制的科学日臻成熟[118]时，克劳斯·哈塞尔曼开始关注气候与社会之间的相互作用以及如何应对人类引起的气候变化。他很早就知悉，人为气候变化问题远远超出了气候科学的范畴，仅仅把气候变化研究限定在有时被称为"好奇心驱动的科学"的范围内是远远不够的。相反，对人为气候变化的研究应该支持"政策制定"和"协调气候行动"两个方面。这些想法促使克劳斯成立波茨坦气候影响研究所（Potsdam Institute for Climate Impact Research，PIK），从经济方面应对气候变化。克劳斯与德米特里·V. 科瓦列夫斯基和迈克尔·韦伯（Michael Weber）及沃尔克·巴特（Volker Barth）等人合作，试图构建最优化政策，以预期的缓解成本（expected costs of mitigation）平衡预期的损害成本（expected costs of damages），3.5节提供了有关该领域的更多信息。

退休后，克劳斯·哈塞尔曼对气候科学的兴趣逐渐降低，可能是他认为自己在这一领域已倾其所有，剩下的挑战，如经济学方面的挑战，将由其他人来应对。相反，他转向了另一个问题，这也是他在整个职业生涯外一直在思考的问题。在60岁生日的时候，他宣布将展示一些新东西，这让他的客人们感到十分惊讶——这也向他的家人表明，他真的一直在思考粒子物理学（3.6节），而他们错误地认为他只是想摆脱修剪草坪的退休生活。他用了两到三小时演讲，他说："你可以质疑我，但你不能阻止我！"大多数听众对这个演讲知之甚少，但持欣赏态度。当然克劳斯对这一主题和他创立的"克劳斯子"（metron）[1]的概念是严肃认真的。他的妻子苏珊娜自愿替他安排日程，他开始向物理学界提出自己的看法。不幸的是，大多数人都不愿意听他的。完整的概念现在已被记录在一系列文章和一本尚未完成的书稿中，我们将在3.6节中引用该书的引言。目前我们所能做的只能是等待，看看克劳斯的思想是否会像过去那样，最终统领潮流。

1.3 成大事者

当我们把克劳斯·哈塞尔曼称为"成大事者"时，我们指的是他推动事物发展、创造一个科学环境、使人能够充分发挥潜力的能力。此类活动可能不会留下科学足迹，但确实对科学进程做出了间接贡献，无论是通过创造良好的工作环境，还是通过提供获取关键性经验证据的途径，克劳斯在很多方面都是一个"成大事者"。

他最重要的成就无疑是成立马克斯·普朗克气象研究所，当时该研究所为众多年轻的科学家提供了施展才华和技能的环境。第四章中所包含的多个个人报告令人信

---

[1] 本书中的"metron"是克劳斯·哈塞尔曼教授自己创造的。鉴于本书译者尚未找到合适的中文术语来准确表达其确切含义，经与本书作者汉斯·冯·斯托奇教授商量，暂且翻译成"克劳斯子"。汉斯·冯·斯托奇教授曾在德国学术界寻找有关物理学专家解释"metron"的含义，得到的反馈是"Metron derived from 'metric' and 'soliton'"。（译者注）

服地说明了这一点。"做一些你认为有趣的事情"——这个克劳斯式的请求听起来像是一个造成灾难的因素，邀请一群聪明的年轻学者在没有任何协调、没有任何参考计划的情况下，在不同方向发展，但这并没有发生。这些年轻的科研人员从各自独特的角度聚焦在同一个问题上。当然，恩斯特·迈尔–雷默（Ernst Maier-Reimer）不会接受任何人的命令，但他的抽屉里总会有一个适合解决大多数问题的FORTRAN代码。简而言之，该研究所是一个了不起的孵化器，有时甚至可比作一个由底栖动物、初级生产者和优雅的掠食性鱼类组成的水生生态系统。在该链条的顶端只有一条大鱼，那就是克劳斯本人，他以无条件的科学严谨、人性化态度和足智多谋的思想，设法在孵化器内掌控动态。

人们很可能会问，马克斯·普朗克气象研究所是以何方式被组建起来的？有很多类似于"副官"（德文为Zwischenkapazitäten，英文为lieutenants）的人在发挥作用，如德克·奥尔伯斯、尤尔根·威利布兰德、莫吉布·拉蒂夫、马丁·海曼、彼得·莱姆克、恩斯特·迈尔–雷默和汉斯·冯·斯托奇。他们担任年轻科研人员的导师，但往往还是克劳斯最终提供主要意见，通常通过拒绝、替换或纠正有关想法来实现，就连管理层也运作得很顺畅。从1975年到2000年，克劳斯一直担任执行所长。只有一次，他想休息一下，另一个来掌舵的人试图设置其他行政命令等。当时一个很不高兴的"副官"走到在走廊尽头的老政治家雷玛尔·吕斯特（Reimar Lüst）面前问："我们是否误解了什么？"吕斯特说："不，你已经完全理解了，别屈服，很快就会过去的。"说真的，克劳斯没过几天就回来了，科学"天堂"重新建立。克劳斯的一些同事后来成为马克斯·普朗克气象研究所的所长，他们使用克劳斯的办法，并取得了成功。

作为马克斯·普朗克气象研究所的所长，克劳斯还负责财务管理，他以一种特殊的方式对待这一挑战，这可能是受同事汉斯·辛兹彼得（Hans Hinzpeter）的著名格言"号码其实不是数字"（a number is not a number）的指导。这句格言利用了一个经验事实，即任何关于财务状况的断言都是初步的，容易在短时间内发生重大变化。克劳斯提到了"在雾中飞行"，意思是说，知道是否有资金来雇用某人或进行资本收购，主要是靠感觉因素。从某种意义上说，这也是一个信噪比问题。它运行良好，打破了管理一个科研机构所涉及的财务细节的潜在"魔咒"。

正如他在访谈中所述（2.1节），克劳斯在头10年的大部分时间里试图阐明气候变异和变化的基本动态方面。尽管该研究所的成立是为了对气候变化进行研究，但那里的大多数人没有注意到两者之间的联系。即使大多数人希望他这样做，但克劳斯也没有买一台大电脑，他用的是一个相对较小的团队和一套普通的硬件。但当对准现实气候模式的需求在20世纪80年代初变得愈发明显时，克劳斯与汉堡大学气象系的甘特·费歇尔（Günter Fischer）团队建立了密切联系，该团队位于距离马克斯·普朗克气象研究所约10米的叫作"地学大楼"（Geomatikum）①的地方。该团队的成员之一埃里克·洛克纳（Erich Roeckner）当时是大气数值模拟方面的专家。第一步是用汉堡模式的参数化方案取代了欧洲中期天气预报中心（European Center for Medium Range Forecast，ECMWF）内部开发的动力核。该模式被称为"欧洲中心+汉堡"（ECHAM–EC + HAMburg）模式。

大约在那时，克劳斯决定建立一个单独的大型计算中心，即德国气候计算中心（Deutsches Klimarechenzentrum，DKRZ），由沃尔夫冈·塞尔（Wolfgang Sell）领导。这一行动使得使用基于埃里克·洛克纳的ECHAM模式和恩斯特·迈尔–雷默的海洋大尺度地转（Large Scale Geostrophic，LSG）模式进行大规模数值模拟成为可能。在德国联邦教育和研究部的慷慨资助下，计算机系统定期更新，同时德国气候计算中心的运行经费由马克斯·普朗克气象研究所（大股东）、汉堡大学、不来梅港的阿尔弗雷德·韦格纳研究所和吉斯达赫特研究中心（GKSS）分摊。该计算系统在2021年仍平稳运行。

当伦纳特·本特森被说服成为马克斯·普朗克气象研究所的联合所长时，这一过程最终完成，他将专注于大气数值模拟（见3.7节）。ECHAM模式已成为屈指可数的世界领先的几个准现实气候模式之一，在世界各地的研究机构被广泛使用。

20世纪90年代，由汉斯–约阿希姆·舍恩胡伯（Hans–Joachim Schellnhuber）领导的波茨坦气候影响研究所成立后，德国气候计算中心和本特森的部门并入了马克斯·普朗克气象研究所，这也完成了克劳斯最初的心愿。克劳斯继续思考着他的"克劳斯子"问题（3.6节）。

① Geomatikum的中文翻译专门请教了在德国汉堡大学获得博士学位的陈学恩教授，知道该单词由Geo、matik、um三部分组成，Geo是"地学"之意，matik的词根是mathematik，是"数学"的意思，um有"场馆"含义，按照字面直译是"地学数学联合大楼"，这里简称为"地学大楼"。（译者注）

收集数据

尽管克劳斯·哈塞尔曼实际上是一位理论科学家，但他经常介入收集相关数据的实际挑战，无论是在准备卫星任务时，还是在建立和管理各种活动（用大气和海洋科学的行话叫"实验"）时。

克劳斯作为首席科学家进行的第一个实验是1969年的"联合北海波浪计划"（Joint North Sea Wave Project，JONSWAP）项目（见3.1节），在德国湾观测了风应力、大气湍流和涌浪衰减，最终得到了JONSWAP谱。

JONSWAP项目成功后，克劳斯在伍兹豪尔海洋研究所工作期间，明显感到有足够的自信来发起内波实验（Internal Wave Experiment，IWEX）系泊项目，他与梅尔·布里斯科（Mel Briscoe）、特里·乔伊斯（Terry Joyce）、克劳德·弗兰基努尔（Claude Frankignoul）、彼得·穆勒和德克·奥尔伯斯一起参观了该研究所。据我们所知，内波实试三脚架是第一个能够使用水平和倾斜分离的传感器测量海流交叉谱的系泊装置，该项内波实验于1973年在马尾藻海（Sargasso Sea）进行。

这最终促成了由克劳斯协调的国际海洋遥感实验（International Marine Remote Sensing Experiment，MARSEN）项目。该研究于1979年7月16日至10月15日在欧洲的北海进行，旨在实现以下两个目标：（1）研究遥感技术在海洋学中的应用情况；（2）利用遥感技术和现场海洋测量，调查近岸区有限深度水域的海洋过程。国际海洋遥感实验项目动用了6架遥感飞机，包括美国航空航天局（National Aeronautics and Space Administration，NASA）的CV-990飞机和喷气推进实验室（Jet Propulsion Laboratory，JPL）的合成孔径雷达（Synthetic Aperture Radar，SAR）。来自6个国家的60名科学家参加了该实验，产出了大量的论文，其中14篇发表在1983年的《地球物理学研究杂志》（*Journal of Geophysical Research*）上。

在克劳斯后来的职业生涯中，他不再参与长期的带有经验性的观测活动，可能是因为他的注意力越来越集中在气候问题上。海洋科学实验工作更多的是了解海洋模式的各种过程，并将其参数化，JONSWAP谱就是一个很好的例子，而气候科学主要依赖于持续的观测工作。因此，克劳斯开始介入远程海况观测技术研究，当然这也与他对海浪预报的潜力感兴趣有关。到20世纪80年代，他已成为欧洲航天局高级咨询委员会（ESA High Level Advisory Committee，EOAS）的重要成员，该委员会由欧洲航天局总干事设立（3.2节）。他对ERS-1卫星的准备工作以及其他事情的承诺得到了欧洲航天局的尊重，欧洲航天局邀请他7月17日到法属圭亚那的圭亚那航天中心（Guiana Space Centre）参观ERS-2卫星的发射。

20世纪90年代，当克劳斯意识到气候问题的社会紧迫性时，他创建了欧洲气候论坛（European Climate Forum，ECF），该论坛后来影响广泛，并更名为全球气候论坛（Global Climate Forum，GCF）。克劳斯为欧洲气候论坛和全球气候论坛的各项事务做出了积极贡献，多年来担任副主席和董事会成员。

WAM模式团队

1984年春天，克劳斯邀请了一些海浪研究人员在汉堡举行会议。在那里，他提议共同开发一种先进的海浪数值预报模式。他在黑板上写了一个新的首字母缩写词（WAM，代表Wave Modeling Group），并开始了讨论。会议支持这一想法，因为之前彼此的合作产生了一种共同的紧迫感：需要改进模式。克劳斯招募了与会的格布兰德·科曼担任新团队的主席。他将和克劳斯密切合作，实现"创造一个科学环境，使个人能够充分发挥其潜力"，这也使克劳斯能够实现他的目标。

首要挑战之一是制定科学战略。一些成员专注于模式开发，但其他成员只想在海浪研究方面进行合作，于是产生了一些子项目。其中一个子项目旨在开发和实施WAM模式的全球和区域版本，其他子项目则侧重于增长曲线再分析（growth curve reanalysis）、方向效应（directional effects）、浅水效应（shallow water effects）和数据同化（data assimilation）。

年度会议由参与机构轮流主办。会议伊始，他们首先回顾团队的目标和过去一年取得的成就。随后，特邀嘉宾进行一次或多次正式演讲，并举办一场圆桌会议，每个参会者都可以说出自己已经做了什么和计划做什么。讨论后将列出下一年的任务和承诺。克劳斯通常在这些会议上扮演一个较被动但很鼓舞人心的角色。当然，后来在较小的小组会议上商定了一些更严格的协调措施，特别是在欧洲中期天气预报中心运行该模式时。

最初没有专项资金资助，大多数人做出了贡献，是因为WAM团队的目标与其所在机构的目标一致。研究一开始，该团队就成功地获得了额外的资金资助。外联和扩大小组在获得支持方面发挥了重要作用。外联活动的形式包括在参与机构举办许多（受邀的）讲座和专家会议，有时是为了展示成功的合作。当WAM团队与海洋研究科学委员会新成立的工作组（第83工作组，"波浪模拟"）合并时，它成为真正的国际组织。这使来自中国、苏联和其他地区的参与者都能从中受益。该团队最终包括来自15个国家的约70人。

该团队的一个特点就是合作精神。除在工作访问和年度会议期间进行非正式接触外，还通过一份内部通讯加强团队身份的认同。其中一名参与者为著名的流行歌曲《那些日子，我的朋友》重新写了歌词，这首歌后来变成了《那些海浪，我的朋友》，其中包括令人难忘的一句"比较表明//物理是未知的"。在加拿大的一次会议的晚餐后，这首歌被大声唱出来，营造了一种温暖的团结气氛。事后看来，人们很可能怀疑是否投入了太多的热情，因为这可能妨碍一些健康的不同意见，但事情就是这样。

克劳斯非常专注于模式开发，最终在欧洲中期天气预报中心运行了WAM模式。其他项目也取得了成功，产生了若干出版物。外联活动的重点之一是在国际理论物理中心举办的为期5周的"海浪和潮汐"课程，该课程得到了世界气象组织的支持，约有来自发展中国家的100名参加者。另一个成果是成功完成了由剑桥大学出版社在1994年出版的联合撰写的专著《海浪动力学和数值模拟》（*Dynamics and Modelling of Ocean Waves*）[244]一书。此后该团队解散，任务结束。

1.4 公众人物

克劳斯·哈塞尔曼在海浪遥感和预测方面所做的工作是相互关联的，更是一项优雅的科学研究，但并未引起公众的兴趣。可关于气候问题的研究却有天壤之别：他的两大成就，一是在气候内部变异的背景噪声中检测到人为变化信号，并将该信号归因于人类温室气体排放；二是提供科学意义上一流的气候模拟平台，不仅对德国，甚至对全世界的相关公共话语产生了巨大影响。尽管如此，他在公众中仍然不为人知。这不是运气不好的问题，而是出于他的深思熟虑。正如他的妻子苏珊娜在2.3节中提到的那样，他根本"对向公众宣传没有兴趣，但总是对基础研究兴致勃勃"。因此，他非常高兴有人愿意为他做这项宣传工作。他们是哈特穆特·格拉斯和莫吉布·拉蒂夫，两人都为德国公众所熟知。他们都擅长以普通人容易理解的方式解释复杂的动力学和观点。有趣的是，他们这样做并没有相互之间进行协调，也没有与克劳斯之间进行协调，但显然没有造成任何问题。

当被问及公众认为德国最重要的气候研究人员是格拉斯和拉蒂夫的看法时，尽管克劳斯鲜为人知，但他回答（3.3节）："我对此感到非常高兴。"因此，毫不奇怪，克劳斯在媒体上留下的痕迹很少，仅有的几个包括：

克劳斯·哈塞尔曼《媒体的奇思妙想》，《时代杂志》，1997年第32期。

约翰·格罗尔（Johann Grolle）《森林值多少钱？采访克劳斯·哈塞尔曼》，《明镜周刊》，1992年第41期，第271~274页。

约翰·格罗尔《诺贝尔奖？不，我从没想过》，《明镜周刊》，2021年第41期，第110~111页。

彼得·萨多利斯（Pieter Sartorius）《穿着凉鞋寻找明天的世界》，《南德意志报》，1997年10月31日。

图1-2 克劳斯（中）与他的两个"副官"恩斯特·迈尔–雷默（左）和莫吉布·拉蒂夫（右）合影
版权所有者：冈特·曼恩（Günther Menn），莉亚·拉·格雷卡（Lea La Greca）。本书获得使用许可

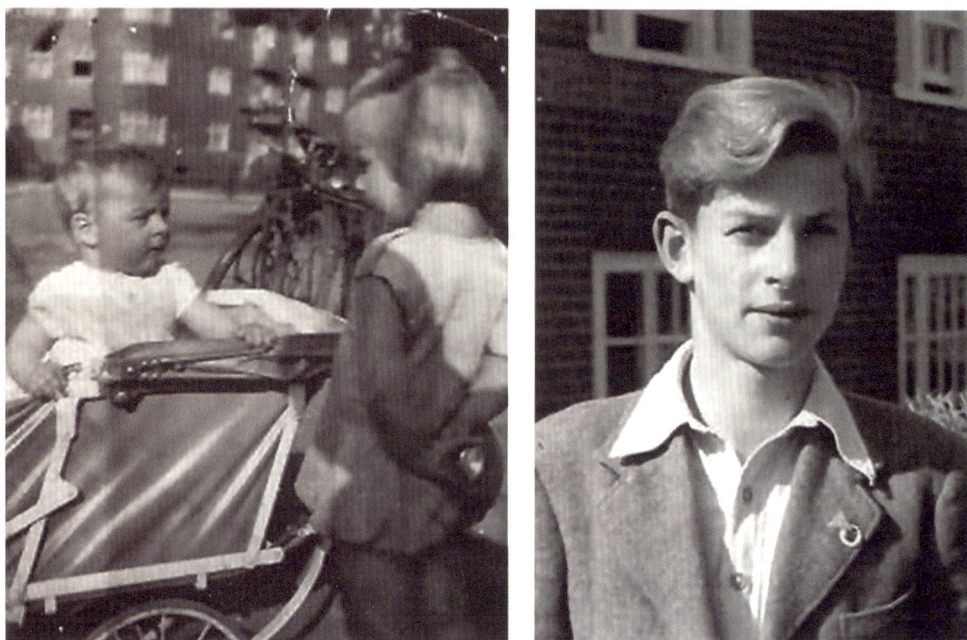

图1-3　1934年，克劳斯和姐姐在汉堡，全家去往英国前不久（左）；1949年，克劳斯在英格兰韦林花园城，全家回到汉堡前不久（右）

图1-4　1975年克劳斯（左）在就职典礼上与其毕业论文导师和后来的博士后雇主海军建筑研究所（Institute for Naval Architecture）的卡尔·维格哈特（Karl Wieghardt）（右）在一起

图1-5　1963年，克劳斯与妻子苏珊娜及两个大孩子梅克和克努特在美国加州的拉荷亚海边

图1-6　1972年，克劳斯在美国伍兹豪尔海洋研究所的"诺尔"（Knorr）号科学考察船前留影

图1-7　1974年，在墨尔本举行的全球大气研究计划联合组织委员会会议休息期间，克劳斯与
　　　　鲍勃·斯图尔特（Bob Stewart）、布赖恩·塔克（Brian Tucker）一起看剪羊毛

图1-8　1975年，克劳斯（右）与马克斯·普朗克学会主席雷玛尔·吕斯特（左）在马克
　　　　斯·普朗克气象研究所的成立典礼上

图1-9　1975年，克劳斯（左一）在就职典礼上与汉堡大学校长彼得·菲舍尔·阿佩尔特（Peter Fischer Appelt）（左二）、汉堡市参议员比亚拉斯（Biallas）（左三）和雷玛尔·吕斯特（右）合影

图1-10　1982年，克劳斯在讲解海浪预报

图1-11 1989年德国气候计算中心建成后，克劳斯在"地学大楼"后面的预制建筑"展馆"（pavillon）里工作

图1-12 1988年，克劳斯（站立者）在一次学术会议上提出问题

图1-13　1990年，克劳斯（第二排左三）在美国国家科学院获得罗伯逊纪念演讲奖［由卡尔·文施（Carl Wunsch）提名，第二排左一］

图1-14　1996年，克劳斯（左）与哈特穆特·格拉斯合影

图1-15　2002年，克劳斯在解释气候–经济耦合模型

图1-16　1992年，克劳斯（右）与联邦教育、科学、研究和技术部部长尤尔根·吕特格斯（Jürgen Rüttgers）（左）一起解释在95%统计置信水平下检测到的人为气候信号

图1-17　1991年，克劳斯（第一排左四）在自己的60岁生日聚会上

图1-18　1991年，克劳斯（右）在自己60岁的生日聚会上与沃尔特·蒙克
（左）交谈

图1-19　1999年11月，克劳斯（右一）与沃尔夫冈·赛尔（Wolfgang Sell）（左二）、伦纳特·本特森（左一）和克劳斯的妻子苏珊娜（右二）在退休晚宴上合影

图1-20　奥拉·M. 约翰内森（左）、沃尔特·蒙克（中）与克劳斯（右）在卑尔根附近的峡湾航行，奥拉评写道："沃尔特和我正在讨论我2008年的关于二氧化碳–冰的论文，对克劳斯来说太简单了，他打了个盹儿。"

图1-21　2011年，克劳斯（站立者）在德国瑞森（Rissen）

图1-22　克劳斯（右）与本书作者汉斯·冯·斯托奇（左）合影

图1-23　2012年，苏珊娜（左）、克劳斯（中）与德克·奥尔伯斯（右）在菲舍胡德
（Fischerhude）讨论海洋物理学问题

2

克劳斯·哈塞尔曼
自己讲述的故事

2006年，汉斯·冯·斯托奇和德克·奥尔伯斯采访了克劳斯·哈塞尔曼。本次采访记录在此转载时未做任何改动。采访报告中编号的参考文献是指本书末列出的出版物列表。采访报告——《克劳斯·哈塞尔曼采访记》在2007年以汉斯·冯·斯托奇和德克·奥尔伯斯的名字发表，见GKSS报告2007年第5期，共67页。[①]

2.1 2006年对克劳斯·哈塞尔曼的采访

问：您是怎样对物理学产生兴趣的？

哈塞尔曼：早期的一次经历激起了我对物理学的兴趣，就是在学校以2先令6便士（半克朗）或电影票的价格从一位朋友那里购买了一个水晶探测器。我当时应该是13岁左右。令我印象深刻的是，即使不将设备插入插座，我也可以通过耳机聆听美妙的音乐。我想更好地理解从无到有的令人费解的现象。我去了镇上的图书馆，以便在初学者的物理书籍中了解电和无线电的工作原理，那是我对物理学的最初认识。那真是一次激动人心的经历，完全与我在学校学习的物理知识无关。我没有看到学校的物理课和我个人从图书馆的书中学到的东西之间有任何联系——我认为这种个人学习和发现的经历对我来说非常重要。

问：我们刚刚听说您花半克朗购买探测器——看来您不是在德国上学，而是在英国上学，这是怎么回事？

哈塞尔曼：当我快三岁时，我的家人——我的父母和姐姐——移民到了英

---

① 请参见https：//www.hereon.de/imperia/md/content/hzg/zentrale_einrichtungen/bibliothek/berichte/gkss_berichte_2007/gkss_2007_5.pdf。2013年由尼尔斯-玻尔图书馆（Niels-Bohr Library）和物理学历史档案中心（Archives of the Center for History of Physics，参见https：//www.aip.org/history-programs/niels-bohr-library/oral-histories/33645）在线发布，最初的采访记录包括之前展示的照片及其他照片，并在前言中增加了雷玛尔·吕斯特的介绍和沃尔特·蒙克的结论性评论。（原书注）

国。我父亲是一名社会民主党人，不想留在德国，于是，1934年我们家搬到了一个所谓的社区，主要由来自德国的犹太移民组成。在那些日子里，英国"贵格会"（Quakers）帮了我们很多忙。直到1949年回到汉堡之前，我们都住在伦敦以北30千米处的一个非常漂亮的小镇——韦林花园城。在那里我获得了A级证书（那时称为高中证书）。我在英国感到非常快乐。所以，实际上英语是我的第一语言。

问：尽管如此，您还是在德国学习。

哈塞尔曼：我在汉堡学习。我先在机械厂实习了半年，因为我不确定我是想学工程还是物理。此外，我没有住在德国的家里——事实上，我的父母也没有，因为德国已经变了。所以，我必须先找到落脚点。当我开始学习时，必须努力学习的想法对我来说也是一种新的体验，所以在第一年我有点退缩了。我怀疑我是否真的有足够的天赋继续我的学业，所以，作为尝试，我参加了学习考试（Fleiβ prüfung）并通过了，因此我继续完成我的学业。我并不后悔那段适应期，但这是我在伦敦北部一个有益于健康的郊区花园小镇度过的英国学生时代和住在德国汉堡后的巨大变化，那里的一切都被炸成了废墟。然而，我一直很想回德国寻根。我的父母是爱国的。但我在英国一直很开心，并没有因为我的德国血统而遇到任何困难，即使在战争期间也是如此。尽管如此，我还是想知道我属于哪里。尽管最初一两年的适应期很艰难，但我并不后悔回到德国。

问：您只在汉堡学习吗？

哈塞尔曼：我在汉堡学习了11个学期，直到1955年夏天获得物理学文凭（diploma），1957年在马克斯·普朗克流体力学研究所和哥廷根大学工作，之后我回到汉堡。1961年去美国之前，在海军建筑研究所跟我的前论文导师卡尔·维格哈特教授一起做了三年的博士后研究工作。

问：您能回忆起您毕业论文的题目吗？

哈塞尔曼：在我的毕业论文中，我研究了各向同性湍流，并给出了一个在我看来对各向同性湍流的基本动力学方程更漂亮的推导。在博士论文中，我改变了研究方向，研究所谓的冯·施密特头波（von Schmidt head waves）的传播，即两个固体之间边界处的弹性波。在汉堡，我再次回到流体动力学研究，主要是研究关于船舶尾流湍流的实验工作，在风洞和拖曳水箱中使用热线仪器（hot-wire instruments），但我也继续研究湍流理论。

问：这似乎不太符合物理学教育的主流，原子理论和核研究在那个时代不是已经被视为物理学的常规课题了吗？

哈塞尔曼：是的，那是主流，但我想在一个我认为我能够做出贡献的领域工作。我总是偏好实践，我想解决我认为我能解决的问题。我不想研究抽象的理论问题，也没有足够的自信认为我可以在广义相对论或量子场论等困难领域做出重大贡献。所以我学了流体动力学。我一直对飞机和火箭的工作方式很感兴趣。我喜欢我的工作领域，我只是逐渐转向海洋学、气象学和气候研究。后来，通过研究地球物理波动场中的非线性相互作用，从海浪开始，我对量子场论、基本粒子物理学和广义相对论产生了兴趣。多年来，我在进行常规研究的同时进行了这样一些研究，可以说是一种个人爱好。然而，这一切都是在这些年里发展起来的。首先，我想以物理学家的身份完成一项实际的、可解决的任务。

问：那您真的解决了一个实际的问题吗？

哈塞尔曼：这是一个令人尴尬的问题。

问：湍流理论肯定没有得到解决。

哈塞尔曼：没错，那时我太年轻和天真了，我希望在这个问题上取得一些进展，虽然之前几代人都失败了。尽管如此，我与湍流理论的"斗争"教会了我很多关于非线性系统中的随机过程和相互作用的知识，这使我能够在以后解决其他问题。我从理论上解决的第一个问题是海浪分量的非线性耦合问题。如果我以前没有研究过湍流，我将无法解决这个问题。

问：您的博士论文得了多少分？这个问题可能会为其他人提供道义上的支持。

哈塞尔曼：这又是一个尴尬的问题。我得到了2分（相当于B）。原因大概是我以不同于托尔米恩教授（Prof. Tollmien）的助手所建议的方式解决了我提出的问题（冯·施密特头波的传播）。几个月后，我就发现我导师建议的方法行不通。所以我选择了另一条路，这能实现目标，但我的导师并不热心。尽管如此，他还是接受了我的论文，给了我2分，因为我用德国第一台电子计算机（G1）获得了一些非常好的计算结果，它是在哥廷根开发的。它现在陈列在慕尼黑的德国科学博物馆里。信不信由您，它总共有 25 个记忆单元。使用它来求解有许多不同参数的多元方程组是一个相当大的挑战。我可以在晚上使用这台电子计算机，和另一个学生打乒乓球，直到电子计算机（G1）的警报铃声告诉我有一个错误，我会剪下并更换一部分穿孔磁带来修复这个错误，这些穿孔磁带被粘在一起形成一个闭环。不同的计算循环是通过不同阅读器上不同的穿孔磁带循环来实现的。随着不同的读取器被打开和关闭，人们可以跟踪计算的过程。我在许多图表中很好地展示了我的结果，这显然给我的导师留下了深刻的印象。所以，我在不到两年的时间里获得了博士学位[2, 191]，尽管我曾经用过被禁止的方法来解决问题。

问：您的家人没有在早餐时讨论物理，您是如何走向科学的？

哈塞尔曼：我一直对理解物理过程很感兴趣。正如我曾说过的那样，触发点是一个晶体探测器。但是我也制造了电机之类的东西，并且在家里不断地制造小的电路。我在学校的物理期末考试中取得了很好的成绩，但与我在学校所学内容没有任何关系。我的物理老师根本没有鼓励我。对物理老师而言，我是一个不守规矩的麻烦制造者，老师放学后经常把我留在他身边。"哈塞尔曼，四点关禁闭！"这句话仍会在我耳边响起。

后来在大学里，我受到同学们的强烈鼓励，尤其是沃尔夫冈·昆特（Wolfgang Kundt）、格德·维伯伦茨（Gerd Wibberenz）和埃瓦尔德·里希特（Ewald Richter）。我和他们一起做练习，并进行了很多讨论。那是一个非常特殊的时期，我们建立了终生的友谊。沃尔夫冈·昆特和格德·维伯伦茨成为波恩大学和基尔大学的物理学教授，后来我们也偶尔一起工作。埃瓦尔德·里希特（Ewald Richter）成为汉堡大学的哲学教授，我们也与他进行了许多有趣的讨论。作为一名学生，我也受到了在汉堡大学教授理论物理的帕斯夸尔·乔丹（Pascual Jordan）的启发。我和他没有私人接触，但我真的很喜欢他的讲座。毕业后我主要是自学。我读了有趣的书，熟悉了与我的研究相关的文献——我想所有的年轻科学家都会这样做。但我在学习期间从没有过真正合适的导师。1961年，当我29岁时，我认识了沃尔特·蒙克①，他邀请我到他在拉荷亚的研究所。从那时起，我就与他保持着密切的联系。他开放、慷慨的个性以及对科学的热情态度给我留下了深刻的印象。尽管我与他合作写了一两篇论文，但我更多地将沃尔特视为我个人而不是科学的榜样。

---

① 在完成了这次访谈之后，克劳斯·哈塞尔曼和汉斯·冯·斯托奇准备了对沃尔特·蒙克的访谈，请参见von Storch, H., and K. Hasselmann, 2010: Seventy Years of Exploration in Oceanography. A prolonged weekend discussion with Walter Munk. Springer Publisher, 137 pp, https://doi.org/10.1007/978-3-642-12087-9（http://www.hvonstorch.de/klima/books/munk-springer-final.pdf.）。（原书注）

问：您会说您有了一个真正的导师吗？

哈塞尔曼：为了我的博士学位？不，我没有真正的导师。后来任马克斯·普朗克流体动力学研究所所长的托尔米恩（Tollmien）教授不再活跃。正如我解释的那样，他的助手对我如何解决我论文提出的问题有不同的想法，我无法真正地与他讨论。我独立工作和学习，阅读必要的文献。在汉堡接下来的三年里，我和我的前论文导师维格哈特教授在科学上关系很好，但我们的互动并不积极，因为他更倾向于实验工作。虽然当时我也参与了湍流测量的实验，使用热线仪器（hot-wire instruments），但我或多或少是靠自己工作的——我不得不承认在实验上取得的成功有限。但是要了解如何制造设备、学习反馈系统以及它们在试图建造高水平放大器来测量弱湍流信号时所造成的破坏，仍然是很有趣的。

问：然后您去了美国。

哈塞尔曼：是的，是德国水文研究所（German Hydrographical Institute，现称为BSH）的前任所长罗尔（Roll）教授提议的。在开发热线测量仪器的同时，我对海浪产生了兴趣。在海军建筑研究所，人们对船舶的波浪阻力和船舶在波浪中运动产生了相当大的兴趣，这受到研究所所长乔治·温布拉姆（Georg Weinblum）教授的鼓励。他是一位非常友善和给人鼓励的人，他是该领域的国际专家。船舶，尤其是在波涛汹涌的大海上的航行是该研究所的一个主要研究课题。在此背景下，我阅读了欧文·菲利普斯（Owen Phillips）和约翰·麦尔斯（John Miles）关于海浪风力发电的一些非常有趣的论文，这进一步激发了我对该主题的兴趣。我自己对该主题的第一个贡献只是引入了用于预报海浪谱的波浪谱能量平衡方程（spectral energy balance equation）。奇怪的是，以前没有人用过该方程。当然我很清楚，要了解海浪的波浪谱能量平衡，必须解决波浪各分量之间的非线性相互作用问题。我意识到这个问题可以通过我在与湍流理论"斗争"过程中学到的方法来解决。虽然相关的闭合方法不足以解决强非线性湍流问题，但它们可直接适用于海浪分量之间的弱相互作用问题。因此，我能够推导出海浪之间非线性能量传递的闭合表达式。它由一个相对复杂的五维的所谓的玻尔兹曼积分（five-dimensional so-called Boltzmann integral）来表示。我基本上解决了这个问题，以减轻我无法解决湍流问题的挫败感。

我在海军建筑研究所的一次学术研讨会上展示了我关于波浪谱能量平衡和非线性能量传递（energy transfer）的结果[4]。尽管海军建筑研究所的多数人对数学有些困惑，但温布拉姆教授很热情，鼓励我继续我的科学研究。维格哈特教授还得出结论说，我在理论上的工作可能比用热线仪器开展艰苦的实验工作更有效，这些热线仪器有一种令人不安的振荡倾向。多年来一直从事海气相互作用（air-sea interaction）的罗尔教授也在场，显然我也给他留下了深刻的印象。他提议我参加即将于1961年4月在美国伊斯顿（Easton）举行的海浪会议，他曾受邀，但无法前往。我就是这样来到美国的，在那里我再次展示了我的研究成果。当时——虽然我不知道这一点——海浪之间的非线性相互作用问题被视为海浪研究的核心问题之一。我立即收到了前往加利福尼亚州拉荷亚海洋研究所和伍兹豪尔海洋研究所以及伊利诺伊大学（University of Illinois）的邀请。我接受了沃尔特·蒙克提供的拉荷亚助理教授的职位，我在伊斯顿会议上第一次见到他。我发现他刚刚在斯克里普斯海洋研究所（Scripps Institution of Oceanography）创立的地球物理和行星物理研究所（Institute for Geophysics and Planetary Physics）的气氛非常令人兴奋。于是半年后，即1961年底，我去了拉荷亚，在那里我度过了三年多的非常有收获的和令人激动的时光。

问：当您被邀请去美国作学术报告时，您是否已经有了完整的关于表面波共振相互作用的理论？从您的出版物中得知，表面波的三重相互作用（triple interaction of surface waves）不起作用，人们必须将相互作用理论推广到更高的微扰阶数，才能得到合理的结果。

哈塞尔曼：实际上这独立于我的论文[5, 6, 8-10]，欧文·菲利普斯已经证明，不同波分量之间的共振能量转移的必要条件不能由三个波分量满足，而只能由四个波分量满足，但菲利普斯没有推导出玻尔兹曼方程。在菲利普斯发表其论文前，我已经独立地推导出了最低阶三波耦合（lowest-order triple-wave coupling）的完整的玻尔兹曼方程（complete Boltzmann equation）。然而当我想计算积分时，我沮丧地发现共振条件无法满足，这令我非常震惊。我已经计算了完整的第三阶理论，了解到连续海浪谱中共振相互作用的能量传递（energy transfer）的所有细节，却发现由于海浪特殊的频散关系（dispersion relation），三阶共振条件无法满足，这意味着计算必须扩展到第五阶。

我在汉堡市的公园里走了三个小时，心里在想，我是否能鼓起勇气再进行两次复杂的计算。我决定完成它，之后又花了两三个月的时间研究数学。事实证明，它并没有我最初担心的那么糟糕，尽管我不得不推导出一到两页的公式。当我收到去伊斯顿会议上展示我的结果的邀请时，我已经找到了一位非常有才华的、年轻的学习应用数学的学生，赫尔·克劳斯（Herr Krause）先生（当时的学生们在德国接受了相当正规的教育）。他为我编程，进行玻尔兹曼积分的数值计算。他当时使用了大学中的计算机可使用的最高上限，到目前为止已经超过了第一代计算机，但仍然非常局限。他在两三个月内得到了第一个数值结果，这给我留下了非常深刻的印象。虽然我们后来用改进的计算机获得了更精确的结果，但他的结果在质量上是可靠的。然而，他们并不是在所有方面都同意我直觉上的预感，因此当我在伊斯顿发表演讲时[10]，我指出他们在某些细节上可能有问题。然而后来很明显，他的计算在质量上是非常可靠的。他甚至正确地计算了最重要的过程——我凭直觉曾质疑过——即能量从频谱峰值附近的波转移到更长的波。10年后，我们通过JONSWAP实验证明，这正是风生波（wind generated waves）从短波到长波不断增长的主导过程。我仍然感谢赫尔·克劳斯先生的这一令人印象深刻的贡献，这使我不仅能够介绍理论，而且能够在伊斯顿介绍第一个数值结果。

问：在那个年代您自己不编程是不是很正常？我有点惊讶，作为一个相对年轻的人，作为一名博士后，需要有人为您编程，您是否存在需要克服的特殊技术障碍？

哈塞尔曼：不，您只需要有一些编程经验即可。当然，我和那个大学生合作过。我向他解释了需要应用哪些数值算法，但他把这些知识应用到了程序中，进行了计算，进行了常规测试，并检查了错误等。他完全理解自己在做什么，我只是雇他当研究助理。

问：我们谈论的是1960—1961年的事情，FORTRAN语言已经存在了吗？

哈塞尔曼：我真的记不起来了，FORTRAN语言可能已经存在了，但我想不起赫尔·克劳斯是用哪种语言编写程序的。我记得我为博士论文写的第一个程序是机器代码，我后来的程序都是使用FORTRAN，但我不确定克劳斯是否一直在使用FORTRAN。

问：从1960年开始，您能告诉我们什么人在什么时候进入您的生活吗？

哈塞尔曼：在德国的第一段时间里，有卡尔·维格哈特教授、乔治·温布拉姆教授、汉斯·罗尔教授，还有物理学老师帕斯夸尔·乔丹教授和其他数学教授，但我没有和他们进行过私人的联系。在美国，正如我所说的，沃尔特·蒙克给我留

下了——而且仍然留下——持久的印象。我已经从斯维德鲁普和蒙克（Sverdrup &
Munk，1947）关于海浪预报的第一篇经典著作中知道了他的名字。不过从那篇著作
中我得出的结论是，他的物理学知识相当有限。起初，我低估了他作为一个科学家的
能力，但当我了解他本人后，我不仅对他清晰的科学思维印象深刻，而且对他开明、
积极、支持他人的慷慨大方的印象深刻。他有一种"维也纳人的魅力"（Viennese
charm）。他是奥地利人，20世纪20年代就移民到美国了，但说话仍带着浓重的奥地
利口音。我很高兴地接受了他在拉荷亚举办的IGPP会议的邀请。我在他研究所漂亮
的红木新建筑里有一间办公室，那个新建筑是他妻子朱迪设计的，可以在悬崖上俯瞰
太平洋。我从一开始就觉得在拉荷亚很开心，尤其是美国人欢迎新到访问者的开放
方式。我了解20世纪50年代至60年代早期德国科学的一种氛围，也许并不沉闷，但
也不是特别有创造性的氛围。来到美国，那里的每个人都非常热情，这是一次很棒
的经历。

　　沃尔特·蒙克是中心人物，但拉荷亚也有其他非常令人兴奋的人，比如梅琪
尔·朗盖特–希金斯（Michael Longuet-Higgins），他是剑桥大学著名的应用数学家
和流体动力学家，贡献了许多关于海浪、微地震（microseisms）和其他地球物理现
象的基础论文。我在拉荷亚的时候，他在那里担任客座教授。另外，还有来自新西
兰的诺曼·巴伯（Norman Barber）和大卫·卡特莱特（David Cartwright）。巴伯是
海浪研究的先驱，曾研究过涌浪的传播（propagation of ocean swell）。卡特莱特是用
于测量海浪方向谱（directional ocean wave spectra）的纵横摇摆观测浮标（pitch-and-
roll buoy）的联合开发者，也是潮汐研究的领军人物。斯克里普斯海洋研究所还有
约翰·迈尔斯，他提出了一个关于风浪产生的重要理论；还有休·布莱德纳（Hugh
Bradner），一个有趣的前高能物理学家，他测量了深海的压力变化。我还很喜欢与
乔治·巴克斯（George Backus）和弗里曼·吉尔伯特（Freeman Gilbert）交流，这两
位年轻的地球物理学家和我年龄差不多大，他们在地球物理学的逆方法研究方面做出
了一些非常出色的工作，他们的基础数学知识非常扎实，令人印象深刻。后来成为
厄尔尼诺（El Niño）研究领军人物的克劳斯·维尔特基（Klaus Wyrtki）①，以及写

---

　　① 克劳斯·维尔特基较早前接受过英语采访，请参见von Storch, H., J. Sündermann, and L. Magaard,
2000：Interview mit Klaus Wyrtki. http://www.hvonstorch.de/klima/Media/ interviews/Wyrtki.pdf（GKSS Report
1999/E/74, 41 pp.）。（原文注）

了一本令人印象深刻的理论海洋学著作的卡尔·埃卡特（Carl Eckart），也是当时斯克里普斯海洋研究所的两位知名人物，尽管我和他们几乎没有直接接触。我在斯克里普斯海洋研究所的时候，另一个到这个研究所的人是大卫·基林（David Keeling）（他在论文上的签名是查尔斯·基林，Charles Keeling），他正在夏威夷毛纳·罗亚（Mauna Loa）山上测量二氧化碳，他四年前才开始测量。当时我并不知道我后来会不断地把现在著名的基林曲线（Keeling curve）作为气候变化讨论中最重要的观测基础。我们当时的主要接触是通过我们中的一些人发起的唱诗班，它后来发展成为一个由大卫领导的相当大的大学合唱团，直到他去年去世。

所以我沉浸在一个高度令人兴奋的科学环境中。科学讨论还是每周在沃尔特·蒙克家举行的葡萄酒和意大利面条派对上继续进行。他的家是一座美丽宽敞的红木平房，可以俯瞰太平洋，这也是他的妻子朱迪设计的。

还有很多令人兴奋的优秀学生。我指导的第一个学生是罗斯·斯奈德（Russ Snyder），他后来也研究过海浪，我一直与他保持联系。几年后，我俩与我妻子及另外两个同事共同撰写了一篇论文[114]。我妻子和我也加入了罗斯一家的航行，沿着美丽的土耳其海岸在东地中海航行了两周。他们乘坐罗斯自己建造的双桅帆船环球航行三年后返回了美国。我的第二个学生是克恩·凯尼恩，他后来去汉堡找我，现在还在斯克里普斯海洋研究所。还有布伦特·加拉格尔（Brent Gallagher），他也很有才华，在非线性正压波方面做了一些很出色的工作，他在夏威夷的某个地方。最后是蒂姆·巴奈特（Tim Barnett），他在博士论文中开发了第一个海浪预报模式，该模式基于波浪谱能量平衡的现实表现，包括非线性能量转移。几年后，我们在JONSWAP实验中合作，再后来，马克斯·普朗克气象研究所成立后，我们合作了几篇关于气候的论文。如今，他是一位著名的气候研究专家。这些是我的第一批学生，我很高兴他们都做得很好。

问：我知道您并不总是坐在桌前解释各种积分，您还做实验研究，比如在夏威夷。

哈塞尔曼：那是第一次由沃尔特·蒙克组织、弗兰克·斯诺德格拉斯（Frank Snodgrass）协调的大型海洋波浪实验。弗兰克是一名技术员，也是沃尔特在所有实验事务上的得力助手。与诺曼·巴伯类似，沃尔特·蒙克在拉荷亚附近的一个海岸观测站对到达的涌浪的谱特性进行了连续观测。他从观察到的涌浪波浪谱的逐渐变化中推断出，涌浪一定是起源于遥远的南太平洋和南极的风暴——首先到达的是长波，然后是波长逐渐减小的波。蒙克现在想弄清楚涌浪的能量从源头传播时是如何变化的——在澳大利亚南部的某个地方，在"咆哮五十度"（fighting fifties）的大风地区，穿过整个太平洋一直到阿拉斯加，距离约为地球周长的三分之二。有些波浪甚至起源于印度洋，沿着新西兰和澳大利亚之间的一个大圆传播到太平洋。因此，蒙克沿着一个大圆，从新西兰开始到阿拉斯加结束，建立了一系列海浪观测站。其间有些站在萨摩亚群岛、帕尔米拉（Palmyra）岛（萨摩亚和夏威夷之间的一个无人居住的环礁）和"弗利普"（Flip）。"弗利普"是一艘停泊在夏威夷和阿拉斯加之间的特殊的船，它可以被翻转过来，像漂浮在水中的浮子一样垂直立着，船头高高翘起，船尾垂下。他们的想法是，通过这种方式，船几乎可以静止在波浪中，并可以用作海浪观测站。

沃尔特·蒙克带着朱迪和他的两个女儿留在萨摩亚群岛，科学家戈登·格罗夫斯（Gordon Groves）和无线电操作员飞往帕尔米拉岛，弗兰克·斯诺德格拉斯和我，以及我妻子苏珊娜和三个孩子在夏威夷。弗兰克·斯诺德格拉斯负责后勤工作，而我则需要操作波浪仪，检查整个实验的数据。全部实验数据被空运到拉荷亚的计算机中心，然后返回夏威夷进行第一次分析。这个实验在1963年夏天进行了三个月。

我们在夏威夷度过了美好的时光。弗兰克·斯诺德格拉斯做的第一件事就是在檀香山（Honolulu）附近的涌浪观测站与我们在凯卢阿（Kailua）的房子之间安装了电话，我们的房子位于岛的另一边（北部）。我的测量任务是在早上6点打开磁带记录仪（tape recorder）一个小时，在下午6点再打开一个小时，用几分钟检查磁带上的数据是否正确，然后把磁带空邮到斯克里普斯海洋研究所进行波浪谱分析。偶尔我也会把所有从拉荷亚发回夏威夷的观测站的波浪谱分析画出来。

不幸的是，这样美好的时光偶尔也会被帕尔米拉岛的发电机故障打断。他们有五台第二次世界大战时期的老式发电机，人们会认为这已经足够多余了，但其中四台常常会出故障，我不得不开车去瓦胡岛搜寻替换零件。帕尔米拉岛在第二次世界大战期间曾是一个空军基地，但现在除了我们的科学家和无线电操作员外没有人会去。弗兰克·斯诺德格拉斯把两个人单独留在荒岛上三个月，这让他感到很不安。因此他已经安排好，如果戈登·格罗夫斯通过无线电操作员通知他"第二台放大器坏了"，这就是"有紧急问题，立即赶来"的暗号。两周后我们收到了消息。我乘飞机去那里看看出了什么问题。然而，两人已经和好如初。两周后无线电中断了，我们没有听到他们两人的任何消息。后来我收到一条无线电消息，说戈登·格罗夫斯的手受伤了血流不止。接下来又是一个星期的完全沉默。我们很担心，决定乘飞机去那里看看。

我第一次飞到那里时乘坐的是一架老旧的B25飞机，这是一架第二次世界大战时期的双发轰炸机，以前的海军飞行员用它来喷洒农药。前不久，他们曾经尝试飞往帕尔米拉岛，但没有成功，他们没有任何现代化的导航设备。他们用航位推算法（Dead reckoning）飞行，就像水手航行时没有导航标志。你以一定的速度朝一定方向飞了一定时间，然后计算出相应的位置。此外，你必须知道风。他们到达了预定的位置，但帕尔米拉岛却不见踪影。于是他们又飞到了塔希提岛（Tahiti），但是那里的雷暴阻止了他们着陆。于是他们又飞了回来，再次飞到帕尔米拉，却没有找到环礁。他们带着最后一滴燃料成功降落在檀香山（Honolulu）。整个机场都关闭了，在他们降落之前，没有其他飞机被允许降落。飞机降落后，两名飞行员立即被警方带走。

那就是与我一起飞往帕尔米拉岛的机组人员。如果我妻子看到那些留着胡子、脏兮兮的人，穿着短裤，有的穿着T恤，有的没有，她决不会让我飞过来。他们再次遇到了寻找环礁的困难。我坐在领航员的后面，他正忙着向四周搜寻，我可以看到他的脖子上冒出了汗珠，突然他喊道："有个岛！"

在第一次尝试之后，弗兰克·斯诺德格拉斯决定不再重蹈覆辙。他设法弄到了一架美国海岸调查局的运输机，一架四引擎的大飞机，有八名机组人员，还有现代化的导航设备等。当我们到达后并想去营救我们看起来病得很重的科学家时，正好遇到这两个朋友来迎接我们，两人都非常高兴，戈登·格罗夫斯的一个手指上包着一个小创可贴。

那是一段充满了乐趣和冒险的时光。然而，沃尔特·蒙克对实验的结果有点失望[18]，因为他原本希望观察到当涌浪穿过信风区时，由于与当地风浪（windsea）的相互作用，涌浪会衰减。然而在涌浪从南极洲到阿拉斯加的整个行程中，没有发生明显的能量损失。尽管如此，这仍然是一个重要的结果，它被用于后来发展的海浪预报模式中。我们推断，在风产生的波浪离开强风区域并开始其漫长的旅程后，会立即损失一些能量，也就是说长波不再受风的影响。我们可以用非线性能量转移来解释这一点。这也许是该过程对波谱能量平衡重要性的第一个观测证据。

太平洋波浪实验也为我们在1968年和1969年夏季实施的JONSWAP计划提供了灵感，JONSWAP计划是对太平洋涌浪实验的补充。我们没有研究波浪离开风产生区域后的涌浪传播，而是研究了风产生区域内风生波浪（wind-generated waves）本身的生长。要理解波动力学，这个问题显然是至关重要的。我们使用了与太平洋波浪实验相同的策略，但在更小的空间尺度上，我们在距德国西海岸160千米的北海，丹麦边界附近的叙尔特（Sylt）岛外的10个海浪观测站观察了近海风条件下波浪谱的变化。

问：然而，在JONSWAP实验之前还有很多事情要做。您离开美国回到了德国，为什么？

哈塞尔曼：正如我解释过的那样，美国的科研工作条件非常好，然而，我的妻子并不是那么快乐，尽管在那里我们交了朋友，在圣地亚哥唱赞美诗，并且我们与戴夫·基林（Dave Keeling）成立唱诗班之后，情况有所改善。苏珊娜还和一位非常有激情的钢琴老师交了朋友。但我们的孩子也不像在德国时那么快乐，尤其是我们的大女儿梅珂（Meike），她一直是一个阳光灿烂的人。当时加州正经历一个自由放任的阶段，孩子们的成长没有受到任何限制，他们从来不知道任何规矩，什么是被允许的或禁止的，他们似乎总是脾气暴躁。我们知道，至少在幼儿园里，孩子们似乎不是很快乐。梅珂变得相当不稳定，她得了假性喉炎（pseudo croup），我们差点失去她。最后我们决定回到德国，在那里抚养孩子。但这个决定很困难，我们没有立即做出决定。在回国之前，我首先尝试了一个联合职位，在汉堡住六个月，然后又在拉荷亚住六个月。但后来我们最终决定返回汉堡，这不是一个容易的决定。

问：您过得怎么样？作为造船研究所（Institut für Schiffbau）的研究助理回到更具有权威性的德国大学，那里一定与加州相对自由的体系有很大的不同，而且只能当研究助理。

哈塞尔曼：没有，我真的没有遇到任何问题。我不得不少上几节课，这很适合我。因为我总觉得我不能把好的教科书已经解释的东西解释得更好。我从来都不是一个活跃的基础课教师。我喜欢在研讨会上讨论研究，但我没有动机去重复那些人们可以在课本上更好地学习的基础知识，这些教科书的基础知识比我的讲座要细致得多。我自己也更喜欢按照自己设定的节奏学习，而不是别人告诉我。大概这影响了我的态度。所以我在讲座活动上感到相对平静。我倾向于选择只吸引少数学生的科目，这样接触就可以更私人化。

此外，虽然我在海军建筑研究所，我还是能够继续我的海浪研究，我仍然对此感兴趣，并准备下一个JONSWAP实验，我前面提到过。所以我并没有真正被德国相对保守的体制所束缚，因为我处于一个相当非传统的位置。

问：您在德国和美国之间来回穿梭。但当时的流体力学中心就在英国，您当时有时间、机会或愿望去英国工作吗？

哈塞尔曼：事实上就在1967年，我被邀请去英国剑桥大学做了半年的访问学者，访问了应用数学和理论物理系（Department of Applied Mathematics and Theoretical Physics）。但当我在拉荷亚工作时，我并没有强烈的意愿去参观剑桥大学，因为那时我对海洋学更感兴趣。在斯克里普斯海洋研究所，有研究海洋学、海浪和海流等方面的顶尖科学家。在英国的剑桥大学，研究的更多的是纯粹的流体动力学和湍流理论，而我的兴趣已经从湍流理论转移到了海洋中的波浪动力学。我很喜欢后来去剑桥的访问和那里的休闲风格，但拉荷亚更刺激。

问：所以，您回到汉堡，来到造船研究所。随后发生了一件有趣的事情，一件现在不可能发生的事情，那就是人们非常迅速地决定要做什么。

哈塞尔曼：我逐渐成为海军建筑研究所里的一个尴尬人物，因为他们的主要研究兴趣是船舶的阻力、船舶在波浪中的稳定性——当然，还有船舶本身的设计和建造——而不是海浪动力学，或者普通海洋学。我开始做一个大型的国际实验来测量北海近海风力条件下海浪的增长。它演变成了一件相当广泛的事情，涉及来自不同国家的几个机构：美国的斯克里普斯海洋研究所、英国的国家海洋研究所（National Institute of Oceanography）、荷兰气象和海洋学服务中心（Dutch Weather and Oceanographic Service，KNMI）以及德国水文研究所。有四五艘研究船和其他船只，很多活动需要安装波浪测量桅杆（wave measurement masts）和测风站（wind measurement stations）等。所有这些研究都产生了很多后勤费用，所以我把秘书、技术人员、加工车间等都绑在研究所的一个项目上，这个项目和海军建筑没有任何关系。

因此，有一天，我以前的论文导师维格哈特教授（我从美国回来时就在他的部门工作）走进来，平静地说："哈塞尔曼先生，您不觉得您应该在别的地方找个职位吗？因为实际上，测量北海的海浪并不是造船研究所的主要任务。"我不知道该怎么办，于是我就问德国水文研究所所长罗尔教授能否给我一份工作。他想了一会儿，可能觉得让我去他的研究所也很麻烦，于是他打电话给联邦科技部（Federal Ministry for Science and Technology），询问他们是否能以某种形式为我提供一个职位。

后来，在很短的时间内，联邦科技部拨款在汉堡大学成立了一个理论地球物理系，由我担任系主任。这个系必须是某个研究所的一部分，因此，地球物理研究所所长门泽尔教授（Professor Menzel）被问到，新成立的理论地球物理学系是否可以成为地球物理研究所的一部分。门泽尔教授是一个非常和善的人，他同意了。所以我就成了地球物理研究所的一员。我得到了联邦科技部的一些研究经费，还有一名秘书和大概有六个房间的小公寓，就在地球物理研究所旁边，地址是施吕特大街（Schlüterstraβe）。除了1970年至1972年间在美国工作过两年之外，我一直在那里工作到1975年马克斯·普朗克气象研究所成立。所以，在所有参与者的积极合作下，这个部门基本上是通过联邦科技部和德国水文研究所所长的非正式讨论而创建的。

问："短通知"——这个通知有多短？

哈塞尔曼：我不记得到底有多短，但是真的很快。因为JONSWAP项目开始的时候我在系里，已经是1968年了。1967年我刚从剑桥大学回来，当JONSWAP项目开始发展的时候，我已经积极地参与了规划该项目，那一定是不到半年的时间。

问：这在今天是不可能的。

哈塞尔曼：嗯，那是一个世界各国科学快速发展的时期。在美国也有同样的气氛，我自然而然地得到了一个职位，几个月后就正式确定下来了。在那个时代，人们到处寻找优秀的年轻人，试图建立一个良好的研究环境，以应对苏联发射的人造地球卫星（sputnik）的挑战，每个人都想站在科学的最前沿，在德国尤其如此。在德国，随着经济奇迹（Wirtschaftswunder）的发生，人们也想在科学方面赶上来。

问：那些被熟知与您一起工作的其他人也在那个时候进入了这个阶段。

哈塞尔曼：没错，理论地球物理学系成立时，我招了一些对地球物理研究感兴趣的博士生，特别是对海浪理论和地球物理波场（如内波）中非线性相互作用的基础理论感兴趣的学生。那时候我有很多优秀的年轻学生，如德克·奥尔伯斯、彼得·穆勒和约恩·昆斯特曼（Jörn Kunstmann）。

问：约恩·昆斯特曼没有从事任何海洋学研究，他从事的是等离子体物理学研究。

哈塞尔曼：没错，我记得，那时我对等离子体物理也很感兴趣。我和我以前的学生，也是朋友的格德·维伯伦茨写了几篇关于太阳风中不规则的太阳风磁场对质子散射的论文。作为基尔大学的物理学讲师，维伯伦茨一直在研究行星星际空间（interplanetary space）的问题。我发现这个问题很有趣，因为它可以用我以前确定海浪谱中非线性能量转移完全相同的形式来处理。我还发现研究这个问题很有用，因为我在相对论电动力学（relativistic electrodynamics）的符号研究方面获得了一些实践方面的体会，这对我近期开展粒子物理学研究很有帮助——这是我的另一个兴趣，我们可以稍后讨论。实际上，研究太阳风的学术共同体不太习惯使用相对论的符号，所以他们用自己的语言重新解释了我们的结果，但我们的论文仍然受到了欢迎[23, 28, 29]。

无论如何，为了更好地了解等离子体物理，我决定和格德·维伯伦茨以及我的另一个学生，也是朋友的沃尔夫冈·昆特一起举办一个关于等离子体物理的研讨会，沃尔夫冈·昆特当时是汉堡大学的物理学讲师。这也是约恩·昆斯特曼找我的原因，他的博士论文是关于太阳风的相互作用。

问：您说您带了一些学生，您真正做的是从您的朋友沃尔夫冈·昆特那里网罗了一个研究小组。您给他们一半的人新研究课题以便让他们研究并获得文凭，因为那时他们不知道该做什么。

哈塞尔曼：是的，我似乎"劫持"（hijacked）了彼得·穆勒和德克·奥尔伯斯，也许还有其他人。我想，阿恩·里希特（Arne Richter）和哈乔·莱施克（Hajo Leschke）也在那个小组里，但他们都从别人那里获得了文凭或是博士学位，可能是从沃尔夫冈·昆特那里。那些来找我的人似乎只满足于学习方法、物理和数学，却不清楚他们应该为文凭或博士论文做些什么。所以当我向他们建议一些研究课题时，他们很高兴。

问：1966年在伯尔尼（Bern）举行了国际大地测量学与地球物理学联合会（The International Union of Geodesy and Geophysics，IUGG）的会议，在那里您突然成了JONSWAP项目的协调人。

哈塞尔曼：我成为协调人让我自己都很吃惊，大概是因为我提出了应该做一个联合实验的想法。我邀请了一些我认识的同事——来自英国的国家海洋研究所的大卫·卡特赖特、斯克里普斯海洋研究所的蒂姆·巴奈特，来自德国水文研究所的卡尔·里克特（Karl Richter）以及一些来自荷兰的同事，共同讨论了在北海进行波浪生长联合实验的想法，我们在伯尔尼的IUGG会议上见过面。我们想测量离岸风力条件下的波浪生长情况。我记得我有一个疯狂的想法——作为理论物理学家——在东风的情况下，我们可以测量德国西海岸的海浪；当有西风的时候，我们可以测量英国东海岸的海浪。但随后一位喜欢做实验的同事指出，在北海的两边都安装海浪观测站是不现实的，而且当风向改变时，船只不能以足够快的速度从一个地方到另一个地方。所以我们决定在北海的东面，离叙尔特岛不远的地方开展实验。

这一切原则上都达成了协议，然后我们就回家去了。但是我们突然意识到根本没有讨论如何组织这个实验以及谁应该是协调人。每个人都认为，因为是我提出了这个实验，所以我应该是协调人。我认为这根本不是一个好主意，因为我完全没有航海海洋学（seagoing oceanography）的经验，而我过去在热线湍流测量（hot-wire turbulence measurements）方面的实验工作经验使我确信我更适合从事理论工作。但无论如何，这个任务安排给了我，我必须组织起来。

实验计划在1968年夏季的三个月进行。就在实验开始的数月前，每个人都准备好安装他们的设备，我接到了德国国防部（German Ministry of Defence）的电话，说我们必须取消实验。原因是北大西洋公约组织（North Atlantic Treaty Organization，NATO）此时正计划在北海进行一次大型的海空导弹试验（sea-to-air missile test）。他们将测试跟踪导弹的雷达方法，而我们计划部署的船只及其桅杆将干扰他们的雷达信号。我说这么晚了取消实验是不可能的，因为我们已经为准备实验花费了至少200万德国马克。国防部说，这可能是真的，但他们已经在演习上花费了5000万美元，所以我们必须取消我们的实验。我说，我们不能这样取消。我能提出的唯一解决办法是，我们今年减少实验，没有观测波浪的桅杆和船只，条件是你们需要资助我们按原计划在明年进行完整的实验。国防部同意了，于是我们进行了两次实验，1968年进行了一次简化版的试探性实验（reduced trial experiment），1969年进行了一次全面实验。

现在回想起来，我们很幸运发生了上述事情，因为事实证明，从后勤供应的角度来看，第一次实验完全是一场灾难。我已经精确地计算出了每个海浪观测站开始记录的时间以及记录的时间和频率，这些都是根据风的条件和波浪从一个观测站传播到另一个观测站的速度计算出来的。所以在某一天，一个特定的观测站，比如说，一个桅杆应该在7：30开始录制信号，每三个小时测量半小时。在更远的地方，比如一艘船，应该在11：45开始录制信号，以此类推。但是我们安装的通信系统完全不能可靠地传送这些信息。每次我们开始使用无线电通信的时候，苏联人就干扰我们的无线电台，因为他们认为我们是北约演习的一部分。我们最终确实得到了一些不错的数据，多少是偶然的，但比我们希望的要少得多。这个实验的配合就是不断地使用一些临时措施。

但我们获得了很多经验。第二年当我们进行全面实验时，一切都非常顺利。我们有一个正常运行的通信系统、一个可靠的预定观测时间表以及组织良好的后勤供应。所有的设备工作正常，我们得到了一个非常好的数据集。这些数据的分析为我们后来开发现代海浪模式奠定了基础。所以我们很幸运，国防部干涉了我们最初的计划，给了我们一个免费的实验，这样我们就可以在一年后进行一个很好的实验。

问：您可以评估一下这个实验对您的个人事业、地位和满意度的影响吗？

哈塞尔曼：JONSWAP实验无疑是我参与过的最成功的实验。我们非常幸运，不仅是因为免费实验，更重要的是，我们能够用一个控制波动增长动力学的过程来解释实验的主要结果，这个过程我们也能够从第一性原理（first principles）出发，在没有任何经验参数的情况下从理论上计算出来，即我之前推导出的非线性能量转移。

这个实验的想法是，我们可以通过测量海浪在离岸风作用下的波谱变化来确定控制海浪动力学的过程，从靠近海岸的小的短波，到离岸更远的更长、更高的波，再到离岸更远的距离，在那里波浪达到完全发展的平衡状态——假设这种状态存在的话。波浪的谱能量平衡由三个主要过程控制：风产生波浪、白冠（white capping）消散波浪能量以及通过非线性能量传递在波浪谱上重新分布能量。在JONSWAP实验之前，我们假设非线性转移对波浪谱的演变只有很小的影响。这是基于我在伊斯顿提出的结果，这些结果是为充分发展的波浪谱计算的。但我们在JONSWAP实验中发现，不断增长的风海波浪谱（the spectrum of a growing wind sea）有一个更高、更尖锐的峰值（higher，sharper peak），这大大增强了非线性传输的强度。正是这个特征，尖峰的波谱形状（sharply peaked spectral shape）是能量从峰值转移到更长的波的源头，即不断成长的风海波长的连续增加（continual increase in the wavelengths of a growing windsea）。我仍然记得我们对新的JONSWAP波浪谱重复非线性能量转移进行计算时的兴奋，这些点一个接一个地出现在观测到的波谱增长的上方。

根据这些结果，波浪研究学术共同体在几年后开发了海浪模式WAM，目前全世界有200多个中心使用该模式，包括运行全球天气预报的中心，如欧洲中期天气预报中心，欧洲中期天气预报中心每天对二维海浪谱进行全球预报。今天，这些预报得到了现代卫星观测的风浪数据的支持，波浪研究学术共同体也在JONSWAP计划后续实验中帮助开发了这些数据，并为此开发了必要的检索算法和同化方法。但归根结底，这一发展的成功很大程度上取决于运气：事实上有一个我们可以真正严格计算的过程，即非线性能量传递，最终成为控制海浪谱形式和增长速度的主导过程。

关于我个人的职业生涯，我被认为是一个幸运的人，我碰巧发展了相关的理论、发起了实验并协调了分析。我首先在国内各研究所进行了初步分析，并于1971年春天在我当时访问的伍兹豪尔海洋研究所的一个研讨会上完成了分析；同年，在莫斯科的IUGG会议上介绍了研究成果[35]。

对我来说，这也是一次伟大的经历。我进行的一项实验在1968年彻底失败，但我仍然受到同事们的尊重。在商界我也许会被炒鱿鱼，但科学界非常宽容。后来我在其他实验中也有同样的经历，其中一些实验也被证明是失败的。我的同事们一直在鼓励我，他们站在我身边，接受了这样一个事实，即并不是你在科学领域所做的一切都是可行的。我个人非常喜欢JONSWAP和后续实验JONSWAP2的经验，尽管也失败了。而国际海洋遥感实验项目圆满成功了，我们测试了与新的SEASAT观测波浪卫星和ERS-1卫星相关的各种遥感技术，我还喜欢后来在WAM小组的工作，我们共同开发了我提到的全球海浪模式WAM[90]。

总而言之，JONSWAP项目显然对我的生活方式产生了积极的影响。也许我能够将野外实验与理论结合起来，这一事实也帮助我后来成为马克斯·普朗克气象研究所所长。据推测，这表明我有足够的灵活性来开发一个新的气候研究项目，但这只是我的猜测。总之，JONSWAP项目很有趣。这也是一个建立了许多持久的友谊的时期。我们举办了许多派对和聚会，参与者包括技术人员、无线电操作员、船员和科学家。大家有很强的团队精神。

问：您能谈谈沃尔夫冈·塞尔的作用吗？

哈塞尔曼：实验的成功归功于团队成员的合作，但有两个人特别值得一提，其中一位是来自德国水文研究所（Deutsche Hydrographische Institut）的技术员阿迪·赫德里奇（Addi Hederich）。他负责协调整个后勤、船舶航行计划表、安装波浪桅杆和波浪浮标，包括用于气象和波浪测量的"比萨"塔以及海上设备维修的复杂操作，他从1968年至1969年不知疲倦地工作，把一切都整合在一起。

另一个人是沃尔夫冈·赛尔。当时我们收集了大量的数据，而现在这些数据都是微不足道的。但是在那一段时间里，我们被淹没在一群可怕的数据中，这些数据来自许多不同类型的仪器、使用不同的数据格式、在不同的时间和地点获得。没有人真正认真考虑过如何将所有这些数据整合成一个连贯的数据集，如今这已是家常便饭。但对那时的我们来说，这是相当新鲜的。我个人根本没有考虑过这件事，只是认为我们会以某种方式应付过去。幸运的是，团队中有沃尔夫冈·塞尔，他意识到了我们遇到的问题。因此他立即坐下来制订了一个数据分析方案，包括如何存储数据，如何处理数据，将它们放在一起，并用一个数据处理软件进行操作。如果没有他的投入，我们将无法在伍兹豪尔海洋研究所的两个月内完成JONSWAP数据的分析，并及时将结果提交给当年晚些时候在莫斯科召开的IUGG会议。沃尔夫冈·塞尔和其他几个中坚分子，如彼得·穆勒和德克·奥尔伯斯，在主要研讨会结束后留下来，帮助整理IUGG会议的结果。

问：当时也有一些新人来到台前，其中一个是艾尔莎·拉德曼（Elsa Radmann）。

哈塞尔曼：那是我的秘书，一个非常可靠的人。1968年，理论地球物理学系成立，她来到这里，一直陪伴我，直到30年后退休。她首先帮助组织JONSWAP项目。1970年秋天，我去伍兹豪尔海洋研究所待了两年，我不在的时候，她负责研究所，保持联系，等等。她是一个非常可靠、非常认真的人，我非常感激她。如果我必须去某个地方旅行，我到达之前从来没有检查过我住在哪里合适，她总是把一切都尽量安排得完美。她也有各种喜好和厌恶的人或事，如果你不幸属于她少数不喜欢的人，你会很困难。但对其他人，她非常乐于助人和友好。

问：您提到了数据分析，我记得您在很多不同的计算机上做能量转移的计算，在德国电子同步加速器（Deutsches Elektronen Synchrotron，DESY）上做，在达姆施塔特（Darmstadt）做，在汉堡计算中心做，也在伍兹豪尔做。您为什么去伍兹豪尔？据我所知，对海浪研究而言，伍兹豪尔海洋研究所不是一个典型的表面波研究中心。

哈塞尔曼：这基本上独立于JONSWAP项目，我收到了伍兹豪尔海洋研究所的邀请，在多尔蒂基金会（Doherty Foundation）刚刚捐赠的一个席位上，为伍兹豪尔海洋研究所和麻省理工学院开发一个海洋学联合项目。我说我很乐意接受两年的教授职位，但我还不能决定是待更长时间还是回德国。然而，我接受邀请的原因之一是，发出邀请的费里斯·韦伯斯特说，伍兹豪尔海洋研究所刚刚获得了一台新计算机，这将是JONSWAP项目分析的理想选择。因此，当我到达时，我与伍兹豪尔海洋研究所负责研究的主管阿特·麦克斯韦（Art Maxwell）交谈，并解释说我们进行了这个实验，我们必须聚在一起分析数据。他不仅立即提供了计算机，还提供了所有其他需要的设施以及一些资金，以便我们能够在那里举办研讨会。这就是为什么我们在伍兹豪尔有JONSWAP项目工作室。

问：附近一定有座小桥。

哈塞尔曼：我相信您指的是我与彼得·穆勒在桥上难忘的相遇。彼得·穆勒是JONSWAP项目工作组的成员之一，我们有整整两个月的时间来完成分析，因为那时每个人都必须回家。我们有大量的工作要做，大量的计算，从不同的角度重新组织和分析数据，等等。为了完成这些工作，我顶着巨大压力在计算机中心和设备控制室之间来回奔波，这是我们在一起工作的地方。当我跑来跑去、上气不接下气、压力很大的时候，我看到团队中的一名成员，即彼得·穆勒，俯身在这座桥上，平静地看着水面。我说："您好，彼得！"在长时间停顿后，他梦幻般地回答："是的，生活是美好的……但我们需要时间来沉思。"

问：彼得·穆勒和德克·奥尔伯斯负责设计JONSWAP波浪谱的特定参数。

哈塞尔曼：是的，没错。彼得和德克是所谓的JONSWAP频谱的缔造者，这种频谱已经被广泛使用。他们提出了一种非常简单的三参数表示法，可很好地再现不同阶段的风浪增长的波谱形状。

问：从您的出版物列表中，我可以看出，除了您提到的太阳风（solar wind）问题之外，您还对其他问题感兴趣，如汉斯·赫尔曼·埃森（Hans-Hermann Essen）的海洋声波（sound waves in the ocean）。

哈塞尔曼：是的，我写了一系列论文，主要是与其他同事或博士生一起写的，尽管博士生通常会自己完成这项工作并发表论文，研究海洋、大气和固体地球中不同类型的波场之间的不同相互作用。海因茨·赫尔曼·埃森（Heinz Hermann-Essen）[25]发表了一篇论文，论述了表面波在海洋中产生和散射声波的问题，一篇是关于从海底散射的表面波的问题，一篇或两篇论文是关于海洋和大气中重力内波之间相互作用的问题，尽管德克·奥尔伯斯和彼得·穆勒的几篇优秀论文都很好地涵盖了这一主题。我早期的一篇论文是关于微震（microseisms）[12]，即通过表面重力波之间以及表面重力波与海底之间的共振相互作用产生随机地震波（the generation of random seismic waves through resonant interactions）。

在这些论文中，我们应用了费曼（Feynman）发展的相互作用图的形式（interaction-diagram formalism）来总结粒子之间的相互作用。我在1966年的一篇论文[16]中稍微修改了费曼图规则，使其适用于经典随机波场。

这让我对不同科学学科之间的交流有一个相当有趣的评论，我在海洋科学界的地位最初是建立在我关于海浪非线性相互作用的论文基础上的。来到美国后不久，我在加州理工学院（Californian Institute of Technology）就这项工作发表了演讲。演讲结束后，我的同事格里·惠特海姆（Gerry Whitham）来找我说："您的演讲很有趣，但您有没有注意到等离子体物理学家似乎也在做与您类似的事情？"我回答说，"没有，这对我来说是新的，能给我一些参考文献吗？"所以我查阅了参考文献，发现等离子体物理学家确实做了与我完全相同的事情，只是他们关注的是等离子体波而不是海浪。这更容易一些，因为它们不必达到五阶，共振已经在三阶发生了。但令我惊讶的是，他们从未真正提出过非线性计算，他们只是认为分析是理所当然的。有时他们引用佩尔斯（Peierls）1929年的一篇论文，那篇论文中指出，固体中的热扩散可以用声子（phonons）之间的非线性相互作用来解释。我查阅论文发现佩尔斯进行了与我完全相同的分析，使用了不同的符号，但基于完全相同的方法。那时我意识到，我在海洋学方面的声誉是建立在物理学方面非常古老的结果基础上的，而在海洋学领域根本不为人所知。然后我开始阅读其他物理学论文，发现量子场论中到处都使用完全相同的形式，在描述不同粒子之间的相互作用时，量子场论用波场来表示。费曼开发了一套著名的图表和规则，总结了所涉及的代数。所以我在1966年写了一篇论文，展示了费曼图如何应用于地球物理波场，并对其进行了一些简化，使其适用于经典理论场而非量子理论场。我们随后将这种形式应用于我们研究的各种波相互作用的问题。

这让我们大开眼界，认识到我们在自己的领域有多么专业，我们需要更多地了解其他领域的情况。通过这次经历，我对粒子物理学和量子场论产生了兴趣。所以我从"后门"进入量子场论，研究真实波场而不是粒子。从另一个有利的角度来看，我确信，而且今天仍然确信——爱因斯坦对量子理论概念基础的批判是正确的，而且粒子的概念比波动动力学所能捕捉到的更多。因此自1966年以来，我一直在探索基本粒子物理的其他方法，与我的正式研究工作平行。但直到30年后，我才发表了我关于"克劳斯子"理论的第一个结果[121,122,131,132]。

问：您已经提到您在伍兹豪尔举办了JONSWAP项目研讨会，研讨会结束后，我们都参与了内波和一个大型内波实验IWEX。伍兹豪尔海洋研究所是海洋学研究所，他们做了完全不同的事情，这是怎么回事？他们让您这么做了吗？

哈塞尔曼：不，在我来到伍兹豪尔海洋研究所之前，我已经对内波感兴趣了，不是实验性的，而是关于波动力学的。在伍兹豪尔海洋研究所，研究人员对海洋中的洋流和水团比对表面波或内波更感兴趣，但他们也开发了测流计和热敏电阻仪器，在部署测流计和热敏电阻链固定装置方面有丰富的经验。所以我认为伍兹豪尔海洋研究所会发现，部署一个由测流计和热敏电阻组成的大型三角形阵列来测量主温跃层的内波谱是一个挑战。他们非常热情和专业地做到了这一点。德克·奥尔伯斯和彼得·穆勒以及梅尔·布里斯科分析了数据，并将结果写在了一些非常好的论文中。

问：1972年，您终于回到汉堡，获得了理论地球物理学教授职位。

哈塞尔曼：是的，布罗克斯（Brocks）教授，该大学气象研究所、弗劳恩霍夫海洋气象学和无线电气象学研究所（Fraunhofer Institute of Maritime Meteorology and Radio Meteorology）的所长，在其他同事的支持下，成功地为我设立了一个理论地球物理学的新席位，我接受了。

问：同时，您也成为全球大气研究计划（Global Atmospheric Research Program，GARP）联合组织委员会的成员，您是那个委员会的两个海洋学家之一，这样您就熟悉了气候、气候变率、气候变化以及诸如此类的问题，那是怎么回事？

哈塞尔曼：在我回到汉堡之前，我已经在1971年或1972年成为GARP联合组织委员会的成员。他们正在寻找一些年轻的科学家，为加强全球大气研究计划的气候研究做出贡献，这是GARP的第二个目标，第一个目标是改进天气预报。由于海洋对气候的重要性，他们需要一名海洋学家，但更需要一名在海–气相互作用方面有一定经验的海洋学家。委员会中已经有一个具有这种背景的海洋学家，鲍勃·斯图尔特，他可能提到了我的名字。GARP联合组织委员会的工作非常吸引人，因为我们正在为后来的世界气候研究项目（World Climate Research Program）奠定基础。

问：然后您参加了一些历史性的重要会议，即1974年在斯德哥尔摩举行的第一次气候会议，还有在赫尔辛基举行的另一次重点讨论海洋问题的会议。您没有在那里展示您自己的工作成果，但您是当时整体头脑风暴（overall brainstorming）的一部分。

哈塞尔曼：没错，斯德哥尔摩会议是讨论一般气候问题的，有若干不同的工作组研究气候的不同方面。几次一般性会议介绍了这些工作组，但会议的目的是就在哪些领域开展哪些研究提出建议。我是海洋和气候工作组的主席之一。在随后的赫尔辛基海洋与气候会议上，我与哈佛大学的艾伦·罗宾逊（Alan Robinson）担任了类似的协调角色。这两次会议为两年后在日内瓦的一次会议上创建世界气候研究计划提供了基础。

问：1971—1972年还有其他的事情，即在汉堡组建了"合作研究中心94"（德文为Sonderforschungsbereich 94，英文为collaborative research centres），您成为发言人。那时您才真正负责更大的科学组织，负责协调和跨学科的科学，那是怎么回事？

哈塞尔曼：1968—1969年，我去美国之前，就已经开始了关于"合作研究中心94"的讨论，该提案于1971年左右编写并被采纳。"合作研究中心94"的第一位发言人是卡尔·布罗克斯，他是制定该提案的推动者。我和布罗克斯的关系很好，他的研究所参与了JONSWAP项目的气象观测和遥感观测。他给了我很多关于如何管理大型项目的类似父亲般的建议，他在这方面有相当丰富的经验。不幸的是，他于1972年去世，就在我从伍兹豪尔回来之前，我被选为他的继任者，担任"合作研究中心94"的发言人。

那是一个非常有趣的时刻，因为"合作研究中心94"是当时最大的合作研究中心，事实上，后来也是如此。该中心的研究范围包括海洋学和气象学、海-气相互作用、海洋化学和海洋生物学，有许多不同的机构参与该中心的工作。挑战在于将所有这些研究活动整合到一个联合项目中。这些团体中有许多成员以前从未合作过，拥有截然不同的研究文化。

我的第一项任务是启动一系列研讨会，以确定我们想要进行的联合项目。我们在提案中写下了一些总体目标，但我们确实不知道如何实现这些目标。在这些研讨会中，我们首先必须了解不同研究群体的思维方式，并且必须学会在这些不同文化之间进行交流。从这些讨论中产生了一些非常有趣的想法，例如，第一个弗莱登（Fladen）地面实验FLEX。该实验于1976年在北海北部弗莱登地区进行，研究了春季主要浮游植物大量繁殖期间，温跃层和混合层与生物生产力和浮游植物分布之间的耦合。它是与英国研究团体和一些荷兰研究团体合作进行的，这是一个相当成功的实验。我知道这些数据在今天仍然是一个重要的参考数据集。

问：这是30年前的事了。您能说说您第一次真正跨学科的时候有多困难吗？到目前为止，您只是物理领域的一名物理学家，您应该感到自信。但是现在您突然遇到了非常不同的人，非常不同的科学文化。

哈塞尔曼：那确实是一个非常有趣的时期，我记得我们和生物学家的第一次讨论。作为物理学家，我们会问：春季混合层中的浮游植物大量繁殖时会发生什么？生物学家会通过对各种相互作用过程进行相当详细的描述来回答这个问题，这些相互作用过程产生了指数增长和随后的繁殖衰减。我们会回答：太好了，您似乎明白了会发生什么，所以让我们把它放到一个模式中，并用一些观测来测试这些想法。他们会回答：但那是不可能的，太复杂了。我们会说：但是如果它太复杂以至于您不能用模式来表达，您就不能说您理解了它，因此我们就会继续交流。

但是，一旦生物学家意识到他们不仅仅是为了测试高雅数学物理模型的奴隶，物理学家意识到他们不仅仅是为了测试受过良好教育的生物学家提出的想法而制作计算机模型的奴隶，就产生了富有成效的合作。事实上，与生物学家合作产生的浮游植物模型形成了全球碳循环模式（the global carbon cycle model）的核心，该模式后来成为马克斯·普朗克气候模式的一部分。

问：您提到了数值模拟者，您可以说一下主要有哪些人吗？

哈塞尔曼：参与生物数值模拟的两名主要人员是恩斯特·迈尔-雷默和甘特·拉达克（Günter Radach）。拉达克开发了浮游植物模式的细节，但迈尔-雷默是驱动者，事实上，他是所有数值模拟领域的驱动者。如果您告诉他关于任何过程的任何想法，他会立即制作一个模型。实际上，我也有同样的想法：我喜欢制作模型，但我没有他那么有效率。在我们的第一次"合作研究中心"研讨会上，我们听取了生物学家对混合层中浮游植物生长的介绍，浮游植物是如何被混合的，以及它的生长或衰变如何取决于混合层的深度和透光层（euphotic layer，透光层即被光线穿透的那一层）的深度。我认为这将是一个很好的例子来演示如何在一个简单模式中表达这些想法，所以我在地球物理研究所的小型计算机上编写了一个简单的概念模式。在接下来的一次研讨会上，当恩斯特·迈尔-雷默提出他独立开发的模式时，我正要介绍我的简单计算结果。他的模式比我的简单模式好得多，这是一个详细的一维混合层模式，包括温度、浮游植物和光线的穿透。他绘制了一些非常漂亮的图，展示了浮游植物的分布是如何依赖于各种混合层参数的。我与其他生物学家对此都印象非常深刻。

问：我唯一感到惊讶的是恩斯特·迈尔-雷默提出了他的模式。

哈塞尔曼：迈尔-雷默在许多抽屉里堆放了他还没有展示给其他人的模式，更不用说出版了。无论如何，在这种情况下——以及其他许多情况下——他对我们在"合作研究中心94"中开发的合作项目有强烈的积极影响。

问：所以你们开始参与人际网络，把不同类型的科学家组建成一个大团队，来解决一个系统问题，这个例子就是北海系统。您还遇到了关于气候的问题，有一天，雷玛尔·吕斯特①来到了您的办公室。

哈塞尔曼：直到后来我才知道他为何来我办公室。显然，马克斯·普朗克学会已决定接受弗劳恩霍夫学会（Fraunhofer Society）的提议，接管布鲁克斯教授的弗劳恩霍夫海洋气象学和无线电气象学研究所（former Fraunhofer Institute for Maritime Meteorology and Radio Meteorology），以换取马克斯·普朗克学会的一个研究所。弗劳恩霍夫协会致力于应用研究，而布罗克斯的弗劳恩霍夫研究所则从事海–气相互作用和无线电气象学的基础研究。当时，马克斯·普朗克学会在维尔茨堡（Würzburg）有一个研究所，该研究所专注于固体物理学的应用研究。因此有人提议，这两个协会可把这两个研究所进行简单的交换。看来马克斯·普朗克学会已经同意了。因此马克斯·普朗克学会主席雷玛尔·吕斯特于1974年来到我的办公室，显然是在寻找这个新研究所的所长。

其理念是，该研究所不应简单地延续布罗克斯在海–气相互作用方面的工作，而应以气候研究为主。马克斯·普朗克学会在这项决定中的主要顾问似乎是波恩的赫尔

---

① 雷玛尔·吕斯特较早前接受德语采访，请参见 von Storch, H. and K. Hasselmann, 2003: Interview mit Reimar Lüst. http://www.hvonstorch.de/klima/Media/interviews/luest.interview.pdf（GKSS Report 2003/16，39 pp.）。（原文注）

曼·弗洛恩（Hermann Flohn）和斯德哥尔摩的伯特·博林（Bert Bolin），后者是联合组织委员会的主席。马克斯·普朗克学会可能认为，作为一名物理学家，凭借过去在各个研究领域的经验，我将有足够的灵活性在气候研究的新领域开发一个有效的项目。作为GARP联合组织委员会的成员，我参与了后来成为世界气候研究计划的筹备工作，这可能也是他们选择我的原因之一。

令人尴尬的是，当吕斯特来到我的办公室时，我只见过他一次，而他却出席了我一生中所做过的最糟糕的演讲。

我本应该向许多负责资助德国研究的高层人士做一个关于海洋学的正式演讲。我本来打算在从伍兹豪尔过来的飞机上准备我的演讲，但我太累了以至无法集中注意力。第二天，时差反应使我更加疲惫。当我走进一个大演讲厅时，大厅里挤满了穿着西装打着领带的人，我感到非常不舒服，

所以我想一开始就讲一个小笑话来打破僵局。但麦克风工作不正常，前排有人说："您能重复一下您说的吗？"我觉得重复我那无力的笑话没有多大意义，于是开始了我准备不足的演讲。

所以我开始漫无目的地谈论关于海洋研究的各种含糊不清的事情。我终于试图通过给出一个研究案例来摆脱这种困境，我想解释一下海浪的随机波谱是如何由许多叠加的不同的正弦波产生的。这部分的一叠透明胶片是我在伍兹豪尔准备的，我把它们一个接一个地叠加在一起，结果非常令人尴尬。然而，这一次，当我开始叠加不同的透明胶片时，我注意到听众们开始骚动不安，然后开始窃笑，最后忍不住大笑起来。我回头看了一下屏幕，发现它已经完全黑了。投影仪光线太弱，不能穿透一两张透明胶片，我的谐波叠加没有产生随机波场，而是把正弦波变成了漆黑一片。我不知怎样跌跌撞撞地完成了演讲，这是我一生中做过的最糟糕的演讲，而且一直长期萦绕在我的梦里。

就是在汉堡的大西洋酒店，我的同事们对我非常生气，因为他们认为这很难说服那些掌管财政大权的人，让他们相信投资海洋研究是个好主意。

所以我感到非常惊讶，尽管目睹了这场灾难，但雷玛尔·吕斯特还是向我提供了这个职位。

问：所以您突然遇到了马克斯·普朗克学会，您以前见过那群人吗？没有马克斯·普朗克气象研究所，只有马克斯·普朗克学会主席来到您的办公室，提供

一个新研究所所长的职位。这一提议有哪些限制条件？他预先给你提供了慷慨的预算吗？

哈塞尔曼： 当他提出这个提议时，我当然与他讨论了新研究所将获得的支持程度。我说我需要一位来自前弗劳恩霍夫海–气相互作用研究所的小组主任[①]。吕斯特接受了。我补充说，我可能还需要两名主管，一名负责气候数据，一名负责气候系统的大气部分。吕斯特回答说，这将是非常困难的，因为马克斯·普朗克学会目前没有这方面的预算。但如果后来证明有必要，马克斯·普朗克学会至少会考虑第三个人。这是君子协定。我们没有把它写在任何地方。

然后，雷玛尔·吕斯特问我们是否需要一台电脑，我说我不需要一台大型计算机，但以后会想要一台。首先我们需要制订研究计划。我很清楚，我们必须首先解决许多基本问题，一旦这些问题得到解决，我们就会回到大型计算机的问题上来。我从一开始就很清楚，我们迟早会需要一台超级计算机，吕斯特也接受了这一点。因此从本质上说，我成立该研究所是基于以下君子协定：一名教授承诺接管布洛克教授的一批小组人员，研究所要有三个主管和一台超级计算机。气候小组的工作人员包括五名科学家以及一些额外的技术和行政人员。该小组规模不大，但这符合马克斯·普朗克学会的一般政策，即不能为一名主管分配超过五名科学家，否则主管将成为一名经理，而不是继续成为一名有创造力的科学家。

我花了三四年时间才逐渐填补了这五个科学家的职位，气候研究项目也开始成形，因此，这是该研究所成立的基础。后来随着研究所的发展，与吕斯特签订的君子协定的其他要素也最终实现了。

预算——我忘了实际资金数目是多少——或多或少是固定的。双方同意，这一资金数目每年不会有重大变化，这也是马克斯·普朗克学会的一贯政策。稳定可靠的资金来源显然是制订长期研究计划的必要条件。如果我们需要额外的资金，我们可以从第三方申请，这是我们后来在必要时要做的。马克斯·普朗克学会也为特殊项目提供了额外资金，但我们通常会在稍后通过联邦科学技术部（BMFT）和欧盟委员会的气候项目获得补充资金。我非常感谢马克斯·普朗克学会提供了稳定可靠的基本资

---

① 这个职位后来被汉斯·欣茨佩特接管，他较早前也接受了本系列访谈，请参见von Storch, H. and K. Fraedrich 1996：Interview mit Prof. Hans Hinzpeter, Eigenverlag MPI für Meteorologie, Hamburg, 16 pp，http：//www.hvonstorch.de/klima/Media/interviews/hinzpeter.pdf。（原文注）

金，不需要每年进行奋斗就可以重新获得。

问：关于模式，就是汉堡的甘特·费舍尔小组运行的一个大气模式。

哈塞尔曼：是的，大气模式不是问题。汉堡大学气象研究所的甘特·费舍尔已提供了一个良好的大气环流模式。在雷丁（Reading），欧洲中期天气预报中心（European Center for Medium Range Weather Forecasting，ECMWF）的大型团队开发了一个更好的业务模式。

问：因此这些模式随处可见，而您在一个没有电脑的新研究所工作。您推动了分析方法，事实上第一批出版物和观点都是分析性的。

哈塞尔曼：研究所成立时我有两个目标：一个目标是了解气候自然变异的起源。这一点根本不被理解，但如果我们想区分自然气候变异和人为气候变化，这显然是一个关键问题。我刚刚开发了气候变化的随机模式[38]，因此我可以把这项工作作为一个起点——我们有一个现成的核心项目。正如您所说，我们的第一份出版物是关于这个领域。第二个目标是为气候研究开发一个良好的海洋环流模式。从赫尔辛基会议上我知道，在开发气候模式方面最大的差距是海洋模式。我们需要一个良好的大气-海洋耦合模式，但我们没有一个与现有全球大气环流模式旗鼓相当的全球海洋环流模式。

问：当时柯克·布莱恩（Kirk Bryan）有他的模式？

哈塞尔曼：是的，这是一个开始，但一般认为该模式还不足以用来进行气候研究。这是一个高度扩散（highly diffusive）的模式，温跃层太深了。

问：后来，迈尔-雷默的模式基于类似的数学技巧，但可能思路有所不同。

哈塞尔曼：我们的目标是开发出更好的模式。我们在我办公室举行的一系列小型研讨会上提出了模式概念。我们首先探讨了建立复合海洋模式（composite ocean model）的想法，该模式由不同区域的不同组件组成，具有不同的分辨率和不同的物理特性。思路是区分该系统的快速正压分量和慢速斜压分量，将它们分别处理，并将其与墨西哥湾流、赤道波系统和表层模式相结合，所有这些都在一个完整的耦合系统中。然而，通过底部地形正压和斜压分量的耦合，我们已经遇到了严重问题。最后，迈尔-雷默明智地抛弃了所有这些想法，悄悄地提出了一个传统的网格模式，即大尺度地转（LSG）模式，并改进了数值计算。大尺度地转（LSG）模式使用了一种隐性方案，允许有更长的时间步长，因此可在更长时间内进行积分，该模式不再像布莱恩模式（Bryan model）那样具有扩散性。

我们在开发全球海洋环流模式的同时，也在研究碳循环。迈尔-雷默通过将二氧化碳的吸收和输送纳入大尺度地转（LSG）海洋环流模式，建立了第一个全球碳循环模式。在接下来的几年里，他通过包括各种生物源和汇来不断扩展该模式。化学物质也逐渐被推广到包括更多的成分和示踪剂。

因此，我们很快就有了一个完整的气候模式，包括海洋-大气耦合模式和碳循环模式。全球气候模式的改进以及它在自然和人为气候变化预测中的应用，后来成为该研究所气候研究计划的主要推动力。

汉斯·冯·斯托奇：我认为您的弱点之一就是您没有很好地讲出全貌。您有这样的愿景，但您并没有真正与您的同事分享——也许您相信每个人都会知道，因为这对您而言是显而易见的。从我在马克斯·普朗克研究所工作开始，我们一开始就不了解大战略。

哈塞尔曼：这让我感到很惊讶，我是第一次听到这个说法。所以，我想我在描述我们所遵循的目标时并不清楚。但正如您所说，我认为这是显而易见的。

德克·奥尔伯斯："合作研究中心"一直在运行，我记得与甘特·费舍尔的大气数值模拟小组、埃里希·罗克纳和其他人举行了多次会议。但我们要传达的信息是，我们希望在分析手段方面取得进展。第一年的所有博士后和博士生都在研究更简单的子系统，如冰传播（ice propagation）、混合层物理（mixed layer physics）等。

哈塞尔曼：我想您混淆了我提到的两个主要研究分支，其中一个是研究自然气候变异性。我们可以使用简单的能量平衡模式、海冰模式或混合层模式进行研究。这就是克劳斯·赫特里希（Klaus Herterich）[83]、恩斯特·沃尔特·林克尔（Ernst Walter Trinkl）[59]、彼得·莱姆克、克劳德·弗兰基努尔[39]、迪克·雷诺兹（Dick Reynolds）等人所做的，这是一个方面。我只是在探索已经存在的随机气候概念可以做些什么，许多出版物很快就从这种方法中诞生了。这些努力独立于现实的综合气候模式的开发。这花费了更长的时间，涉及更多的讨论，出版时间也较晚。该战略首先是利用简单气候模式，证明长时间尺度的气候变化如何被随机的短时间尺度的大气强迫所驱动的基本原理。一旦实现了这一点，我们可以在稍后把这一概念应用到迈尔-雷默、甘特·费舍尔、埃里希·罗克纳等人正在开发的更复杂的气候模式中，这确实发生了。在迈尔-雷默开发了大尺度地转（LSG）海洋模式后，他与乌韦·尼古拉耶维奇（Uwe Mikolajewicz）①共同撰写了一篇有趣的论文，论述了由大气强迫短期波动产生的海洋环流的自然长期变化。我认为这个策略是显而易见的，但也许不是。

汉斯·冯·斯托奇：我很晚才明白，但现在我明白了，这很有道理。相对简单的随机气候模式概念对整个讨论非常有用，因为它有助于克服传统概念，即如果气候正在变化，那么一定有驱动因素，根本没有看到内部动力的作用。另一方面，当时出现了非线性问题，如混沌等，随机气候模式是一个有用的简单替代方案。

如果您现在在马克斯·普朗克气象研究所与学生交谈，几乎没有人会了解随机气候模式，即使您已经把它简化成了一种现在很容易理解的形式。那时候情况很复杂。至少在目前的马克斯·普朗克气象研究所，它几乎被遗忘，您是如何感觉或观察到这个方面的？

哈塞尔曼：我想这取决于您的训练背景。如果您习惯于使用高分辨率的大气环流模式，观察所有的动力学和相互作用等，您可能从来没有想过布朗运动（Brownian motion），或者甚至没有听说过朗之万方程（Langevin equation），这些根本不是您基础研究经验的一部分。如果您只习惯于一种思维方式，您根本无法用另一种方式看待问题。人们对所学的特定技术过于专业化，往往无法跨越狭隘的边界，从不同的——通常更简单、更优雅的——视角看待事物。但我不认为这是一个基本问题，富有成效的想法总是会被接受的。

问：原则上这些想法现在已经众所周知，这就是我们引用它的原因。人们也谈论这个概念，您的名字也与之相关。几乎没有人读过1976年发表在 *Tellus* 的文章，但很多人在引用它。②

我们应该多听一些关于随机模式的内容，您提到您的理念来自湍流理论，然后您可以把它与海浪问题联系起来，但是您已经学会了所有的技巧，这与随机模式的情况相同吗？

① 请参见Mikolajewicz, U. and E. Maier-Reimer, 1990: Internal secular variability in an OGCM. *Climate Dyn.*, 4, 145-156。（原文注）

② 2006年6月，Scifinder数据库列出了这篇论文有513次引用。（原文注）

哈塞尔曼：是的，但随机模式处于一个更简单的层次上，这只是爱因斯坦在1905年的一篇著名论文中提出的布朗运动概念的一个应用。像爱因斯坦的许多概念一样，这个想法很优雅，但基本上非常简单。短时间尺度的布朗强迫是不可微分的，这一事实有点复杂，但除此之外，基本扩散过程（basic diffusion process）是相当基础的。通过在湍流理论和热线湍流测量（hot-wire turbulence measurements）方面的工作，我熟悉了各种形式的随机过程。如果您试图建立一个高水平放大器（high-level amplifier），由于反馈，它一直处于振荡的边缘，您开始阅读关于系统分析的文章，很快就会看到随机过程。布朗运动是最简单的随机过程之一。当我坐在飞机上的某个地方，我记得是在去赫尔辛基参加会议的路上，我有了一个想法，即可以通过大气的短期波动来解释长期气候变化，就像布朗运动一样。这个想法显而易见，我想我应该把它写在一张小纸条上。

问：但在气象和海洋学领域，这是一个非常大的惊喜。

哈塞尔曼：花了很长时间才把它搞定。多年来，人们并没有真正看懂该论文。有趣的是，这甚至不是关于这个主题的第一篇论文，正如我在写完这篇论文后发现的那样，我相信这是通过一位审稿人完成的。米切尔（J. M. Mitchell）在1966年发表的一篇非常好的论文中也表达了相同的概念，即通过较短时间尺度连续强迫较长时间尺度可产生气候多变性的不同频域（different frequency domains）。米切尔的分析更定性，但他已经很清楚地抓住了主要思想。

问：您读这些文献很细心吗？

哈塞尔曼：我倾向于沿对角线（diagonally）快速阅读。但当我发现一些有趣的东西时，我会非常仔细地阅读。当我沿对角线快速阅读时，我试图抓住基本的想法。

德克·奥尔伯斯：当您去伍兹豪尔的时候，我坐在您施吕特大街的房间里，那里有一大堆您根本没碰过的重印本。当然，我有足够的时间翻阅这些重印本，我惊讶地发现，一个人没有阅读就能堆起这么多东西。由于太阳和灰尘，那些印刷品的纸又黄又脏。很明显，您从未读过那堆书中的任何内容。

哈塞尔曼：并非所有我们计划想做但没能做的事情都是如此令人难堪。

德克·奥尔伯斯：正如您所说，马克斯·普朗克学会故事的第一部分是理解气候动力学的基本概念，而随机气候模式是其中的一个重要元素。第二部分类似于技术挑战，即构建一个可以长期积分的合理的海洋模式。这两项努力直到20世

纪80年代初才引起人们的注意。参与这些工作的人有彼得·莱姆克、尤尔根·维勒布兰德、克劳斯·赫里希，还有克劳迪娅·约翰逊（Claudia Johnson）、哈拉尔德·克鲁斯（Harald Kruse）、沃尔克·詹茨奇（Volker Jentzsch）和格尔德·莱波尔德（Gerd Leipold）。

这是一个有三个层次的结构，最上层是克劳斯，最底层是所有博士生，在中层，我认为克鲁斯创造了"副官"这个词。我们，彼得·莱姆克，尤尔根·维勒布兰德和我是"副官"。所以，我们从一个博士生跑到另一个博士生身边，努力解决他们的问题。

在那些时候，您仍然会知道发生的大部分细节。所以您在智力上参与，而在后来的控制中，您的参与变得更加遥远。

哈塞尔曼： 我一直在寻找有经验的人，我可以把我的一些职责移交给他们。这些人要么是新加入该研究所的，要么更多的是由已经在那里的科学家转变而来，因为他们有更多的经验。此外，我们后来有了更广泛的活动范围，因此我无法随时了解所有活动的最新情况。做"副官"的那些日子里——对我来说是一个新名词，克鲁斯创造发明——我们曾经在我的办公室召开研讨会，以确定某个特定项目的下一步工作应该是什么。这是一种更加亲密的研究风格。这是一个激动人心的时期，但是这个时期不能像研究所扩大时那样维持下去。

问：我们每周开一次研讨会，克劳斯真的非常投入。我们创建了两分钟的研讨会，您知道这是什么意思吗？

哈塞尔曼： 是的，我以前每两分钟就打断一次。

问：不，两分钟后您才被允许打断报告人，这真的非常热闹。

汉斯·冯·斯托奇：我想我们是在20世纪80年代初相识的，我还记得是在吕特延塞尔的"暑期学校"（Lütjenseer Wende Parteitag），这是我第一次遇到克劳斯。我是汉堡大学菲舍尔小组（Fischer group）的成员，应邀参与建立气候模式。您说服埃里希·罗克纳做了一件非常明智的事情，即用欧洲中期天气预报中心的模式代替他的大气模式。这是一个非常重要的决定，您能详细说明一下吗？

哈塞尔曼： 当时很清楚，我们需要一个好的大气环流模式作为气候模式的一部分。要做到这一点，我们需要一个规模极其庞大的团队。成功做到这一点的团队有地球物理流体动力学实验室（GFDL）、美国的国家大气研究中心（NCAR），尤其是欧洲中期天气预报中心。欧洲中期天气预报中心在其业务基础上制作了世界上最好的全球中期天气预报，当时拥有最先进的大气环流模式。有一大群专家参与了该模式的研发。很明显，让甘特·费舍尔和埃里希·罗克纳这样的优秀人才与这个团队竞争并试图做同样的事情是在浪费时间。

因此，显而易见的是可以利用欧洲中期天气预报中心的经验，并利用自己的专业知识对其进行改进。大家都同意，还有甘特·费舍尔和埃里希·罗克纳，尽管他们可能没有那么热情。他们都是非常有能力的数值模拟者。甘特·费舍尔退休后，埃里希·罗克纳搬到了马克斯·普朗克气象研究所，在伦纳特·本特森的后期领导下，他将最初的欧洲中期天气预报中心模式发展成为我们眼中的世界上最好的气候模式。因此，我认为这一决定提高了甘特·费舍尔和埃里希·罗克纳的科学声誉。当然，这对汉堡气候模式的发展至关重要。

问： *之后，在1982年，您有了大尺度地转海洋模式，您得到了所需的大气模式，您有一个很好的概念框架，但您没有计算机，后来您做了什么？*

哈塞尔曼： 1979年，世界气候研究计划创立。一年后，1980年，德国气候研究计划（German Climate Research Program）也得以创立。因此，德国气候研究界，不仅仅是马克斯·普朗克气象研究所，显然需要一个好的气候模式。

但也很明显，只有马克斯·普朗克学会和气象研究所能够提供该模式。然而，由于科学共同体普遍需要最先进的气候模式，因此运行该模式所需的超级计算机应该由科学共同体提供，也就是说，由联邦科学和技术部提供资金也是合乎逻辑的。这是最终要发生的事情，但那时候要实现并不那么简单。

为了加快我们的数值模拟研究工作，我们首先根据我与雷玛尔·吕斯特先生的协议，向马克斯·普朗克学会申请了一台中型计算机。这是我们在1979年获得的，我记得型号是CDC Cyber 173，但这是在与马克斯·普朗克学会计算机委员会的委员们进行了漫长的斗争之后获得的，他们认为远程访问位于慕尼黑附近加兴（Garching）的马克斯·普朗克等离子体物理研究所的大型计算机会更好。下一步是将这个计算机升级为我们的第一台超级计算机Cyber 205，这事发生在1982年前后。该投资已经由德国联邦科学技术部拨款，但运行成本仍然来自该研究所的预算。

我们的计算机人员实际上不足以运行超级计算机，我们雇用的少数额外人员已经使研究所的预算吃紧。沃尔夫冈·塞尔是计算机工作人员的负责人,德克·施里弗(Dirk Schriever)曾在布罗克研究所负责数据处理,他负责组织数据档案,我们有几个操作员。

但我们在开发综合气候模式时也遇到了问题。曾领导气象研究所大气数值模拟小组的甘特·费舍尔已经退休,很明显,他的继任者,无论是谁,都不会是数值模拟的大师。

我们找到了解决这两个问题的好办法。我找到雷玛尔·吕斯特,提醒他我们的第二份"君子协议"。我解释说,我们真的需要第三位主管来处理大气数值模拟活动了,他的反应原则上是积极的。然后,我联系了德国气候研究项目的管理人唐豪瑟女士(Frau Tannhäuser),建议将我们的超级计算机从马克斯·普朗克气象研究所转移到即将成立的德国气候计算中心(DKRZ),联邦科学技术部还应承担相关的人事费。她原则上也做出了积极回应。随后,有关各方就费用分配、马克斯·普朗克气象研究所与一般气候研究界其他用户之间的计算时间分配、法律手续等问题进行了一段时间的谈判。

最终的结果是,我们的计算人员从马克斯·普朗克气象研究所调到了德国气候计算中心,这释放了我们可以提供给该研究所第三位主管的职位。德国气候计算中心成立于1985年,由沃尔夫冈·塞尔担任技术总监,我担任科学总监。马克斯·普朗克气象研究所的第三任所长伦纳特·本特森于1990年底上任。

问:在其他任命中,谁让埃里克·罗克纳从汉堡大学气象研究所转到马克斯·普朗克气象研究所的?

哈塞尔曼:这是一个非常好的调动。当然,伦纳特·本特森在大气数值模拟方面有很多经验,还有大量的组织经验。他非常了解欧洲中期天气预报中心的模式,他的到来,加上埃里克·罗克纳的专业知识和辛勤工作,给了我们很大的帮助。

问:当时他还雇用了乌尔里希·库巴什。

哈塞尔曼:没错。乌尔里希·库巴什曾在欧洲中期天气预报中心工作,他非常有效地分析了我们模拟试验的结果。伦纳特·班茨森还聘请了莉迪亚·杜梅尼尔(Lidia Dümenil)、克劳斯·阿普(Klaus Arpe)和本纳特·玛晨浩尔(Bennert Machenhauer)。他们开发了一个区域嵌套大气模式,建立了一个很好的团队。欧洲中期天气预报中心大气模式的汉堡版本ECHAM随后与我们的大尺度地转(LSG)

海洋模式（包括碳循环）耦合，以创建ECHAM-LSG耦合气候模式。这是与许多来访者合作完成的，包括伦纳特·本特森的团队和我的团队。访问伦纳特·本特森的客人络绎不绝，其中许多人以前曾访问过欧洲中期天气预报中心，而对我们的访问则感觉很令人振奋，例如，来自拉蒙特天文台（Lamont Observatory）的沃利·布洛克（Wally Broecker）和来自斯克里普斯海洋研究所的鲍勃·巴卡斯托（Bob Bacastow），他们都与恩斯特·迈尔-雷默合作开发了碳循环模式。

问：与此同时，像德克·奥尔伯斯这样的人离开，大方向发生了变化，即更倾向于动力学的、准现实的复杂模式以及较少的动力学概念化，更多的是实验工具的强力实现。

哈塞尔曼：没错，我们首先必须使用简单模式来演示一些关于自然气候变异的基本概念。但一旦实现了这一点，显然没有必要用简单模式进行进一步的分析。我们必须首先构建更真实的模式。因此，大尺度地转（LSG）海洋环流模式一经建立，迈尔-雷默和尼古拉耶维奇就计算了它对随机强迫的响应，正如我所提到的。下一步是将这些想法应用于整个气候系统，即海洋-大气耦合环流模式。但不知怎的，我们偏离了方向。我很高兴听到徐劲松已经开始和她的一个博士生一起研究这个问题，但仍有许多工作要做。我认为自然气候变异的三个可能来源之间的区别，即作用于慢气候系统的短时间尺度大气变异性的随机强迫，慢气候系统本身在可比时间尺度上的内部非线性相互作用，以及例如由火山活动、太阳辐射或地球轨道的变化而引起的外部强迫，始终未得到正确的澄清。

我们可能因为数值模拟工作中出现的许多有趣的新问题而偏离了这个简单目标。例如，我们开始研究在长达一年的时间尺度上预测自然短期气候变化的可行性。我与蒂姆·巴内特合作，运用纯粹的统计方法，基于线性多时滞回归模式[50、61、64]。后来，我们还将一个现实的大气环流模式应用于厄尔尼诺预测，莫吉布·拉蒂夫非常有效地使用了这种降低复杂度的耦合模式。蒂姆·巴内特使用了另一个更简单的线性反馈模式，也是与莫吉布合作的，该模式也运行得很好。因此，我们开辟了另一个领域，在这个领域中，我们可以用相对简单的动力学概念，而无须一个成熟的全球气候模式。

但我们通过扩展海洋子系统中的生物和化学表达，改进海冰模式，添加大气化学，与美因茨马克斯·普朗克气象研究所的保罗·克鲁森（Paul Crutzen）团队合作，研究地表植被等，也参与了全球气候模式本身的改进。当然，这是一项无穷无尽的工作。

在我们的建模活动中，我较早地提出的另一个问题是，使用所谓的主相互作用模式（Principal Interaction Patterns，PIP）和主振荡模式（Principal Oscillation Patterns，POP）将复杂模式投影到更简单的模式上[86, 89]。复杂模式的一个基本困难是，随着它们通过合并更多的过程和自由度而变得更加现实时，它们就变得与它们所模拟的真实系统一样难以理解。我尝试设计一些方法来构建更简单的模式，以捕捉支配整个复杂系统动力学的主导过程，在一般非线性情况下，以PIP的形式；在具有随机强迫的线性系统的特例中，以POP的形式。

最后，我们还更积极地参与了政府间气候变化专门委员会（IPCC）的活动，参与了未来100年人为气候变化的情景计算。

所有这些工作都非常引人入胜，而且都偏离了我们最初的目标：整理出不同形式的自然气候变异。但现在，人为气候变化（anthropogenic climate change）问题已走向公众意识的中心舞台，我相信，人为气候变化和自然气候变异（natural climate variability）之间的区别将成为气候研究议程中的高度优先事项。我们必须再次认真研究自然气候变异的结构。最近关于人为气候变化可能对飓风、洪水和干旱等极端事件的频率和强度产生影响的讨论表明，公众对这一问题的兴趣有所增加。

问：从这个意义上说，在您担任所长的最后几年里，人为气候变化问题开始复兴或有了重要意义。如果没有随机概念，考虑探测人为气候变化是没有意义的。

哈塞尔曼：我不太确定随机概念本身对检测和归因问题是否重要。主要的一点是，你试图区分人为气候信号或其他外部强迫气候变化信号，例如，由于火山爆发和内部自然气候变异。自然气候变异的起源，无论是通过短期气候变化的随机强迫，还是通过气候系统本身的非线性相互作用，都是无关紧要的。核心问题是根据外部强迫气候变化信号和自然气候变异信号的频谱来区分这两种信号。这是把一个领域的现成理论——在这种情况下通信中的信号处理——应用于气候问题的另一个例子。我在1979年的一篇论文[54]中指出了这一点，但该论文一直处于休眠状态，直到20世纪90年代中期检测问题变得活跃，当时大量论文[110, 125, 129, 133, 135, 138]证明，确实可以在自然气候变异噪声之上探测到人为气候变化信号。

问：在20世纪60年代和70年代，人们不一定会同意没有具体原因就存在变异性的观点。

哈塞尔曼：我想当时已经有两个学派：一个学派认为气候变化确实是由一些外部强迫机制造成的，比如火山爆发或太阳辐射的变化。但另一个学派认识到，你可以简单地通过气候是一个包含反馈的非线性系统这一事实来解释自然气候可变性。这种系统，如湍流，已知表现出随机变化。这两种机制都可能导致气候变化。随机强迫模式仅仅指出，第二种机制存在一种特别简单的实现方式，因为气候系统包含一种以湍流大气形式存在的现成的自然变异源。我们所要做的就是分离时间尺度，也就是说，区分快速大气和其他气候系统，包括缓慢的组成部分，如海洋、冰层和碳循环。但在诸如气候这样的非线性系统中，可以预期内部产生的自然变异性的想法在当时已经存在。

汉斯·冯·斯托奇：我对随机变化的理解是，系统中有很多混沌成分，因此整体行为无法与噪声的数学结构区分开来。因此，我们可以非常有效地将非线性动力学描述为噪声。与随机数生成器一样，它也是计算机上的一种确定性算法。

哈塞尔曼：我想，我们在任何非线性系统中都能找到这种现象。

问：但如果系统中有几个自由度，它不一定看起来像噪声。因此，对于洛伦兹系统（Lorenz's system），您不会将行为概念化为噪声。

哈塞尔曼：这取决于您对噪声的定义。如果将噪声简单地定义为统计平稳随机过程（statistically stationary stochastic process），那么洛伦兹系统在适当的参数范围内会产生噪声，尽管它肯定不是高斯噪声，正如许多噪声分析中所假设的那样。不，我认为随机强迫概念的要点不是有噪声，或者系统有很多自由度，而是通过分离时间尺度可非常简单地理解气候系统中噪声的来源和结构。噪声的来源是短时间尺度的湍流大气，这就在气候系统的其他部分产生了更长时间尺度上的变异性。没有必要了解大气的详细动力学，只要知道湍流大气的特征是噪声谱集中在与"小时"和"天"的时间尺度相对应的频率上就足够了，但因为系统是非线性的，所以在非常低的频率下也会向下延伸到有限的水平。正是这种低频率范围对应月、年、几十年甚至更长的时间尺度——可被视为白噪声，也就是可简单地看作常数——这就产生了气候系统的其他部分，即缓慢的气候系统的变化。

在随机气候模式的大多数初始应用中，我们考虑了气候系统的一些简单组成部分——例如，混合层的温度或海冰范围——我们可以将其线性化。因此，有一种普遍的误解，即随机模式只能用来描述线性系统对白噪声强迫的响应。但这一概念通常适用于任何气候模式，无论是线性还是非线性，正如迈尔–雷默和尼古拉耶维奇在大尺度地转（LSG）海洋环流模式中的应用所证明的那样。这种误解可能与以下事实有关：有些人可能难以理解我最初的随机气候模式论文。为了处理一般的非线性情况，我使用了福克–普朗克方程（Fokker-Planck equation），这是统计力学中刘维尔方程（Liouville equation）对包含扩散的系统的推广，正如布朗运动所要求的那样。虽然可以假设大多数人都熟悉刘维尔方程，但福克–普朗克方程可能不太为人所知。

问：您概述了马克斯·普朗克气象研究所的整个体系，包括不同的模式、耦合、想法等。同时，我们还有一个德国气候科学项目。从外面看，马克斯·普朗克气象研究所似乎运行了这个项目。马克斯·普朗克气象研究所曾多次尝试从外部吸引人员，但其他气象机构仅在全球数值模拟中参与了少量工作，这与您看到的一样吗？

哈塞尔曼：是的，我认为这种解释是符合人的本性的。我们当然试图吸引其他团体加入该项目，但问题是，要运行或帮助开发复杂的全球气候模式系统，你必须愿意动手，你必须真正参与其中。你不能只是坐在那里，空有一些聪明的想法。你不能在500千米外的地方做一个复杂的模型。与我们合作的人来自印度、加拿大或其他地方，合作持续一年左右。大多数德国人——他们中大多数人都有家人——都不愿意来访问更长的时间。我们的尝试不太成功的另一个原因是，大多数科学家对于参与更大规模的匿名活动并不感到兴奋。

因此，在德国气候研究项目中，我们有一个全球气候数值模拟小组驻扎在汉堡，在马克斯·普朗克气象研究所和汉堡大学气象研究所，还有几个较小的小组分布在其他地方，在吉斯特哈特的德国海岸带研究所（GKSS），在尤利希（Jülich），在卡尔斯鲁厄（Karlsruhe），在波恩和科隆（Cologne），因为他们可以自己做。我认为开发五六种不同的区域模式是浪费时间和资源，所有这些模式的质量都差不多。我们在汉堡也有一个区域模式嵌套在全球模式中。这是一个不必要的并行的典型案例，因为人们在参与一个联合项目时遇到了问题。我试图克服这一点，但我不得不承认我没有成功。

我们在分析模式输出的团队中更为成功，如在科隆、慕尼黑和波茨坦

（Potsdam）。但从事这类活动的团队相当少。我相信，开发大型模式的团队到处都会遇到同样的问题，人们目前还不能有效地分散这类工作。

问：关于海洋模式，您可以看到在大尺度地转（LSG）海洋环流模式和其他在基尔以及不来梅港开发涡解析模式（eddy resolving models）的海洋学家之间存在着这种区别。但我的印象是您并没有真正重视这些工作。

哈塞尔曼：嗯，是的，我不相信涡解析模式真的值得这么做。

问：它们是值得，还是不值得？

哈塞尔曼：我以为它们不值得，它们浪费了大量的计算时间。从本质上说，他们的研究显示存在涡旋，这一点我们都知道。我不相信涡和平均流之间的相互作用不能被充分地很好地参数化，以便用标准的涡流传递方法进行气候数值模拟。或者至少，涡解析模式模拟没有提出更好的参数化，我不相信我们发现了一些基本是新的东西。我在今天的谈话中看到的是墨西哥湾流和所有这些涡旋的美丽画面，但我们实际上学到了什么？如果有人能证明这些涡旋的影响与我们在粗分辨率模式中所做的完全不同，那么我承认我们必须开始思考一些完全不同的东西，甚至可能必须放弃使用非涡旋解析模式。但我没有看到这一点，我所看到的主要是有利于建立公共关系的精彩动画展示。

问：您怎样看待可视化？

哈塞尔曼：我的看法是混合的，我认为在这个问题上已经出现了不必要的两极分化。以非专家可以快速掌握的可视化形式表示复杂的依赖时间的数值模拟结果是非常有用的，对于从未见过关于墨西哥湾流涡旋的卫星或其他数据的人来说，使用良好的墨西哥湾流涡解析模式进行数值模拟可能非常有启发性。另一方面，根据我的经验，从事定量数据分析的活跃科学家很少使用可视化工具，但在某些情况下是有用的。我记得有一个案例，看一个视频序列帮助我们发现了一个特定网格点的间歇不稳定性（intermittent instability），我们在快速浏览照片中错过了。所以我认为，即使它没有被常规使用，一个好的可视化工具也是值得的。

问：您有没有访问过这种三维可视化的洞穴？

哈塞尔曼：我对这些东西感到恶心，我觉得它们很可怕。我在诺里奇的廷德尔中心（Tyndall Centre in Norwich）经历了一次，也许我太敏感了，但三维投影似乎没有正常工作，我有点头晕目眩。过了一段时间，我真的病了，也许我坐的位置不对。

也许这些技术会随着时间的推移而改进。但是，我并不认为，用三维而不是二维（换句话说，闭着眼睛看数据）来获取额外信息，对于科学目的极其重要，并且证明了技术努力的合理性。但是，一旦技术足够成熟，对于公共关系来说，这也许是可以的。

问：马克斯·普朗克气象研究所和其他研究所已解决的一个气候因素是冰原（ice sheet），但我从未真正看到过冰原被纳入马克斯·普朗克气象研究所的气候模式中。这是什么东西太复杂了吗？

哈塞尔曼：我不认为这是一件很复杂的事情，我可能只是没有充分地推动此事。我们有克劳斯·赫特里奇的冰原模式，他的模式很好地描述了冰原是如何生长和融化的以及冰原何时开始激增。

我对把冰原模式与冰架和海冰模式（an ice-shelf and a sea-ice model）耦合感兴趣，这种耦合模式对于解决格陵兰或南极冰原的稳定性问题非常有用，无论冰原是否能通过冰涌（ice surges）分解。如果这个模式被纳入我们的全球气候模式中，我们就可以进行模拟，以研究百年和千年时间尺度上气候变化的起源，这仍然带来许多悬而未决的问题，米兰科维奇理论（Milankowitch theory）仅解释了部分变异性。我认为这是一个非常重要的研究领域，这可能是我的错，我没有发挥足够的领导力，确保使用冰原模式结合海洋模式和大气模式更认真地继续从事此类研究。这需要一个更强大的研究团队，而不仅仅是克劳斯·赫特里奇，他后来在不来梅大学担任教授。

问：这是否超出了政府间气候变化专门委员会（IPCC）对未来100年的设想？

哈塞尔曼：不，我不这么认为，这是由其他人进行的，特别是乌尔里希·库巴什[106]。当然，IPCC的情景对IPCC和一般的国际气候研究工作很重要，但对我们也很重要。他们展示了这些模式能做什么，这些模式对德国气候研究项目很重要，该项目必须向政策制定者和公众证明其计划的合理性。

我们还参与了国际气候模式相互比较项目，该项目涉及类似的情景计算。这是一个确定不同气候模式优缺点的重要工作。

从科学的角度来看，这项工作并不是很令人兴奋，但我不认为它是在与冰原数值模拟竞争，我可能也在跟进其他问题时分心了。

汉斯·冯·斯托奇：也许我们可以更诚实地说，现在是不是处于研究所的关注度较低的时期？1985年以后，您把"缰绳"放得越来越松，最后您对气候的兴趣也越来越少了，这是我的印象，我不会为此批评您的。研究所里发生了很多事情，这只是其中一个问题，有许多研究与这座大型数值模拟大楼及IPCC无关。

哈塞尔曼：是的，如果您看看研究所出版的关于不同主题的许多出版物，也许就是这样。我们还利用马丁·海曼领导的逆向数值模拟技术（inverse modeling techniques）扩大了对碳循环和示踪剂的研究，他于1985年从斯克里普斯研究所来到我们这里。马丁·海曼现在是耶拿（Jena）的马克斯·普朗克生物地球化学循环研究所所长，他是一位非常能干的科学家。我确实让"缰绳"有点松动，让团队领导接管了许多领域，我不认为这是一件坏事。

问：20世纪80年代末，全球变暖不是该研究所的主要课题，我们做了很多研究，这些研究与您刚才描述的总目标无关。人们只是在娱乐，自我享受。

哈塞尔曼：我不会这么说，他们探索了许多不同的有趣的课题，而且非常成功。但我们也在全球变暖问题上做了大量工作，例如在您提到的情景计算中。的确，我自己在那个时候也参与了全球变暖以外的问题。然而我仍然对冰原感兴趣，尽管不可否认还不够积极。我们与来自乌得勒支（Utrecht）的冰原动力学国际专家约翰内斯·奥勒曼斯（Johannes Oerlemans）有着良好的联系，他曾多次访问我们。与来自加拿大的海冰数值模拟专家比尔·希布勒（Bill Hibler）也有良好的联系，他在我们这里待了一年。因此，我们确实将一个好的海冰模式纳入了全球气候模式，但不幸的是它不是一个冰原模式。也许我应该坦率地承认，我也有点厌倦了总是要组织一些事情，并且很高兴所谓的"副官"已经成熟到了具有专业水平并得到国际认可，我可以很高兴地让他们在许多领域发挥主导作用。

我记得在第一阶段，当我们在进行开发随机模式等方面的工作以及在20世纪80年代初进行海洋数值模拟时，弗里茨·肖特（Fritz Schott）从迈阿密过来访问，并与研究所的许多人交谈。后来他来找我说他从未到过像马克斯·普朗克气象研究所那样密切指导博士生和博士后的研究所。

问：他什么时候说的？

哈塞尔曼：一定是在20世纪80年代初。我想当时我的指导确实比美国大多数研究所的指导更有力，但我后来认为，我倾向于让人们自己去发展——犯他们自己的错误，而不是我的错误。

问：我听说20世纪70年代末的博士生很难和您一起工作。

哈塞尔曼：我们进行了艰难的讨论，这是真的，但绝不是针对个人的。我尽力支持学生们。我不记得有哪个学生不及格，尽管一个学生在一年后决定当牧师。后来他感谢我间接地激励他做出那个决定。我不知道怎么做，也许我有点强硬。

问：另一方面，您也做了许多工作，气候业务在不断发展——如果我们可以这样说的话——参与政府间气候变化专门委员会以及我们为厄尔尼诺等类似事件制订预测方案的努力。这一切都进行得非常顺利，您在指导所有这些事情。但您也做了其他事情！我们其他人并没有真正注意到这一点，但您仍从事海浪方面的工作，仍从事与海浪活动有关的遥感工作，您能告诉我们一些情况吗？

哈塞尔曼：是的，我在20世纪70年代末前后决定停止海浪研究，但有两件事让我又回到这个课题上，一是欧洲航天局正在准备建造ERS-1卫星，这是美国SEASAT卫星在欧洲的后续产品，该卫星在1978年仅运行了100天，但已经证明了从太空测量海浪的可行性。欧洲航天局要我加入ERS-1卫星研究咨询小组。二是我妻子苏珊娜刚刚取得了她的数学学位。在经历了15年抚养孩子的间歇期之后，她终于完成了学业。我们想一起工作，我不想让她在气候领域工作，因为在那里她会与研究所的其他成员直接竞争。因此我建议她找一个我们可以在不与研究所主要工作重叠的情况下共同工作的领域，研究海浪是一种自然选择。

这也是一个绝佳时机，因为我们现在通过JONSWAP项目很好地了解了海浪动力学，我们面临着将这些知识转化为海浪数值预报模式的挑战。作为数学家，苏珊娜有能力做到这一点。此外，我们需要一个良好的全球海浪预报模式，以吸纳全球波高和二维波谱数据，我们希望在几年内从ERS-1卫星高度计和SAR仪器中不断获得这些数据。

所以我重新开始了在海浪研究方面的活动，我们与JONSWAP项目的前同事们一起成立了WAM小组，目标是开发第三代海浪模式3G-WAM，但3G-WAM模式后来因为过于笨重而被放弃。我们首先对所有现有的海浪模式进行了比较研究[242]，得到如下结论，所谓的第一代和第二代海浪模式是不足的。20世纪60年代开发的第一代模式是基于我们在推进JONSWAP项目前对波谱能量平衡的错误理解。第二代模式包括符合JONSWAP图像的非线性转换，但参数化过于粗糙，无法再现复杂风场的波谱。我们需要一个第三代模式，该模式应具有非线性转移的改进的表示方法。因此，苏珊娜和我首先开发了一个更现实的近似——五维非线性传递积分（five-dimensional nonlinear transfer integral）近似，可以在海浪模式中实现[77,78]，苏珊娜将其纳入了WAM模式的第一版中。然后WAM小组的其他成员对该模式进行了测试和改进[90]。来自德国海岸带研究所（GKSS）的亨兹·甘特（Heinz Günter）整理了所有数学和文档，并在欧洲中心运转了该模式，而其他人则测试了该模式的其他各个方面，目前该模式在全球许多业务预报中心和研究机构使用。

我在ERS-1卫星咨询委员会的工作也花费了相当多的时间，我经常要去巴黎的欧洲航天局总部或荷兰诺德威克（Noordwijk）的欧洲航天局技术中心。通过ERS-1卫星项目，我遇到了许多与遥感有关的有趣的人，如挪威卑尔根南森中心（Nansen Center in Bergen）主任奥拉·M. 约翰内森。但ERS-1卫星项目也涉及有趣的科学挑战，一个是开发从ERS-1卫星SAR图像非线性波浪谱中检索二维波谱的算法[102]，另一个是在WAM模式中同化产生的波谱[120]。我和苏珊娜一起做的，但还有很多其他有趣的问题，特别是当ERS-1卫星于1991年发射并开始产生数据时，我也招收了一些博士生，这与我的初衷相反。我们有一个很小但非常活跃的海浪和遥感研究小组，在不同时期由克劳斯·布鲁宁（Claus Brüning）、苏珊娜·莱纳（Susanne Lehner）、帕特里克·海姆巴赫、伊娃·鲍尔（Eva Bauer）和格奥尔格·巴泽尔（Georg Barzel）组成。他们独立于气候小组工作，除了参加研讨会和研究所的一般活动外，其他时间互动相对较少。

问：沃纳·阿尔珀斯（Werner Alpers）呢？

哈塞尔曼：阿尔珀斯不是我的学生，他是"合作研究中心"的博士后。在马克斯·普朗克气象研究所成立前，在我的第一个"海浪研究时期"，他与我一起研究海浪遥感，然后他去了不来梅大学担任遥感研究方向的教授，后来又回到汉堡，再次担任遥感方向的教授。在我重新唤起对海浪和遥感研究的兴趣后，我再次与他合作。但在1996年苏珊娜退休后，我真的停止了对海浪和遥感的研究，转向了其他方面的兴趣。

问：您对一些人所说的描述经济学非常幼稚的方式感兴趣，并开始涉足经济学，那是怎么回事？

哈塞尔曼：这是因为我参与了媒体和公众的活动。在20世纪80年代末和90年代，媒体、公众和政治家开始逐渐意识到气候变化问题，并希望从气候专家那里听到更多信息。所以我经常被邀请接受电视台或电台的采访，并就气候问题向公众发表演讲。在演讲结束时，我总是被问到同样的问题："我们应该做什么？"我会说："嗯，我真的不知道。我是气候学家，不是经济学家或政治家。"但他们从不放过，一直坚持到我想出一些即兴的回答。因此，我决定搜寻一些更好的答案，并开始研究气候变化的影响问题以及经济上和政策上可能的应对措施。我几乎找不到关于气候影响的可靠信息，我对经济学家的分析相当失望，在我看来他们使用了不恰当的、过时的经济均衡模型，这些模型还扭曲了对未来气候变化成本进行适当补贴的关键问题。当然政治舞台也被各种颜色的说客所包围，这使得人们很难在噪声中检测到信号。

因此我开始开发一些简单的耦合气候–经济模式，以确定最佳的二氧化碳排放路径，使人为气候变化和减缓气候变化的净经济成本最小化，重点是跨期贴现问题[143, 146]。与此同时，汉斯·冯·斯托奇与芬兰经济学家奥利·塔赫沃宁（Olli Tahvonen）撰写了一些类似的论文，汉斯·冯·斯托奇对这个问题很感兴趣。

我紧随这项工作，使用了基于非平衡多主体动力学（non-equilibrium multi-agent dynamics）的更现实、但仍相对简单的经济模式开展研究，沃尔克·巴特、米切尔·韦伯和乔治·胡斯（Georg Hooss）后来发表了两篇优秀的博士论文。作为副产品，我们基于我们的耦合气候–经济模式开发了一个气候电脑游戏，该游戏在慕尼黑德国科学博物馆举办的气候展览中运行了一年左右，这个游戏很受欢迎。

耦合气候–经济数值模拟至今仍是我的爱好，我认为经济界迫切需要与物理学家和社会科学家合作，开发现实的动力学非平衡社会经济模式，将气候变化问题与全球化、就业、有限资源等普遍社会问题结合起来。

在我对这些问题产生兴趣的时候，1990年，我与我的同事汉斯·辛兹彼得一起被邀请成为德意志民主共和国科学院研究所评估委员会的成员，我们的任务是在两个德国已经统一的情况下，对科学院在地球物理和环境领域的发展方向给出建议。我们遇到了一个年轻的团队，他们正在就各种气候变化影响问题进行有趣的跨学科研究。我们建议将这支队伍纳入一个新的研究所，专门研究气候变化和气候变化政策的社会、经济影响。这就是两年后成立的波茨坦气候影响研究所的起源。波茨坦气候影响研究所与马克斯·普朗克气象研究所建立了良好的合作关系，他们分析了我们的许多气候变化模拟结果。

我们试图在汉堡建立一个规模较小的类似活动，在由雷玛尔·吕斯特举办的在阿尔斯特（Alste）旁边的鲍比帝国（Bobby Reich）餐厅鸡尾酒会上，我向汉堡大学校长尤尔根·吕特杰（Jürgen Lüthje）建议，该大学应支持一个小组，研究气候变化对经济和社会的影响。这正成为一个越来越重要的研究领域，并将成为马克斯·普朗克气象研究所的气候活动与该大学强大的经济系之间的一个很好的桥梁。吕特杰立即与一家大型邮购公司的负责人、环境项目的知名赞助商米切尔·奥托（Michael Otto）进行交流，并说服他接受了这个想法。米切尔·奥托提议，给环境经济学教授五年任期并征询建议。第一轮提案汉堡大学未接受，因为该大学没有承诺在头五年过去后为该教授席位提供必要的后续资金。但在第二轮汉堡大学做出了承诺，设立了该教授席位。理查德·托尔（Richard Tol）是阿姆斯特丹弗里耶大学（Vrije Universiteit Amsterdam）的一位非常年轻的科学家，他已经有了一份令人印象深刻的出版物清单，他当选为该席位的教授。

问：不幸的是，为什么与理查德的密切合作没有出现？

哈塞尔曼：这是一个让两个学科协同工作的老问题。理查德·托尔原来是一位相当传统的经济学家，他对物理学家参与经济学的尝试持怀疑态度。出于这个原因，我认为不是所有他可以合作的人——包括我自己——都很热情。但理查德还很年轻，还有很多发展的可能。所以也许未来会有更多的合作——除非理查德决定接受其他地方提供给他的职位，正如传闻所言[①]。

问：您在1999年退休时做了一件事，我认为这是出乎意料或不可预测的。您已经在某种程度上退出了气候研究领域，但您参与了一个新问题。您第一次公开谈论这个问题是在您60岁生日的时候，当时您做了两个小时的关于粒子理论的演讲。您退出了气候研究领域，这对一个在该领域拥有权威和认可度的人而言是很了不起的。您说，"我不介意，我要去做我更感兴趣的事情"。

到目前为止，您赢得了所有的战斗，您是一个年轻的进攻者，您推翻了僵化的旧思想，并用更现代化的思想取而代之。这做得很好，您干得很成功，然后您突然决定，"不，我现在在做别的事情。我真的是在进攻一些完全不同的东西，这将是一场艰苦的战斗。"您会作为新人开始面对所有困难，您不能在该领域真正利用您的被认可度，是这样吗？

哈塞尔曼：嗯，我意识到情况就是这样的，我并不感到惊讶。我对那些公认的

[①] 与此同时，理查德·托尔从汉堡搬到都柏林的经济社会研究所（Economic and Social Research Institute in Dublin）。（原书注）

粒子物理学家的否认程度感到有点惊讶——在某些情况下，甚至是对抗性态度。其他物理学家对我的想法更为开放，当然他们持怀疑态度，但他们愿意讨论，在少数情况下甚至相当积极。但我意识到，对于大多数物理学家来说，我可能会被认为有点疯狂，因为我被认为是一个气候学家，显然不可能了解粒子物理学。我被视为一个梦想家，真的不知道自己在说什么，这是完全可以理解的。我对那些奇怪的人也有同样的反应，他们有时会走进我的办公室，向我解释为什么我们正在或没有经历全球变暖，这并没有太困扰我。在我的职业生涯中，我发现一个想法越新，它所关涉的问题越根本，人们就越怀疑。不幸的是，持怀疑态度的反应并不能保证你有一个好主意。这确实可能是一个疯狂的想法，唯一的办法就是继续坚持下去。

自从20世纪60年代中期我写了关于地球物理波场中的波-波相互作用的费曼图解（Feynman diagram）论文以来，我一直在研究粒子物理学。我确信量子场论基本上是错的，我不知道它是什么，但我想许多物理学家都会同意爱因斯坦对量子理论概念基础的批判是有道理的。但是当然，每个人都说爱因斯坦一生都在努力寻找另一种方法，那么为什么像哈塞尔曼这样的人能够解决这个问题呢？我觉得值得一试。毕竟我们不可能永远被爱因斯坦所麻痹。正如你所说的，我在过去赢得了大部分的战斗，如果你不能把声誉资本花在有趣的事情上，那拥有它有什么意义呢？

1996年和1997年，我发表了四篇冗长的论文[121, 122, 131, 132]，阐述了我关于"克劳斯子"理论的基本思想，这四篇论文扩展了我在1992年10月庆祝60岁生日的第一次演讲的内容。这些文章发表在一个关于物理学基础的杂志上，但我后来发现，大多数物理学家并没有十分重视。从那时起，我还发表了另外两篇论文[139, 157]，目前正在就最新研究结果撰写另外两篇文章。一旦该理论在公认的期刊上发表，它要么被接受，要么被拒绝，这是应该的。我并不真正关心结果，因为这是无法控制的。

正如我所提到的，除了进入一个新领域外，我还在研究耦合气候-经济模式（coupled climate-economic model）。我创建了由卡洛·杰格（Carlo Jaeger）担任主席的欧洲气候论坛（European Climate Forum），在该论坛上，我们试图让气候变化辩论中的利益相关者——企业、能源公司、制造商、保险公司、非政府组织等——与气候学家和经济学家一起研究气候变化问题，分析各种可能的缓解和适应政策选项。

问：但您支持粒子理论吗？

哈塞尔曼：是的，我从心里支持粒子理论。

*德克·奥尔伯斯：*我很高兴参加您60岁的生日聚会，并聆听您关于"克劳斯子"的演讲。我想我理解了您演讲的大部分内容。我的印象是，在短短几年内，我们将看到一位新的诺贝尔奖得主。其他人也会这么想，而不仅仅是我自己。然后我到处遇到您，您总是说您快到了，您只需要解决这些非常复杂的方程即可。

我对这个答案的疑问是，有这个方程和数学家，他们知道有解的存在性定理，他们根本不关心这个解的样子。我们有薛定谔（Schrödinger）方程，我们知道对于任何复杂分子，原则上可以说波函数必须存在。这个方程的问题是什么？

哈塞尔曼：问题是基本"克劳斯子"方程（basic metron equation），在更高维空间——八维空间——中的爱因斯坦真空方程（Einstein vacuum equations）是没有外源项的非线性方程。假设除了平凡零解外，方程还有一种特殊孤立子型的非线性本征值解，我在物理学其他分支中没有发现类似情况，我们完全不清楚这些方程是否有非平凡解。相反，在氢原子线性本征函数的薛定谔方程中，给出了捕获本征模的电磁场，即氢核的电磁场。在"克劳斯子"模型中，捕获场没有给出，而是由被捕获的本征模本身，由它们的非线性辐射应力产生的。正如我所假设的那样，这两组相互作用的场，即被捕获的本征模和捕获场，一个高维度量的扭曲，是像我所假设的那样相互一致，这一点并不明显。在我60岁生日的演讲和发表的论文中，我证明了对于更简单的爱因斯坦方程的标量模拟，这种类型的解确实存在，但问题是对于更复杂的八维空间中的爱因斯坦张量方程（Einstein tensor equation），它们也存在。

我相信我现在确实可以通过数值扰动展开（numerical perturbation expansion）来证明这种解的存在，但前提是假设空间在最小的普朗克尺度下是离散的，或者如果在爱因斯坦方程中引入一个仅在普朗克尺度上有效的附加扩散项。

在八维空间中构造爱因斯坦张量方程的非线性本征值解是一项耗时数年的复杂工作，我和苏珊娜一起做了这件事，她为代数张量运算编写了复杂的代码，但仍有很长的路要走。我必须证明"克劳斯子"解再现了基本粒子标准模式（Standard Model of elementary particles）的所有对称性，包括23个左右的经验常数。我还必须证明"克劳斯子"模型能够解释关于原子光谱、散射截面、超导等方面的大量经验数据，量子理论在过去80年里已经能够解释这些数据。所以"克劳斯子"模型更像是一个程序而不是一个理论。但如果这个程序成功了，它将自动统一重力和微观物理学，并解决许多概念上的问题和形式上的缺陷，如量子场论的分歧。

问：您指的是数值解是否存在收敛问题？所以有人过来说这是一个数值解，我不相信您。

哈塞尔曼：这一直是数值摄动解的问题（numerical perturbation solution），但这不是我主要关心的问题。我已经计算了九阶的解，它们看起来都是很好收敛的级数。一旦我写下结果并把它们说出来，我将很高兴与数学家们讨论存在的问题。作为一名应用数学家，我对这些问题往往更为乐观。我给物理学家们做过很多关于"克劳斯子"模型的演讲，从来没有担心过一个似乎正在收敛的数值级数的形式存在。这些反应总是与基本思想有关，无论它们是奇怪的还是离谱的。

我想在一位社会学家在场的情况下向不同听众发表更多的演讲，他或她可以分析观众的不同反应，并将其与发表评论的不同领域的人联系起来。这个人离基本粒子物理学越近，评论就越有攻击性，不是我所期望和理解的越带有批判性，而是具有更多的攻击性。

我认为其中一个问题是，作为物理学家，我们都被洗脑了，相信量子理论是不寻常的，却是解决微观物理学中波粒二象性悖论的唯一可能途径。在哲学上，人们一直无法拒绝基本的量子理论把粒子或波作为经典意义上的真正客观实体的存在。一个人只能基于审美的理由来反对。爱因斯坦极力反对，但没有提供替代的解决方案，人们普遍认为他失败了。甚至有人认为，如贝尔著名的"不可通过定理"（Bell's famous no-go theorem），它在原则上是不可能用经典理论来解释量子现象的。然而这已经表明——尽管这被广泛忽视了——这些论点都是基于时间之箭（an arrow of time）的存在，而这对于微观物理现象来说是不可接受的。然而，任何试图提出经典理论的人都是在与强大的主流相抗衡。

问：但最后一定是其中一个理论是正确的，另一个是错误的吗？或者可能是波浪谱模式或网格点模式，它们只是寻找相同解的不同方法。

哈塞尔曼：我不这么认为，在我看来，量子场论的问题在于，该理论只抓住了一半的真相，即波粒二象性问题的波动方面。在"克劳斯子"图像中，粒子和场都作为经典意义上的真实物体存在，粒子是场的源，因此场不独立存在，而仅与其粒子源一起存在。不同类型的场——电磁场、弱场和强场——与量子场论基本相同，场之间的相互作用也基本相同。此外，"克劳斯子"模型具有引力场，因为它是一个包含所有场的统一理论。但除了附加的引力场之外，"克劳斯子"模型的场内容基本上与量子场论的场内容相同。

不同之处在于量子场论没有粒子作为真实存在物体的概念，因此，它也被迫否定场作为真实物体存在。场仅被解释为作用于希尔伯特状态空间（Hilbert space of states）的抽象算子。从这些状态中，我们可以推断出实验结果的概率，然而我们必须用刚刚否定其存在的粒子来描述实验结果。这是一种奇怪的构造，不仅造成哲学上的不安，而且造成量子场论的技术困难以及与重力统一的分歧和困难。所以我不认为这两种理论会汇聚成物理相同、数学等价的两幅图片。

汉斯·冯·斯托奇：我建议您读一读路德维克·弗莱克（Ludwik Fleck）的书《科学事实的起源》（德文为 *Die Entstehung einer wissenschaftlichen Tatsache*，英文为 *The origin of scientific fact*），因为我认为您正处在这家伙所描述的风暴的中心。

哈塞尔曼：也许我应该读读此书，我以前从未经历过如此强烈的对抗。我本以为会有人怀疑，但不会有对抗。我在奥尔登堡（Oldenburg）的一个物理学座谈会上发表了一次演讲，后来有几个人突然站起来大喊，有人在这样一个物理学座谈会上发表这样的演讲是个丑闻，这几乎是一种宗教反应。我觉得我似乎参加了一个大选前的政治脱口秀节目，有时会失控。

我以前从未经历过如此激烈的对抗，当我第一次提出非线性波相互作用理论时，像比尔·皮尔森（Bill Pearson）或弗朗西斯·布雷瑟顿（Francis Bretherton）这样的人强调说我完全错了，但这是在人们怀疑和争论的正常文明框架内进行的。当我闯入他们的领域发展海浪的合成孔径雷达成像理论时，已有的合成孔径雷达专家们是批判性的，但并非完全敌对的。当我提出其他经济模式时，传统经济学家也只表现出轻微的恼怒，或者只是居高临下地笑了笑。我从来没有觉得我在攻击任何人的基础。奥尔登堡的质询者是——我怀疑他们有些挫败感——初级的粒子物理学家。

汉斯·冯·斯托奇：对我而言，这很清楚地证明了科学是一个社会过程，我们是一个社会群体，物理学家什么的，我们有特定的习惯或方式来定义权威的对错。您遇到了一个不同的乐队，他们有不同的规则，他们的权威试图捍卫他们的地位。所以我觉得您很勇敢，您改变了道路。您曾经是一个乐队的队长，然后您突然决定，您将成为另一个乐队中淘气的也不重要的乐手之一。

哈塞尔曼：我觉得这很有趣，就像我所说的，如果您不能利用声誉来玩游戏，那么拥有声誉又有什么意义呢?

汉斯·冯·斯托奇:弗莱克的这本书分析了当科学处于一个人们只是试图修复其知识主张阶段时会发生什么。他们正在发明新规则,完善旧规则,等等,尽管整个系统已经错了。然后需要一段时间,直到它完全崩溃。

哈塞尔曼:我个人相信,现存的量子公共场理论(quantum common field theory)将会崩溃,它有一些根本性的问题,没有人可以认真反对。

问:我想您并不是说这是不好的,它是适用于一定范围的现象,但是如果您试图将它作为不同现象的解释工具,那么它就失败了,就需要从根本上重写它。

哈塞尔曼:毫无疑问,量子理论和量子场论对广泛的现象是非常有效的。但我认为这个问题不同于用狭义相对论代替牛顿物理学,或者用广义相对论代替狭义相对论。我认为量子场论的问题不在于它所能描述的现象是有限的范围,且具有一定的参数范围,它更在于基本概念,在于对真实物体存在的否定。毕竟对具有特定属性的真实物体的概念化不仅是经典物理学的基础,也是自人类开始科学思考以来的所有自然科学的基础。

但是关于新思想的引入,我从这位著名的物理学家身上得到了安慰,我忘记了他是谁,他观察到物理学的进步是一种自然现象,它会自行解决自己的问题。老物理学家逐渐没落,年轻人不怕新思想,年轻的物理学家对我的想法更加开放,这让我感到鼓舞。

问:我不认为这是物理学家的问题,我认为这是所有科学家的问题。

哈塞尔曼:是的,当然这并不仅限于物理学家或甚至其他科学家。人们显然已建立了自己的世界观、世间万物观、相互联系观、价值观等。如果他们受到了攻击,他们就会感到威胁。

问:另一个问题是,把计算数学(numerical mathematics)引入气候科学领域的前景如何?我们需要它吗?您会期待我们能想出更好的算法,在很大程度上帮助我们吗?

哈塞尔曼:嗯,我不是一个理论数学家,而是一个应用数学家。我只是简单地应用数学提供的任何东西来解决问题。在我工作的特定领域,我发现人们使用的计算技术并不是由数学家为其特定应用而开发的,而是由气象学家或物理学家根据其特定应用改编的现成的通用方法。当他们发现计算技术不足时,他们会自己进行改进，比如在大气模式中是否使用拉格朗日或欧拉传播方案（Lagrangian or Eulerian propagation schemes），或者是否使用谱方法或网格点法表示。修改通常由实际应用发展而来。据我所知，数学家应用于我们领域特定问题的真正的独创性新思想寥寥无几。

曾有人尝试使用多重网格或适应性网格等，但这些都是现成的数学方法，科学家可以根据需要简单地应用和调整。当应用于矢量或并行超级计算机时，理论上更精确的方法往往计算效率较低，因此在大多数大型气候模式中，人们往往会寻找相当传统的数值方法。据我所知，尚未听到真实案例要求理论数学家来提高模式的数值计算性能，也许我所知道的不再是最新的。

问：除了在1961年依靠赫恩·克劳斯（Herrn Krause）的克劳斯·哈塞尔曼。

哈塞尔曼：事实上，这只是强调我的观点的一个例子。我选择了合适的数值计算方法，例如处理被积函数中的共振δ函数因子，学数学的学生在计算机上就可实现，它基本上都是现成的。

问：我还有一个问题是关于科学家与媒体的关系，科学家应不应该或能不能通过媒体向公众讲话。您开始时是一名气候物理学家，因为您对尝试某些东西很好奇，然后您发现构建一个海浪模式和类似的东西很有趣。突然间，您陷入了一个巨大的公众关注和公众利益之中，公众提出了各种各样的问题。您能告诉我们您是怎么经历的吗？

哈塞尔曼：大多数科学家还没有做好做这项工作的准备，但科学家有义务向公众展示他们的成果，我想我们都同意这一点。向更广泛的公众有效展示结果的唯一途径是通过媒体。如果结果（如气候变化）影响到一个国家或整个社会需要推行的政策，则情况尤其如此。

很少有科学家具有与媒体有效互动的天赋。幸运的是，在马克斯·普朗克气象研究所，我们有两个人可以很好地做到这一点，他们也喜欢这样做。其中一位是莫吉布·拉蒂夫，他在我的小组中，现在是基尔的莱布尼茨海洋科学研究所的教授，他可能是当今德国最著名的气候科学家。每个人都在电视上看到过他对气候问题的清晰阐述。

另一位是哈特穆特·格拉尔，他是马克斯·普朗克气象研究所的联合主任，接替汉斯·辛兹彼得担任海–气相互作用和大气遥感小组组长。格拉尔不仅是与媒体同样有效的沟通者，而且作为各种高级别联邦咨询委员会的主席或成员，还积极参与为决策者提供咨询。由于这些活动，他获得了久负盛名的德国荣誉勋章。通过拉蒂夫和格拉尔出色的沟通活动，我摆脱了与媒体、公众和决策者互动的大部分压力，尽管我也必须承担自己的责任。

有时会有点令人沮丧，因为媒体喜欢报道人们喜欢读的东西，而不是他们应该读的东西，即事实。这些可能是相当无聊的，特别是如果它们总是一样的话，因为它们是在缓慢变化的气候。所以媒体喜欢提出整个科学界都不支持的极端观点。其结果是公众往往对气候变化的问题感到相当困惑，但这是我们必须接受的事情。

问：也许是最后一个问题，也是非常私人的问题。您坐在叙尔特的海滩上眺望大海、海浪、气候等，您看到了湍流。在马克斯·普朗克气象研究所的早期阶段，您掌控着海浪和气候研究，还有这些正在成长的博士研究生们，然后是后期阶段。您认为您对什么时期最满意？

哈塞尔曼：我以不同的方式享受着所有这些阶段，当我发现一些新见解或者当某样东西最终奏效时，我总是非常满意。

例如，当我计算JONSWAP波浪谱的非线性能量转移并将其与增长数据进行比较时，我非常兴奋，它们吻合得非常好。我们花了十年的时间才取得这个结果。

1991年，当我在库鲁（Kouru）观看ERS-1卫星发射时，我欣喜若狂。令人难以置信的是，在欧洲航天局召开了这么多次会议，经历了委员会的无数次讨论，并有多次变化的一个抽象项目，卫星确实存在并在那里呼啸着飞上太空。

当ERS-1卫星开始提供带有SAR的海浪图像时，我非常激动，我们可以使用开发的算法并从中检索出二维波谱。当帕特里克·海姆巴赫将其论文中检索到的前三年波谱与欧洲中期天气预报中心运行WAM模式产生的波谱进行比较时，他发现整体一致性非常好[140]。但他也发现了该模式在涌浪传播方面的一个小缺点，这需要与太平洋涌浪实验的旧结果更加一致，这一切都非常令人愉快。

在我60岁生日的座谈会上，我的情绪也非常激动，突然间，多年来所有来自不同国家、不同领域的与我一起工作的人都出现了，并发表了演讲。在此之前，我从未意识到自己在职业生涯中经历了这么多丰富的友谊是多么幸运。

但我也有很多不具备这种δ函数特征的令人满意的经历。例如，通过一些非常好的博士论文或博士后论文，或者我们第一篇论文后的许多有影响力的检测和归因论文,加强和传播了随机强迫的概念。在这些文章中,我们提出了一个非常小概率的定量估计,即最近观察到的全球变暖可能归因于自然变异的概率。这很快导致人们普遍接受人为全球变暖是真实存在的,并且已经被检测到了。

问:在您的成绩列表中,您没有列入德国气候计算中心的创建。

哈塞尔曼:作为马克斯·普朗克气象研究所所长或某委员会的成员,我做了很多事情,但这些都不是我在情感上强烈参与的事情。例如,我在各个委员会推动ERS-1卫星,我想我在情感上参与了其中。事实上,我与一些推动其他优先事项的游说者进行了斗争。但其中一件非常必要且没有遭到任何反对的事情是建立气候计算中心。当然,这是德国以及后来的欧洲气候计划的一个关键组成部分,但我个人不应该为此获得特别的赞扬。

问:您说过您总是扮演两个角色,一个是"打工仔"(wage earner),只是做您必须做的事;另一个是不守规矩的科学家,只是在追随您的好奇心。我猜您对这些问题的答案是不守规矩的部分。

哈塞尔曼:嗯,它们其实是两部分。事实上,成功的部分是"打工仔"的部分。我相信大多数科学家,除非他们显然是天才,否则他们都需要有一个专业认可,即可在某个领域工作,他们可以合理地确保产生的结果来证明获得的工资是合理的。气候、海浪和卫星遥感是三个典型的领域。在一系列可行的选择中,需要做什么是显而易见的,如果您解决了这些问题,您可以期望得到有用的结果。

另一方面,真正让我感兴趣的事情,如湍流理论或现在的量子现象,是一个根本不清楚是否会成功的问题。如果我现在是一名年轻的物理学家,正式从事基本粒子理论领域的工作,我会遇到很大的问题。很明显没有一条明显的成功解决之路。但作为一名年轻的科学家,你需要发表论文,因此你必须赶上建制派创造的一些潮流,比如弦理论(string theory),它快乐地把每个人引向任何地方。

因此我认为,如果你不把自己视为天才,那么对社会认真地负起责任,做一些有用的研究,这一点很重要。这给了你自由,让你也可以自由地处理那些每天都无法解决的问题,而不必不断地发表文章。但现在我退休了,当然我完全可以自由地追求这些爱好了。

2.2 2021年6月26日补充采访

问：第二次世界大战后您和您的家人何时以及为何返回德国？

哈塞尔曼：我母亲患有多发性硬化症，其实从未真正在英国定居，她在那里很不开心。我父亲获得了汉堡德国康萨姆根森夏芬集团（Großeinkaufs Gesellschaft Deutscher Konsumgenossenschaften，GEG）首席执行官的职位。他已经在英国的公司工作了好几年。1948年，我们一家获得一个返回德国的机会。我们住在唯一一座未被摧毁的公寓楼的顶楼，这座楼被称为"贝姆·斯特罗豪斯"（Beim Strohhause），周围只有废墟。我又在英国待了一年，以取得我在文法学校的文凭（Grammar School Certificate）。如果我是英国公民，我本可以获得剑桥大学的奖学金，但作为德国人不行。1949年，我回到了德国的家。

这是我第一次来德国，火车票上写着我必须在汉堡的阿尔托纳（Hamburg Altona）火车站下车，因此我没有在汉堡的中央火车站（Hamburg Hauptbahnhof）下车。下一站是弗伦斯堡（Flensburg），在北边靠近丹麦边境的地方。

问：您什么时候知道您注定要成为一名物理学家？您考虑过其他选择吗？

哈塞尔曼：我一直对物理学充满兴趣。第一次真正激动人心的经历是我制造了一个无线电探测器，我简直不敢相信可以通过它听音乐。之所以对它感兴趣，是因为我的物理老师不喜欢我，也不鼓励我。然而，我对艺术也很感兴趣，虽然我的高中考试成绩不太好，但我也对艺术充满了热情。我认为这是我应该进入物理学的标志。回到德国后，我在曼克（Menck）和汉布鲁克（Hambrook）完成了实习，这是当时获得德国物理学文凭的强制性要求。我和那里的同事产生了一些麻烦：我听他们用熟悉的"du"①称呼对方，并假设这是那里企业文化的一部分……他们用自己的方式使我明白，对于一个实习生来说并不是这样的。

看到牛津大学的学生在公园里闲逛，思考和讨论事情，我感觉一个科学家的生活非常悠闲。因此我很少参加汉堡大学的讲座，到学期结束时，我发现自己一个字也

---

① 现代德语中有三种表达"你"的方式：du、Sie和ihr，其中"du"是指亲密的朋友和家人以及其他非正式的关系。（原书注）

不懂。所以在我有生以来的第一次不得不放下架子，满腔热忱地投入学习。我在那里遇到了一些非常活跃、令人难忘的一辈子的朋友，包括沃尔夫冈·昆特（在波恩）、格尔德·维布伦茨（在基尔）、埃瓦尔德·里克特（在汉堡）。

2.3　2021年关于气候科学进入政治领域的对话

2021年6月，克劳斯·哈塞尔曼与苏珊娜·哈塞尔曼、德克·奥尔伯斯和汉斯·冯·斯托奇共同讨论气候科学是如何进入社会领域的[①]。

汉斯·冯·斯托奇：奥拉·M.约翰内森曾问，最初相当有学术味的气候变化和气候动力学主题如何成为政治话语中的主导话题。在您的采访中，您说您的研究所是在明确提到这个话题的社会重要性的时候成立的。雷玛尔·吕斯特也发表了类似的评论。

哈塞尔曼：是的，没错。

汉斯·冯·斯托奇：但在早期，它相当抽象。

哈塞尔曼：是的，就是这样，每个人都希望我们立即购买一台大型计算机并开始计算。我很清楚，我们还没有理解关于气候变化和人类对气候影响的许多基本问题。我特别感兴趣的是阐明人类对气候影响的基本原理，我们如何区分自然和人为的气候波动？这才是我当初开展该研究真正的动机。

汉斯·冯·斯托奇：德克，您是马克斯·普朗克气象研究所的早期成员，您当时是否意识到这一问题非常重要？

德克·奥尔伯斯：没有，一点也未意识到。我们都有自己的小圈子，试图解决各种物理问题。我们不时会被要求就诸如什么是气候以及我们期待能做什么等问题发表演讲。我认为，这一点开始是比较模糊的。我在演讲中真正解释了大气辐射的频谱，尽管人们可能对此并不感兴趣，他们只是想知道在某个特定地点是否会下雨，但我们不知道这一切。我们知道基本物理，但对人类和区域气候的影响还不清楚。

汉斯·冯·斯托奇：克劳斯，谁找您谈过这个话题？我知道有雷玛尔·吕斯

---

① 讨论是用德语进行的，由德克·奥尔伯斯翻译。（原书注）

特，但肯定还有其他人。在20世纪70年代，是否有某些政客也曾向您寻求澄清这个问题？

哈塞尔曼：到20世纪70年代中期，气候问题逐渐进入公众讨论范围和政治舞台，马克斯·普朗克气象研究所的成立是为了解决气候问题，这是吕斯特的想法，是他说服我加入他的行列，尽管当时我的研究与气候问题无关。然而，我是一个咨询委员会的成员，该委员会也处理人类对气候的影响，因此我已经熟悉了气候将成为政治和科学关注的主题这一事实。因此，虽然这个话题对我来说并不新鲜，但我确实想知道，作为研究所的成员，我如何才能最好地解决这个问题。这一问题的答案是后来提出的，也是人们想听到的问题。

汉斯·冯·斯托奇："这是意料之中的"？是雷玛尔·吕斯特还是其他人？

哈塞尔曼：是由公众提供的，从某种程度上讲，吕斯特总是给我一个自由的空间，我从来没有感受到他给的压力。

苏珊娜：推荐克劳斯的主要是瑞典人伯特·博林，气象学家非常反对这一点，因为他更出名的身份是物理学家和海洋学家。实际上，因为当时他对气候一无所知，所以他必须向他们证明他对气候有所了解，然后很快就提出了这个简单的随机气候模型，以便有一个工作的基础。

哈塞尔曼：1975年，我在气候领域面临的第一个挑战是评估人类对气候的影响，能够区分人为气候变化和自然气候变异。

汉斯·冯·斯托奇：当时谁是领军气象学家？

哈塞尔曼：应该是弗洛恩，但一位来自柏林的气象学家对一位非气象学家从事气候研究的工作感到不安。

德克·奥尔伯斯：当时让我们非常惊讶的是，该研究所被称为马克斯·普朗克气象研究所是为了研究气象学，而不是气候学。

哈塞尔曼：我其实想把它称为"气候研究"或类似的东西，但吕斯特说应该改为"气象学"，因为这是非常普遍的。您永远不知道事情会朝哪个方向发展，马克斯·普朗克学会的传统是，人们往往会陷入一些与他们应该做的事情完全不同的事情中，这就是为什么吕斯特想让气候研究尽可能公开的原因。

汉斯·冯·斯托奇：所以在第一阶段，更多的学者像博林或弗洛恩或者了解气候研究的人接近您，但可能并不是举足轻重的政治家？

哈塞尔曼：并不是的。

汉斯·冯·斯托奇：政治家们是什么时候开始感兴趣的？

苏珊娜：安格拉·默克尔（Angela Merkel）在20世纪90年代初至中期担任环境部长期间，首先对我们产生了政治兴趣。

汉斯·冯·斯托奇：与默克尔夫人的接触进展如何？

苏珊娜：她对与气候有关的一切都了如指掌。

哈塞尔曼：我真的不记得了。

汉斯·冯·斯托奇：最初，有一些关于气候的一般性学术问题：首先，气候是如何工作的？如何分析气候？也曾被讨论过的气候的效果或影响问题并不是相关的主题。但随后德国的统一带来了成立波茨坦气候影响研究所的机会。

从政治上讲，这一切发生得非常快，这是一个将德意志民主共和国科学的强大方面转化为新形式的问题。在波茨坦的"电报堡"（Telegraphenberg）还有一个重要的德意志民主共和国气象局。所以，当时的想法是应该在"电报堡"创建一些东西，正是在那时，您和其他人提出了在那里建立一个气候影响研究所的想法，这将会补充您自己的研究所正在开展的工作。

哈塞尔曼：是的，我们的想法是我们应该做基础科学，他们应该研究对社会的影响。

汉斯·冯·斯托奇：诺德豪斯（Nordhaus）有一篇题为"放慢还是不放慢"（*to slow or not to slow*）的论文，对我来说非常重要，我认为那正是您对气候和社会问题的承诺变得更加坚定的时刻。

哈塞尔曼：是的，是在德国波茨坦气候影响研究所成立之前，我不知道具体是什么时候，毕竟我当时曾建议成立德国波茨坦气候影响研究所的基础是研究气候变化对社会的影响。

汉斯·冯·斯托奇：我的看法是，在20世纪90年代末或21世纪初，德国公众关注德国波茨坦气候影响研究所，而不再关注德国马克斯·普朗克气象研究所，以获取气候研究信息。

哈塞尔曼：是的，就影响研究而言，人类对气候的影响是中心问题，气候本身不是作为一个科学问题、一个物理问题，而是作为人类的一个问题。这也是德国波茨坦气候影响研究所应该聚焦的目的，即德国波茨坦气候影响研究所应专注于对人为影响（anthropogenic impact）的精确调查。

苏珊娜：您对告知公众不感兴趣，您总是热衷于基础研究，您很高兴莫吉布·拉蒂夫代表马克斯·普朗克气象研究所处理了这件事。

哈塞尔曼：很高兴我们有莫吉布·拉蒂夫和哈特穆特·格拉尔，他们负责一些对研究所很重要的任务，我自己不想做那件事。

汉斯·冯·斯托奇：这导致人们认为，德国最重要的研究人员是格拉尔和拉蒂夫，哈塞尔曼先生鲜为人知。

哈塞尔曼：这对我来说非常合适。

德克·奥尔伯斯：首先，马克斯·普朗克气象研究所和德国波茨坦气候影响研究所之间的这种分工并不合理，因为德国波茨坦气候影响研究所有时雇用我们的博士生和同事，然后他们运行与我们相同的模式，并试图回答相同的问题。在这方面，人们的印象是，该研究所不是在进行气候影响研究，而是在进行基础气候研究。他们实际上和我们竞争了很长时间，他们做了完全相同的冰原模式，一切都一样。这种情况持续了大约40年。后来，人们利用土壤模式对勃兰登堡（Brandenburg）的干旱问题等进行了研究，今天的情况已经不是这样了。

汉斯·冯·斯托奇：是的，他们与伊登霍夫（Edenhofer）在经济方面有很强的影响力，他们干得也很漂亮。我认为预算方法是非常巧妙的，但转折点，或者说是对一系列转折点的预期，是公共话语中的主导因素。

哈塞尔曼：尚胡贝尔（Schellnhuber）总是专注于一个特定的流行词，然后在话语中产生影响。

汉斯·冯·斯托奇：从传播的角度来看，这是正确的，也应该这么做。

哈塞尔曼：嗯，他有时做得有点过头了，有时会引入一些奇怪的方面。我发现气候研究、影响研究和气候影响研究之间的相互作用令人兴奋。总的来说，我对这个项目很感兴趣，但当德国波茨坦气候影响研究所真的开始关注并跟进时，我非常高兴。我认为这是一个重要的话题，也是我创办德国波茨坦气候影响研究所的初衷。

德克·奥尔伯斯：其他国家有类似的例子吗？

哈塞尔曼：在某种程度上，斯马戈林斯基（Smagorinsk）的团队也做了类似的事情。但据我所知，没有一家研究所做了完全相同的事情。

汉斯·冯·斯托奇：您认为理想的政策咨询是什么？

哈塞尔曼：好吧，这将涉及人们真正倾听我要说的话，那太好了！

苏珊娜：很长一段时间以来，您一直认为您的作用是展示研究成果和事实，而对这些研究成果和事实的处理是别人的事。但某些事情，比如《镜报》杂志封面上的科隆大教堂在水下的照片等，让您意识到这是行不通的。就在那时，您开始发展这些社会经济模式，决定为如何处理这个问题做出贡献，并认为政治家会听取您的意见，但事实并非如此。

为什么一个年轻女孩坐在斯德哥尔摩议会前参加学校罢课引发了这么大的运动？她是从情感的角度来看这件事的，而您是从科学的角度来研究的。但公众需求是影响更广泛的公众和政治的因素，这一点贯穿于情感之中。

哈塞尔曼：我没有真正考虑政治、公众和媒体之间的互动，我一直很清楚这一点很重要。研究人员的工作是澄清科学上的联系。我已经知道，以将结果付诸实践并进入公共领域来刺激那些在过程中重要的机制是一个重要的领域，但它不是我的领域。

我的想法一直是成立一个研究所，研究气候科学、政治和社会之间的相互作用——德国波茨坦气候影响研究所。

汉斯·冯·斯托奇：德国波茨坦气候影响研究所成功地完成了这个任务吗？

哈塞尔曼：是的，它以自己的方式做到了这一点，并进入了公众的视线，虽然有时有点别扭。但如何在科学知识和政策执行之间进行协调的问题已经引起人们关注，这仍然是一个问题。

汉斯·冯·斯托奇：在某个时候，我们也开始讨论萨尔佐（Salzau）的科学哲学。事实上除了马丁·海曼，我们中没有人真正想过这个问题，他在瑞士听过关于这个问题的讲座。

哈塞尔曼：我一点都不知道，一定是忘了。我一直非常尊重马丁·海曼。

汉斯·冯·斯托奇：这些问题根本没有出现在我们的课程中。

哈塞尔曼：什么问题？

汉斯·冯·斯托奇：历史——科学史；规范——我们有什么规范？"好科学"到底是什么意思？您以不同的方式看待这一点。但这整个哲学维度在马克斯·普朗克气象研究所是不存在的。

苏珊娜：这是沃尔特·蒙克提出的一个问题，因为美国科学家觉得对公众的责任比德国科学家对公众的责任更大，所以他们肯定和您讨论过这个话题。

哈塞尔曼：但除了科学，我没有和沃尔特·蒙克讨论太多。

苏珊娜：是的，您有很多关于这一事实的讨论，作为一个科学家，一个人也有义务写科普书。您说您的时间都花在了理论研究等事情上。但后来您就完全参与到开发这些社会经济模式的工作中来了。

汉斯·冯·斯托奇：您后来完全转向了"克劳斯子"研究。

哈塞尔曼：是的。

汉斯·冯·斯托奇：人们可以看到这样的情况：哈塞尔曼为理解气候问题奠定了基础，从而也为解决气候问题打下了基础。但是他接着说："不，其他人可以做得更好，我现在专注于唯一一个真正相关的话题'克劳斯子'。"

哈塞尔曼：是的，过去除了我的主要工作外，"克劳斯子"一直让我感兴趣。

德克·奥尔伯斯：您说其他人可以做得更好，谁能做得更好？我想说他们和我们一样失败了。在我们之后是社会学家，比如哈拉尔德·韦尔泽（Harald Welzer），他写了大量的公众读物，但他们也不听，就像他们不听我们一样。

苏珊娜：这不是物理学家的问题，而是社会学家和心理学家的问题。

汉斯·冯·斯托奇：您有没有遇到过一位政治家，他将您的观点内化到他想要实施的某件事上？

哈塞尔曼：真的从我的观点出发？

德克·奥尔伯斯：是的，关于气候问题，他真的想做点什么？政治家们也来到了阿尔弗雷德·韦格纳研究所（Alfred Wegener Institute）。我为瑞森胡伯（Riesenhuber）写了一个小册子，前言可能不是他自己写的，但是以他的名义出版的。我的印象是，对他来说最重要的是当你把这个东西交给他时，给他拍照的机会，但里面写的东西他可能一点也不感兴趣。

哈塞尔曼：有许多不同的力量在起作用，人类正在对此做出反应。气候问题是一个长期的问题，但大多数人都希望取得短期的成功。这是主要的问题，长期的问题总是被踢进长草丛里，然后被忽视。每当我被要求为政治做点什么的时候，我总是有点泄气，因为我认为"在40年前我们就已经说过了"。

德克·奥尔伯斯：今天谈论气候的社会学家、心理学家和经济学家的观点是否比我们的更有效？我是这样看的，我们已经做了40年的气候研究，我们什么都懂，能说的都说了。今天轮到其他科学家在电视上谈论气候条件了，大多数脱口秀嘉宾是真正的社会学家和经济学家，实际发生的事情并不多。

哈塞尔曼：人类受过各种冲突的训练，这必须在接下来的1年、2年或10年内发生。但这里有一个问题，需要在30~40年的时间尺度上进行规划。人类根本不习惯这一点——除了预言者例外，他们可能有能力做到这一点。

汉斯·冯·斯托奇：我不这么认为。所以你想想联合国的第16个千年发展目标，其中很多都具有长期性的特点。贫困就是一个例子：有的印度人不得不住在纸板箱里，这是一个长期性的问题，但我们不再关注它，我们对它不再感兴趣了。如果说气候问题是所有问题中最重要的问题，那这与我们当地的社会观念相一致。例如，我们这里不再有人们生活在纸板箱里那种贫困。其他千年发展目标对我们也不起作用。但在印度，它们扮演着重要角色。由于这些都是国际性的全球性问题，我们无法很好地应对这场令人担忧的竞争。

哈塞尔曼：是的，没错。

汉斯·冯·斯托奇：南北冲突另一方面是殖民主义的后果。我想说，气候是一个重要的问题，但我怀疑它是否真的被全球认可为最重要的问题，我们也不能判断或决定它。我们可以很好地判断气候问题，但我们无法判断贫困问题。

哈塞尔曼：如何对气候问题和人类面临的其他所有问题进行分类，是我们真正无法解决的问题。气候问题被抽象地处理，而不是嵌入全球社会试图同时解决的其他所有问题中。这不是一目了然的正在解决的问题，它已经被嵌入普通政治问题中。

3

克劳斯·哈塞尔曼的
科学之路

开始时虽然克劳斯·哈塞尔曼像许多理论物理学家一样，期待找到解决"湍流问题"的方法（不管它是什么），但他已经意识到这将是一个相当大的挑战，而且解决更简单的问题可能是件好事。这就是他在退休回归旧梦之前所做的事情，尽管他并未获得广泛的赞誉和认可。他的思想受到低维度子空间（low-dimensional subspace）的支配，在这个子空间里，动态生活和行为（dynamic lives and acts）相互作用，并在统计上受到高维空间中（high-dimensional space）无数因素的影响。这种方法有时是显而易见的，有时是隐藏在底下的，但它无处不在。

哈塞尔曼感兴趣的研究方向主要涉及以下几个方面：

（1）海浪理论与预测；

（2）遥感；

（3）随机气候模式；

（4）缩小相空间；

（5）气候与社会；

（6）马克斯·普朗克气象研究所模式发展战略；

（7）"克劳斯子"——粒子理论。

对于上述各领域，我们将首先概述该领域的主题，尝试确定哈塞尔曼的工作对该领域的重要性，并提供一份重要出版物清单，通常是他在该领域的第一篇论文。这些最初的论文通常比较复杂，有时理解有一定难度。在许多情况下，后来出现了其他非常清晰的论文。我们尽可能提供第一篇论文的原因，是为了让读者一睹哈塞尔曼的思想过程。通常如果某件事真的很棒，那么最初的想法就会十分简单。事实上，哈塞尔曼不愿意更新他最初的随机气候模式论文，"因为它太简单了"。

以下有编号的参考文献与第5节中的出版物清单有关联。

3.1 海浪理论和预报：从基础物理学到综合风浪数据同化系统①

挑战

海浪研究主要面临以下两个挑战。

1. 想更好地理解基础物理学：非常复杂，即使在今天，许多方面还没有被完全理解。

2. 非常需要实际应用：可靠的预报和气候。

20世纪50年代人们知道什么？

20世纪50年代，海浪研究蓬勃发展②，在若干方面取得了令人振奋的进展。基于波高观测的斯维尔德鲁普（Sverdrup）和蒙克的半经验预报方法得到了更广泛的应用。实验室和现场的仪器观测弥补了视觉观测。比尔·皮尔森（Bill Pierson）应用随机噪声研究结果介绍了海浪谱，并开创了利用海浪谱和统计学进行海浪预报的实用方法。欧文·菲利普和约翰·迈尔斯对理解海浪基本物理过程做出了重大贡献。

基本方程

之后，1960年，克劳斯·哈塞尔曼在《海洋工程》（德文为*Schiffstechnik*，英文为*Maritime Engineering*）杂志上发表了德语版的论文《海况预测基本方程》（德文为*Grundgleichungen der Seegangsvorhersage*，英文为*Basic equations for sea state predictions*）[3]。论文首先指出，关于作用于发展中的海浪（"风海"）力的知识还不够，乐观的是最近的进展令人鼓舞，有人试图开发一种可靠的、通用的海况预报方法，这应该基于一个表示形成海浪谱的能量平衡方程。然后是现在所知的能量平衡方程，也称为辐射传递方程，它表示由于平流、风输入、耗散和非线性共振相互作用导致的不同波分量之间的能量交换，波浪谱分量的能量变化率。

在论文中，哈塞尔曼对以前的方法中没有包括这个方程表示惊讶。然而，这并不完全正确，因为事实上，盖尔奇（Gelci）和他的同事在1957年发表的一篇《海浪预报——光谱角密度法》（法文为*Prévision de la houle. La méthode des densités*

---

① 在与路易吉·卡瓦雷利讨论后，由格布兰德·科曼撰写。（原书注）

② 详细信息和参考资料可在Hisashi Mitsuyasu的On the Study of Ocean Surface Waves（*Journal of Oceanography*，58，pp. 109–120，2002）中找到，也可在克劳斯自己的档案中找到文献[95]。（原书注）

spectroangulaires，英文为*Forecast of the wave. The spectroangular densities method*）的论文中提出并使用了一个类似的方程，该论文发表在《海洋与海岸研究中央委员会通讯》（法文为*Bulletin d' information du Comité central d' océanographie et d' études des cotes*，英文为*Newsletter of the central committee for oceanography and coastal studies*）上，显然这是哈塞尔曼当时不知道的。无论如何，他的处理包含了一个重要的新元素，即包含波与波相互作用项。

《基本方程》（德文为*Grundgleichungen*）论文的一些读者（如荷兰皇家气象研究所海洋学和海洋气象学主任理查德·多雷斯坦（Richard Dorrestein））感到惊讶的是，这篇论文既没有推导也没有证明能量平衡方程的正确性。事实上，直到1975年，尤尔根·威勒布兰德发表了他的《非线性非均匀随机重力波场中的能量传输》（*Energy transport in a nonlinear and inhomogeneous random gravity wave field*）才提供了一个合理的推导。

《基本方程》论文不仅包括基本方程，而且还讨论了在特殊情况下的几种应用，即对于充分发展的风海（fully developed wind sea）和"发展阶段，其中非线性效应仍可忽略不计"。后来很明显，第二项应用是相当学术性的，因为发现年轻的风海（young wind sea）非线性相互作用很强。最后本文还包含了一节关于有限深度效应的内容，并应用于阐释维也纳南部奥地利的新锡德尔湖（Neusiedler See）的形成。

对于《基本方程》论文的引用记录不多，然而论文的影响是巨大的，因为它不仅为进一步的工作提供了基础，而且还为海浪研究制定了议程，指出：

●需要更精确的观测（理论计算可能由于湍流问题而暂时无法进行）来确定能量方程中使用的仍然不确定的项。

●该方法可以在电子数字系统适当的计算机程序的帮助下进行扩展，以计算天气图上确定的任何风场的快速和准确的海况及涌浪预报。

克劳斯·哈塞尔曼本人将在他成功地动员起来的全球海浪研究群体的帮助下，在未来几十年积极追求这些目标。这已经成为历史，有一些很好的文献记录[①]，这里

---

① 如：Young, and van Vledder, 1993：A review of the central role of nonlinear interactions in wind-wave evolution；Janssen 2007 Progress in ocean wave forecasting；The WISE-group（Cavaleri et al.）2007 Wave modelling—The state of the art，这是上一个脚注中提到的Mitsuyasu在2002年的历史笔记的补充。（原文注）

将给出简短的概述。

非线性相互作用

《基本方程》论文包含一个明确的表达式，用于表达由于非线性共振相互作用导致的不同波分量之间的能量交换，即所谓的玻尔兹曼积分（Boltzmann integral），一个包含波谱乘积和许多交换函数的五维积分。交换函数没有出现在1960年的论文中，而出现在1962年和1963年的后续论文[6, 8, 9]中，1968年的论文中有更全面、更普遍的论述，即"海浪的弱相互作用理论"（Weak-interaction theory of ocean waves）[21]。

玻尔兹曼积分实际上是波数空间中的六维积分，受共振条件的约束，即"受迫"分量的频率等于"受迫"分量的频率之和。它的数值积分具有挑战性，因为波谱通常是尖锐的峰值。为了获得可靠的结果，这些峰必须在高分辨率中以高精度来表示。1961年已经有了初步结果，表明来自波浪谱峰值附近的波的能量被转移到更长的波中，但是在接下来的 25 年左右的时间里，以足够的精度和合理的计算成本计算玻尔兹曼积分仍然是一个挑战[198, 77, 78, 114]。最初的成功应用出现在1972年，当时发现非线性共振相互作用对于理解JONSWAP项目观察到的波浪谱演化至关重要，1980年后被用于波浪数值预报模式。

西南太平洋实验（JONSWAP）

克劳斯·哈塞尔曼参与了几次大规模的野外实验，第一次是沃尔特·蒙克和其他人开展的太平洋涌浪传播计划（Pacific swell propagation programme）[18]。另一次是1979年在北海的马森（MARSEN）项目。最著名的当属哈塞尔曼协调的西南太平洋实验（JONSWAP）。在1968年的一次试点实验后于1969年在德国湾（German Bight）举行。该项目有几个目标，如测量波浪增长、风应力、大气湍流和涌浪的衰减。在（相当）静止的海上风条件下，通过连续测量沿从叙尔特岛向西延伸至北海160千米的波谱来研究海况的发展。

一个重要的结果是对观测波浪谱的参数化，起点是皮尔森和莫斯科维茨（Moskowitz）早期对"完全成长的海洋"（fully developed seas）进行参数化，最显著的差异是生长期间波浪谱峰值能级的强烈增强。日裔学者光易恒（Hisashi MITSUYASU）大约同时在日本的博多湾（Hakata Bay）进行了类似的测量，他提出了一种稍微不同的参数化方法，但是西南太平洋波浪谱将在以后的研究和应用中得到更广泛的应用。

西南太平洋实验的第二个重要结果是确定波浪谱参数的提取（fetch）依赖性，其中"提取"（fetch）被定义为到海岸的距离。理想情况下，人们希望对垂直于直的海岸线的持续风进行研究。在现实中这种情况从来没有发生过，这导致在测量波参数的图中有很多散射，这通常隐藏在对数–对数图中。另一个问题涉及"尺度变量"（scaling variable）的选择，波高和波长等量通常借助于给定高度处的风速或摩擦速度以无量纲形式表示。当我们将西南太平洋实验的结果——在相当中等的风速下得到的结果——外推到更高的风速时，选择是很重要的，因为风速/摩擦速度比本身就是风速的函数。

也许最有价值的结果是更好地理解波浪演化的机制。使用玻尔兹曼积分和风输入及耗散的简单参数计算可以表明，风输入主要发生在中高频，低频波的产生以及相关的平均波长随着获取（和波龄）的增加而增加，这是由于非线性相互作用。

模式

西南太平洋实验的结果构成了实现《基本方程》论文中提出的第二个目标的基本要素："计算快速准确的风、海和涌浪预报"。

波浪数值模式表示网格点上的波谱，并以较短的时间步长模拟其演变。由于全玻尔兹曼积分（full Boltzmann integral）的数值积分非常昂贵，因此在汉堡和其他地方开发了几个海浪模式，其中通过规定海浪谱形状和施加海浪谱参数对波龄的依赖性来模拟非线性传递（nonlinear transfer）的影响。这些模式具有技巧性并被广泛应用，但随后通过国际模式对比（SWAMP）发现，不同的模式在特定情况下会产生非常不同的结果。EXACT–NL模式[76]的开发向前迈出了重要一步，该模式使用了哈塞尔曼和苏珊娜·哈塞尔曼开发的近似值。结果于1981年在迈阿密公布，但直到1985年才发表。

哈塞尔曼于1984年发起了一项新的倡议，称为海浪数值模拟（WAM）小组，其中一个国际研究团队与其合作进一步开发基于《基本方程》论文的模式，这涉及对源项的进一步改进———一种新的更快速的近似计算玻尔兹曼积分的方法，并在许多不同的中心中实现。在欧洲中期天气预报中心，苏珊娜·哈塞尔曼和其他人，特别是莉安娜·赞布雷斯基（Liana Zambresky）、彼得·扬森和海因茨·甘瑟做了大量工作，他们每人都在雷丁花了几年时间在CRAY–1上安装模式，将其与风场耦合，执行测试和验证运行，将模式引入业务预报循环，并根据观测数据建立常规的验证。来自WAM小组的访问学者——如安妮·吉拉姆（Anne Guillaum）、文斯·卡尔多（Vince Cardone）和路易吉·卡瓦雷利及其同事——也做出了重大贡献，该模式被称为WAM模式。研究结果于1988年发表，随后于1994年发表在专著《海浪动力学和数值模拟》（*Dynamics and Modelling of Ocean Waves*）一书中[244]，这一切都是在克劳斯·哈塞尔曼的不断指导和启发下完成的。

在基础物理学的基础上建立的模式已经达成了一定程度的共识，如《基本方程》论文中所述，尤其是WAM模式，优于更多的经验模式。然而现实是复杂的，WAM模式有一些缺点，特别是在数值计算方面，而一些没有集成玻尔兹曼方程的模式调整得很好，表现也很好。在实践中，风强迫的质量往往是一个限制因素。事实上WAM模式是如此可靠，它可以检测到用于产生地表风的大气模式中的误差。

迈向综合风浪数据同化系统

1985年，当WAM模式的工作正在进行，并且从地球观测卫星进行遥感变得可行时，哈塞尔曼提出了一个新的雄心勃勃的愿景[74, 79, 95]，即运行大气/表面波/海洋耦合模式，该模式可以为从卫星上检索有用信息提供初步猜测信息，并且将实时吸收所有可用的观测数据，这将为气候和其他研究提供最好的预测和档案。在1985年，这似乎是一个白日梦，一些人因为它的归纳结构而持批评态度，因为它将使用模式结果来解释测量结果，这些测量结果本来是用于验证模式的。然而，它在20世纪90年代成为现实，非常成功，有助于提高预测专业知识，并为地球系统研究提供了大量有用的数据集（ERA）。

继承

1994年后，哈塞尔曼将精力投入其他工作中，同时继续进行海浪研究，并以他已经开始的工作为基础。《海浪动力学和数值模拟》[244]成为标准参考书，并且多年来一直如此，当时许多研究团体试图改进各种源项的表达。WAM模式仍在用于预报和波浪的气候研究。

哈塞尔曼对综合风浪数据同化系统的梦想在1998年成为现实，当时欧洲中期天气预报中心开始运行耦合预报系统，其中综合预报系统（Integrated Forecasting System）的大气分量通过交换查诺克参数（Charnock parameter）与波浪模式进行通信，该参数决定了海面的粗糙度。

　　哈塞尔曼后来开发了新的海浪模式，例如SWAN模式和WAVEWATCH模式，它们基本上仍然基于他在1960年的论文中描述的基本方程。①

3.2 遥感②

　　从职业生涯一开始，哈塞尔曼就一直在研究海浪。1957年他的博士论文涉及"冯·施密特头波的传播"（*Propagation of the von Schmidt head waves*）。他后来于1962—1963年在《流体力学杂志》上发表了3篇论文"重力波谱中的非线性能量传递，第1–3部分"（*On the nonlinear energy transfer in gravity-wave spectrum*, *parts 1-3*）[6, 8, 9]。当他与在斯克里普斯（Scripps）的美国加利福尼亚大学地球物理学与行星物理学研究所的沃尔特·蒙克合作时，他与蒙克及其他人共同撰写了一篇关于"跨越太平洋的海洋涌浪传播"（*Propagation of ocean swell across the Pacific*）的论文[18]，该论文于1966年发表。到1970年，哈塞尔曼和席勒（M. Schieler）已经发表了一篇"遥感论文"，文中他们讨论了"来自海表面的雷达后向散射"（*Radar backscatter from the sea surface*）[26]。哈塞尔曼和他的同事[45-49]在1978年发表了几篇重要论文，涉及风和海浪雷达测量，随后几年又发表了几篇同一主题的论文，最终促成了1979年7月16日至10月15日在北海的国际海洋遥感实验（international Marine Remote Sensing Experiment，即MARSEN）项目，该项目的目标是："（1）调查遥感技术在海洋学应用中的使用；（2）将遥感技术与现场海洋学测量相结合，调查近岸区有限深度水域中的海洋过程。"国际海洋遥感实验项目是一个综合性很强的实验，有6架遥感飞机参与，包括美国国家航空和宇宙航行局（NASA）的CV–990飞机，使用了美国喷气推进实验室（JPL）的合成孔径雷达（SAR）；奥马尔·谢姆丁（Omar Shemdin）博士也参与了该项目。来自6个国家的60名科学家参加了这项由哈塞尔曼领导的非常重要的实验[67]。该实验的结果发表在几篇论文中，其中14篇发表在1983年的地球物理研究杂志（*Journal of Geophysical Research*，简称JGR）特刊上。1985年，哈塞尔曼

---

　　① 原书的第110页至第114页，有一篇克劳斯·哈塞尔曼1960年撰写的5页的德文文章Grundgleichungen der Seegangsvoraussage。经与该书原作者汉斯·冯·斯托奇商量，没有把这篇德文文献纳入本书中文版。（译者注）

　　② 由奥拉·M. 约翰内森、盖伊·杜克索斯（Guy Duchossois）和埃弗特·阿特玛（Evert Attema）共同撰写。（译者注）

的国际团队在JGR期刊上发表了一篇题为"SAR海浪成像理论：马森观点"（*Theory of SAR ocean wave imaging：A MARSEN view*）的关于马森实验的重要论文。该文提出了一种新的SAR成像模型的建议，该模型将是未来利用SAR卫星对海洋表面进行SAR成像的基础[75]。

到1980年，哈塞尔曼已成为欧洲航天局高级咨询委员会（ESA High Level Advisory Committee）的关键成员（见下文）。他和他的妻子苏珊娜与欧洲航天局合作，发表了一篇基础论文《关于海浪谱到SAR图像波浪谱的非线性映射及其反演》（*On the nonlinear mapping of an ocean wave spectrum onto a SAR image spectrum and its inversion*）[102]。这是哈塞尔曼家庭对未来在全球范围内从ERS-1卫星C波段SAR反演海浪谱的主要贡献之一。他们继续为全球SAR海浪谱研究领域做出贡献，但越来越多地转向气候研究。他们对ERS SAR波浪模式的最后贡献是一篇综合述评文章，论文的题目是"ERS SAR波浪任务模式：全球海浪观测的突破"（*The ERS SAR wave mission model：A breakthrough in global ocean wave observations*）。该文由克劳斯·哈塞尔曼作为主要作者，还有15位合著者，论文发表在《欧洲遥感卫星的使命—观测地球20年》（欧洲航天局SP-1326.2013）（*ERS missions-20 years of Observing Earth，ESA SP-1326.2013*）上[176]。

1970年下半年，哈塞尔曼被邀请加入欧洲航天局散射计专家小组（Scatterometer Expert Group，SEG）。1981年，他成为由欧洲航天局总干事成立的地球观测咨询高级委员会（High-level Earth Observation Advisory Committee，EOAC）的成员。当然他之所以被邀请，是因为他看到了利用飞机或卫星上的SAR进行海洋、风和海浪观测的机会，并在1979年领导了MARSEN实验。该专家组和委员会为欧洲航天局提供了杰出的科学支持，并在多个领域向欧洲航天局提出了建议，如优先任务目标的定义、有效载荷的构成、优先顺序以及其他方面、仪器性能规范、在轨校准要求、数据处理算法的开发和地球物理产品验证方法。作为欧洲航天局专家组的主要贡献者，哈塞尔曼在制定任务目标和选择ERS-1卫星有效载荷方面发挥了重要作用。

欧洲航天局总干事赋予地球观测咨询高级委员会以下授权：

●审查并在必要时修订20世纪70年代确定的欧洲遥感卫星方案的任务目标。

●提出第一次ERS-1卫星任务的有效载荷的最佳配置。

20世纪70年代确定的最初任务目标主要集中于遥感应用的商业和业务利用。

然而在20世纪80年代初，这些目标开始在地球观测界内演变，如世界气候研究计划（World Climate Research Programme，WCRP）、世界海洋环流实验（World Ocean Circulation Experiment，WOCE）和热带海洋全球大气（Tropical Ocean Global Atmosphere，TOGA）项目，这些项目试图回应世界科学界、政治决策者和一般公众对气候变化和可能与人类活动的互动问题的日益增长的关注。新形势也需要对气候系统有更深入的科学认识，因此需要对气候系统的主要组成部分，即海洋、极地、大陆陆地板块和大气有更深入的理解，包括它们之间的相互作用，哈塞尔曼恰恰是这一领域的专家。

地球观测咨询高级委员会建议ERS-1卫星使用以下有效载荷：

● 主动微波仪器（The Active Microwave Instrumentation，AMI），在C波段将SAR模式和风散射计模式相结合。SAR波浪模式是从全球范围内沿地面轨道每200千米收集的5千米×5千米微型图像中确定波浪谱，这是哈塞尔曼参与的结果。它还将收集大陆和沿海地区以及极地冰原上方的高分辨率SAR图像（分辨率为25米）。

● 在Ku波段工作的雷达高度计（radar altimeter）。

● 用于精确恢复卫星轨道的激光回复反射系统（laser retro-reflector system）。

哈塞尔曼还为选择一个"不寻常的"轨道方案做出了贡献，该方案结合了几个连续的轨道周期（3天、35天和两次168天的重复周期），这将满足不同研究团体（冰、海洋环流、SAR陆地图像、大地测量学）的需求。

在ERS-1卫星发射后，通过复杂的处理算法产生了数据，其中一些来自处理全球波浪谱的哈塞尔曼团队，导致欧洲航天局组织了许多关于ERS-1卫星的研讨会，参与者人数不断增加（1992年在戛纳（Cannes）有400名参与者，1993年在汉堡（Hamburg）有500名参与者，1997年在佛罗伦萨（Florence）有700名参与者……），并举办了关于下游应用演示的专门研讨会（1994年在托莱多（Toledo）有200名参与者，1995年在伦敦（London），1996年在苏黎世（Zurich）……）。这些ERS-1卫星研讨会为哈塞尔曼提供了展示其团队通过5千米×5千米的SAR图像反演波浪机制和全球海浪谱工作成果的机会[108, 115, 123, 124]。

哈塞尔曼对于分析和提出ERS-1卫星问题解决方案的专业知识和能力非常出色。他是整个ERS-1卫星团队普遍赞赏的对象，1991年7月受欧洲航天局邀请去圭亚那库鲁（Kourou，Guyana）见证了ERS-1卫星的成功发射，这是由于欧洲航天局感谢他为这次任务的成功所做的贡献。

1995年发射的ERS-1卫星及ERS-2卫星为2002年发射Envisat卫星任务的成功铺平了道路，这三个任务一起提供了大约20年的连续数据，正如2011年在弗拉斯卡蒂（Frascati）的欧洲空间研究所（European Space Research Institute）举行的欧洲遥感卫星发射20周年纪念庆典上回忆的那样，包括哈塞尔曼[176]在内的一些先驱者参加了此次会议。这些早期任务是目前欧洲航天局-欧盟哥白尼联合计划（Copernicus programme）和哨兵任务系列（Sentinel mission series）的前身，使欧洲成为地球观测和环境观测领域的世界领先者。

如前所述，哈塞尔曼在欧洲遥感卫星开发的早期阶段是一个极其重要的贡献者。他说话很快，有很独特的见解，不是每个人都能理解他所有复杂的理论。在他自己的科学"泡沫"中，他可能在辩论中没有受到太多的反对，但如果有正确的理论或经验证据支持，他总是愿意接受对手的观点。

除了对欧洲遥感卫星任务的政治支持外，哈塞尔曼在科学界也非常重要，他所发挥的作用是急需的。因为在早期，欧洲遥感卫星科学用户群体的反应非常消极，甚至充满敌意。如今，经过几十年应用程序的成功开发，所有的反对意见都已明显消失。

哈塞尔曼的奉献精神还体现在以下轶事中。在散射计专家小组会议上，他抱怨工业研究的速度太慢、成本太高，"他可以在几天内与他的学生一起完成这件事"。欧洲航天局说："太好了，让我们开始吧，一周后我们将在周五来研究所检查结果。"我们发现哈塞尔曼在他的办公室里被一大堆文件、电脑打印输出和绘图淹没了——尽管他自己以及他妻子和一些学生花了几天几夜时间做了这项研究，但还没有得出结论性的答案。

散射计专家小组是一个特别小组，成员包括来自欧洲航天局、科学机构以及工业界的专家。为了避免界定正式责任的复杂情况，工业部门不再参加C/D阶段。所有成员，特别是散射计专家小组的成员，都是以前从未参与过类似项目的先驱者。散射计专家小组主持人通常会向团队提出问题，寻求答案或建议。包括哈塞尔曼在内的散射计专家小组积极参与了关于计算全球海浪谱所需的图像大小和它们之间的跟踪距离等问题的讨论。[①]

图3-1　1980年欧洲航天局散射计专家小组（SEG）与工业界代表举行的会议。从左到右：英国
气象局的大卫·奥菲勒（David Offiler）、英国国家海洋中心的蒂姆·塔克（Tim Tucker）、汉
堡大学的沃纳·阿尔珀斯（Werner Alpers）、代尔夫特理工大学（后来与欧洲航天局合作）的
埃弗特·阿特玛（Evert Attema）、欧洲航天局的格特·迪特尔（Gert Dieterle）、欧洲航天局的
阿尔夫·隆（Alf　Long）、荷兰气象局的格布兰德·科曼、马克斯·普朗克气象研究所的克劳
斯·哈塞尔曼、加拿大遥感中心的劳伦斯·格雷（Laurence Gray）、欧洲航天局的胡安·吉亚罗
（Juan Guijarro）、前马可尼航天有限公司、现空中客车国防和航天公司的戴夫·兰开夏（Dave
Lancashire）

3.3　随机气候模式[②]

　　气候系统数值模拟的困难不仅是由于所涉及的物理过程的多样性，也是因为在

---

　　① 原书的第120页至第136页，有一篇1991年6月克劳斯·哈塞尔曼和苏珊娜·哈塞尔曼共同撰写的长
达17页的英文文章On the Nonlinear Mapping of an Ocean Wave Spectrum Into a Synthetic Aperture Radar Image
Sepectrum and Its Inversion。经与该书原作者汉斯·冯·斯托奇商量，没有把这篇英文文献纳入本书中文
版。（译者注）
　　② 由彼得·莱姆克撰写。（原书注）

很大程度上由于相互作用的组成部分具有相当不同的内部时间尺度：几天的大气情况、几个月中的海冰和海洋表层、几个世纪的深海、几个月后的海洋、几个月前的海洋、以及几个世纪后的海洋、数千年的大陆冰层。即使对影响气候变化的所有过程都有充分了解，但不同子系统对不同时间尺度的响应仍然会在数值模拟中造成相当大的问题。

所有个别子系统模式，如大气、海洋或冰，都具有现实的地理分辨率，被设计成为一个单一时间尺度范围，以便预测这些组成部分的典型波动。通过采用快速过程时间平均值作为预报变量来参数化处理一些更快过程的影响，任何在比预报变量更长的时间尺度上变化的成分都被视为恒定的边界值或外部参数。

在20世纪60年代至70年代使用的许多气候模式中，大气没有明确包括在内，因此被置于模式的统计诊断范围内，仅通过时间平均项表示。然而，克劳斯·哈塞尔曼在1976年在Tellus发表的开创性论文《随机气候模式》（*Stochastic Climate Models*）中指出，大气的影响并不局限于这些时间平均项，还必须考虑到其可变性，这就产生了气候系统的缓慢分量的微分方程，其中包括随机强迫项。这些短期的大气变化导致了慢速子系统（类似于布朗运动）的长期波动，这就解释了观测到的缓慢气候变量的红色光谱。自1905爱因斯坦发表论文以来，布朗运动理论已在许多应用中得到讨论，但尚未应用于地球物理系统，如气候系统。

在他的随机气候数值模拟方法中，哈塞尔曼利用了时间尺度分离：一个在短期大气变化的影响下缓慢变化的动力学气候变量表示为白噪声。随机气候模式的应用通常使用线性化的动力学方程来描述平衡状态周围的小波动，这种方法代表了一阶马尔可夫过程（First Order Markov Process），其特征是记忆项和白噪声强迫，它导致了缓慢气候变量的红色光谱。

哈塞尔曼在1977年与克劳德·弗兰基努尔[39]和彼得·莱姆克①共同发表的两篇后续论文中，通过分析海表面温度和温跃层变化以及全球能量平衡模式，证明了这个概念的适用性。在随后的几年中，这种随机方法的各种不同应用相继出现。

人们当然可能会问这一切是否真的很新鲜，在某种程度上，事实并非如此，因为某些想法通常在科学界流传。在他的采访中，哈塞尔曼自己提到了J.M.米切尔和

---

① 请参见Lemke，P.，1977：Stochastic climate models. Part 3. Application to zonally averaged energy models. *Tellus*，29，385–392。（原书注）

他1966年的论文[①]，"通过较长时间尺度对较短时间尺度的连续强迫而产生气候变化的不同频率域的相同概念"（*the same concept on the generation of different frequency domains of climate variability by the successive forcing of longer timescales by shorter timescales*）。另一位思考这些概念的物理学家是查克·利斯（Chuck Leith），但事后看来，这些方法并没有得到太多的关注，也没有像哈塞尔曼的物理方法和构造那样在认识论上取得巨大的进步。[②]

3.4 减少相空间：信噪比分析、探测和归因[③]

有些人会认为哈塞尔曼学术贡献中最重要的部分是在气候系统的动力学和分析概念中引入随机维度，第一篇受到国际社会广泛关注的论文是他在1976年引入了"随机气候模式"（stochastic climate model）[38]（见3.3节）。事实上第一篇论文[④]（见3.3节）在总结为白（或红）噪声的短期变化的影响下利用了尺度分离——一个由气候变量给出的长期动力学。我们可以把这看作相空间的两部分的分离，一部分被定义为长期波动（long-term fluctuations），其余部分为定义为短期波动（short-term fluctuations）。在提出一些假设和离散化后，这个概念的原型被封装在一个自回归一阶过程（an auto-regressive first order process）中，结论是即使在没有任何力作用于慢动力学的情况下，由于短期变化的白噪声的存在，系统在所有时间尺度上都会出现变化。

在20世纪80年代，哈塞尔曼在一篇同样难以理解但从未发表过的手稿中提出了

[①] 请参见Mitchell, J. M., Jr. 1966. Stochastic models of air-sea interaction and climatic fluctuation.（Symp.on the Arctic Heat Budget and Atmospheric Circulation, Lake Arrowhead, Calif., 1966.）Mem. RM-5233-NSF, The Rand Corp., Santa Monica.（原书注）

[②] 原书的第139页至第151页，有一篇1976年4月克劳斯·哈塞尔曼撰写的长达13页的英文文章Stochastic Climate Models。经与该书作者汉斯·冯·斯托奇商量，没有把这篇英文文献纳入本书中文版。（译者注）

[③] 由汉斯·冯·斯托奇撰写，并结合了彼得·莱姆克的评论。（原书注）

[④] 就像哈塞尔曼早期的几篇论文一样，这篇论文写得非常复杂，对很多人来说很难理解。他有时会在后来对当时已经成熟的概念提出一个非常清晰的版本。但在随机气候模式中，当汉斯·冯·斯托奇在20世纪90年代末建议他这样做时，他拒绝了，回答说这样做"太简单了"。然而开发一种复杂但强大的方法，并最终转化为一种被认为简单的方法，是天才的标志。（原书注）

"主振荡模式"的更普遍概念①，并要求汉斯·冯·斯托奇"将其变为现实"。他这样做了，但只是在简化或"通俗化"（vulgarising）这个概念后，这样一个可行的版本最终出现了，即使基本思想是不那么清楚的[94]。哈塞尔曼通过引入一个新术语"主交互模式"保存了最初的概念，然而这个术语从未流行起来——至少到目前为止是这样。1988年他关于"主交互模式"[86]的论文阐明了可以将相空间分成两部分的想法，一部分具有有限维数，其中动力学核心会发挥出来。跨越这个空间的基础是"主交互模式"，剩余部分即使不是无限多维度，也会对核心动力学做出贡献，但处于一种从属模态（slave mode）——独立噪声或受 "主交互模式"状态制约的噪声（口头上被称为"参数化"）。这个概念，即相空间的低维动力学活动部分（low-dimensional dynamically active part of the phase space）以及本质上作为（条件）噪声运行的高维部分，是他对随机气候系统概念化的核心。

因此哈塞尔曼引入了一种新范式②，这使他理所当然地成为马克斯·普朗克气象研究所的所长。该范式使人们能够基于信号（与特定原因有关）和背景"噪声"之间的分离来理解气候变化。但这一概念导致了分析气候变化和响应的另一种实践，即分离这两个组成部分的挑战；在噪声的海洋中找到相关的信号。为了实现这一点，哈塞尔曼引入了"探测和归因"（detection and attribution）的概念[54]，它涉及两步过程，首先在检测这一步，检查相关变化是否在自然变异范围内，这是通过一个传统的统计假设检验来完成的。如果第一步的结果是成功地拒绝了"与无端变化相一致"（consistent with unprovoked variability）的无效假设（null hypothesis），那么在第二步中，我们将该变化与从数值试验、理论论证或独立统计分析中得到的一个或几个理论进行比较。如果找到良好的拟合，那么就可得出相关变化可归因于相关因素的结论。这种归因采用不拒绝无效假设（null hypothesis）的形式，因此代表了比成功检测更弱的论据。哈塞尔曼增加了另一个层次的复杂性，他建议人们应该优化潜在的信号（potential signal），允许一个有利的信噪比（favourable signal-to-noise ratio）的先验期望，但这个优雅的做法几乎没有被使用过。

---

① 我相信他一直有这个想法，尽管他已经明确地说出了这一点。（原书注）

② 请参见von Storch，H.，J.-S. von Storch，and P. Müller，2001：Noise in the Climate System-Ubiquitous，Constitutive and Concealing. In B. Engquist and W. Schmid（eds.）Mathematics Unlimited-2001 and beyond. Part II. Springer Verlag，1179-1194。（原书注）

同时原始论文对读者提出了巨大挑战，但哈塞尔曼在大约15年后写了一个更清晰易懂的版本[110]。后来他又推出了一个版本，其中使用了贝叶斯概念（Bayesian concepts）[138]。

这一概念被成功地应用到研究气候模式模拟所给出的外部信号是否可以在全球温度观测记录中被检测到，并将这种变化归因于工业化开始以来的人类排放[125, 135]。该技术被学术界各个"国际特设检测和归因小组"（International Ad Hoc Detection and Attribution Group，IDAG）[①]采用，并最终成为IPCC报告中的基石：人类活动的痕迹正在改变全球的气候（the fingerprint of human activity in changing the global climate）。

洞察到有内部变异，即变异与外力无关，或者有时简称为"噪声"的观点已经在科学界流传了：在20世纪70年代早期，美国的科学家已经注意到内部变异无处不在（omnipresence of internal variability），但没有注意到这种噪声在逐渐变化和信号形成中所起的建设性作用。20世纪70年代初，人们引入了在评估使用全球大气模式进行的数值试验结果时，需要区分信号和噪声[②]。20世纪80年代，其他人已经逐渐解决了在观测记录中探测人类信号的挑战性问题，最著名的是杰里·诺斯（Jerry North）[③]、本·桑特和汤姆·威格利（Tom Wigley）[④]。[⑤]

---

① 请参见Pennell, W., T. P. Barnett, K. Hasselmann, W. R. Holland, T. Karl, G. R. North, M. C. MacCracken, M. E. Moss, G. Pearman, E. M. Rasmusson, B. D. Santer, W. K. Smith, H. von Storch, P. Switzer and F. W. Zwiers, 1993：The detection of anthropogenic climate change. *Proceedings of the Fifth Symposium on Global Change Studies. Amer. Met. Soc.*, Jan. 17–22, 1993, Anaheim（California）, 21–28（DOI：https://doi.org/10.13140/2.1.1970.2567）。（原书注）

IDAG, 2005：Detecting and Attributing External Influences on the Climate System：A Review of Recent Advances. *J. Climate*, 18, 1291–1314, https://doi.org/10.1175/JCLI3329.1。（原书注）

② 请参见Chervin, R. M., Gates, W. L. and Schneider, S. H. 1974：The effect of time averaging on the noise level of climatological statistics generated by atmospheric general circulation models. *J. Atmos.Sci.* , 31, 2216–2219。（原书注）

③ 请参见North, G., K. Y. Kim, S. S. P. Shen, and J. W. Hardin 1995：Detection of Forced Climate Signals. Part I：Filter Theory. *J. Climate*, 8, 401–408。（原书注）

④ 请参见Santer, B. D., Taylor K. E., Penner J. E., Wigley T. M. L., Cubasch U., and Jones P. D., 1995：Towards the detection and attribution of an anthropogenic effect on climate. *Climate Dynamics*, 12：77–100。（原书注）

⑤ 原书的第155页至第161页，有一篇1988年9月克劳斯·哈塞尔曼发表在*Journal of Geophysical Research* 93：D9, 11015–11021.的英文文章*PIPs and POPs：The Reduction of Complex Dynamical Systems Using Principal Interaction and Oscillation Patterns*。经与该书原作者汉斯·冯·斯托奇商量，没有把这篇英文文献纳入本书中文版。（译者注）

3.5 气候与社会[①]

气候变化不仅是一个自然科学问题，而且关乎政策制定和相关气候行动。这一认识在气候行动的背景下引发了克劳斯·哈塞尔曼对社会经济数值模拟（socioeconomic modelling）和数值模拟人类决策（modelling human decision-making）的兴趣。这些数值模拟活动产生了若干出版物，也为最近的重大研究项目做出了积极贡献。[②]

哈塞尔曼对主流经济学（mainstream economics）的某些主导方法（certain dominant approaches）和范式相当怀疑，认为他们的基本假设不能充分反映经济利益相关者相互作用和影响决策的方式，并把这些概念上的缺陷视为他们描述和预测现实世界经济过程能力有限的原因——尤其是当情况比往常更糟时。例如，在2008年全球经济危机期间，哈塞尔曼在他的演讲和论文中强调了重新考虑某些经济建模范式（certain paradigms of economic modelling）的必要性，因为没有一个主流模型能够预见和预测即将到来的危机。

特别是哈塞尔曼对"可计算的一般均衡"（Computable General Equilibrium，CGE）模型持怀疑态度，他对此持批评态度主要基于两个反对意见：一方面在概念层面上，他认为现实世界的经济过程根本不均衡；另一方面他提到了校准和验证模型所涉及的技术困难，并质疑经济数据在多大程度上可以有效地支持过于复杂的多区域、多部门应用"可计算的一般均衡"模型。

哈塞尔曼还对另一个理论模型采取了批判的立场，在主流经济模型中，"跨时间优化"（intertemporal optimisation）在大多数经济增长模型中是常见的，因此在气候变化经济学和综合评估模型（Integrated Assessment Models，IAM）中被广泛使用。但他从概念的角度来看，无论是个人决策还是集体决策都不遵循已转化为"跨时间优化"方案数学原理的机制。此外，2006年具有影响力的《斯特恩评论》（*Stern*

[①] 由德米特里·V.科瓦列夫斯基撰写，汉斯·冯·斯托奇添加了一些内容。（原书注）

[②] 这包括欧盟FP7 COMPLEX项目"基于知识的面向低碳经济气候减缓系统"（2012–2016，项目编号308601），其中克劳斯·哈塞尔曼及其同事根据其提出的基于行动者的系统动力学方法开发的模式是评估气候减缓备选方案的项目模式的重要组成部分。（原书注）

Review）出版之后，出现了关于气候变化经济学的热烈讨论，特别是关于综合评估模型对贴现率价值（the value of discount rate）的高度敏感性，贴现率是"跨时间优化"模型的一个基本参数，因此对该参数的"正确"值高度敏感。哈塞尔曼也参与了这场辩论，这使他更加关注"跨时间优化"方法在多大程度上可以成为为气候行动提供信息的坚实基础。

对上述关于"可计算的一般均衡"模型的过度复杂性以及校准和验证的相关困忧的担忧，也是哈塞尔曼对某些所谓的创新数值模拟方法——如"基于代理的数值模拟"（Agent-Based Modelling，ABM）方法——带有复杂情绪的原因，该方法自20世纪90年代以来一直非常流行。同时他承认，"基于代理的数值模拟"方法在概念上比"可计算的一般均衡"模型更令人满意，但在试图描述各种利益相关者的决策过程时，他质疑"基于代理的数值模拟"方法与其非常庞大的个体代理群体的高水平分解是否真的合理，以及这种强烈分解的模型是否能得到现有数据的可靠支持。

正是鉴于他的创造力和思维独立性，哈塞尔曼遵循了他自己的、原始的方式来模拟耦合的气候–社会经济系统（coupled climate-socioeconomic systems）的动力学，他使用了"基于参与者的系统动力学建模"（actor-based system dynamics modelling）这个术语来描述他构建社会经济模型的方法。本质上，他的方法包括通过一个动力学模型来描述一个社会经济系统，该模型包括一些相互作用的聚合因素（interacting aggregate），它们追求自己的、往往是相互冲突的目标。在数学上该系统由常微分方程来描述，利益相关者的决策也在这个数学方案中使用参与者控制策略进行参数化处理。与"可计算的一般均衡"模型不同，社会经济动力学（socioeconomic dynamics）被描述为根本上缺乏均衡。与"跨时间优化"模型不同，该模型在数学上是一个动力学系统，避免了任何目标函数的最大化。与"基于代理的数值模拟"方法不同，该模型中只包含少数总体利益相关者，而不是大量个体参与者，这反过来降低了模型的维度数。

哈塞尔曼开发的一些基于参与者的系统动力学模型具有中等程度的复杂性，变量和参数相对较少。原则上，这类最简单的模型中的一些可以设计为"部分允许分析性处理"（partially allow analytical treatment）。尽管在主流经济学领域，使用纸和铅笔进行的分析工作仍然备受推崇，但哈塞尔曼将基于参与者的系统动力学数值模拟视为一种实质上的数值方法。他开发这些模型是为了模拟和数值试验，而不是为了抽象思维的优雅。对于他来说，最终模型讲述的故事和"假设"模拟的结果是重要的，与数学经济学领域流行的严格命题及其证明相反。

基于参与者的系统动力学方法的另一个重要元素是一种开发模式家族层次结构（developing a hierarchy of model families）的策略，哈塞尔曼在他的论文中不断提及。层次结构应该从设计最简单的"根模式"（root model）开始，并且该模式应该通过模拟进行彻底的探索，以确定其优势和局限性。基于这一经验，可以通过添加新的参与者和流程来增加模式复杂性。这会在层次结构的下一层次生成一个或多个模式，然后重复模式构建过程。然而正如哈塞尔曼所强调的那样，这样的"模式树"（model tree）没有必要成长得无限高：模式的复杂性不应该超过它们不再被可用数据支持的水平。

哈塞尔曼关于耦合气候-社会经济模型的早期思想反映在他1991年的会议论文《我们如何预测气候危机？》（*How Well Can We Predict the Climate Crisis*？）[99]中。标题中出现的"气候危机"一词在论文发表时就已经开始使用，但根本没有现在用得那么广泛：它被永久地纳入与气候变化相关词汇库比较晚。虽然该文的大部分内容都致力于气候变化的自然科学相关方面，但第一节和最后一节与当前主题特别相关。

导论部分要求开发一个综合的"全球环境与人"（Global Environment and Man，GEM）模型，并勾勒出其概念设计，他后来将其更名为"全球环境与社会"（Global Environment and Society，GES）模型，它包括对可以组装"全球环境与社会"模型的构建模块的回顾，矛盾的是，这些模型已经可用但仍然缺失。在该文的后续部分，哈塞尔曼还讨论了这些构建模块中有待改进的地方，而这些改进尚未完成。导言中另一个值得注意的地方是他强调了气候和环境变化之间的相互作用。

"全球环境与社会"模型

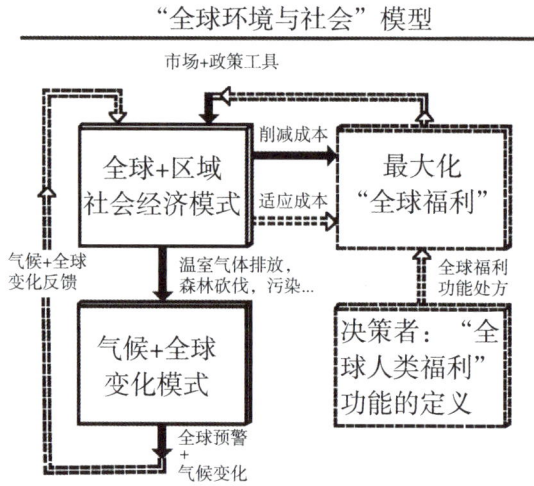

图3-2　克劳斯·哈塞尔曼的"全球环境与社会"模型

在总结部分，哈塞尔曼就"全球环境与人"模型的发展提出了几个重要观点，这些模型后来在他自己的社会经济数值模拟研究中得到了更详细的探讨，人们现在可以看到，这些模型对该领域的许多研究人员来说是（现在仍然是）重要的。哈塞尔曼强调了"全球环境与人"系统的动态和多时间尺度性质，包括自然科学和人类活动部分。他认为，所有"全球环境与人"模型组件的固有不确定性（inherent uncertainty）要求开发与"全球环境与人"相类似的模型作为统计优化模型。哈塞尔曼还提醒我们，"全球环境与人"模型的发展不应被视为"好奇心驱动的科学"，而应被认为其最终目标是为与气候相关政策的制定提供信息。最后他警告说，我们知识的局限性和上述模型固有的不确定性并不是推迟协调气候行动或等待"完美"模型的借口。

"全球环境与社会"模型遭到了一些批评，其中一个涉及是否有可能定义"全球福利函数"（global welfare function）的问题。另一个原因是，该制度将社会和各种文化简化为"全球福利函数的选择"（choice of a global welfare function），而以"福利函数"为条件的政策和措施的确定将仅由专家决定。

也有人认为，不可能客观地确定适应和减少成本，但这些成本将通过一个可能由利益主导的专家的筛选，被各种不同的社会结构所修正，使社会不会对环境状态做出反应，而是对环境状态的感知做出反应。[①]

这些评论意见并没有涉及哈塞尔曼提出的基于行动者的系统动力学方法的概念或数学表达，相反它们被广泛地应用于气候变化经济学和综合评估模型等模型的总体架构和设计中，因此迄今为止，该领域使用的大多数主流模型都没有答案。[②]

3.6 马克斯·普朗克气象研究所的气候模拟策略[③]

随着计算机能力越来越强大，地球气候系统的综合数值模拟迅速发展起来，并越来越被认为是更好地了解气候系统的关键工具。特别是在1979年由多个欧洲成员国建立的欧洲中期天气预报中心，在使用全球天气预报模式方面取得了进展。许多物理尺度和精细尺度的动力学过程的参数化需要在日常业务预报中进行系统试验，以定义一个功能良好的预报模式。使用这种经过良好测试的全球模式进行气候模拟和预报并进行更长时间的积分，被认为是一种最有用和最实用的策略，因为天气预报模式的许多方面可以自然地适应气候研究。

克劳斯·哈塞尔曼和欧洲中期天气预报中心讨论后一致同意采取这种方法。ECHAM模式随后与马克斯·普朗克气象研究所和汉堡大学开发的不同海洋模式相结合，从而可以一同处理大气和海洋间的能量、动量、通量交换分析。随后添加了不同的子系统，例如用于大气传输和完整碳循环的子系统，并将其集成到耦合大气–海洋模式中。

因此从20世纪90年代起，马克斯·普朗克气象研究所拥有了一套全面的气候模式，这些模式构成了一个数值试验室，可用于各种气候研究，包括可用于所有IPCC评估的气候变化数值模拟研究。该系统具有系统性和灵活性的特点，使各种气候研究成为可能。它不仅被马克斯·普朗克气象研究所和汉堡大学的科学家使用，而且

① 请参见von Storch，H.，and N. Stehr，1997：The case for the social sciences in climate research.–*Ambio* 26，66–71。（原书注）

② 原书的第167页至第184页，有一篇1990年克劳斯·哈塞尔曼撰写的长达18页的英文文章How Well Can We Predict the Climate Crisis? In：H. Siebert（ed）Environmental Scarcity–the International Dimension. JCB Mohr，Tübingen，165–183。经与该书作者汉斯·冯·斯托奇商量，没有把这篇英文文献纳入本书中文版。（译者注）

③ 作者是伦纳特·本特森。（原书注）

被德国的大量研究小组以及相关的欧洲团体和来自世界各地的访问科学家使用，成功开展了理解和预测ENSO现象以及热带和温带气旋的重要研究。我们很高兴得知ECHAM模式在多项评估研究中被认为是最现实的模式之一，因为它的结果最接近观测到的气候。

特别重要的是克劳斯·哈塞尔曼及其团队开发的诊断系统，其目的是通过多维搜索（through a multi-dimensional search）数值模拟数据中的气候变化"指纹"来识别人为气候变化。事实证明，这早在20世纪80年代后期就成了能够检测气候变化的有力工具。它在IPCC的报告中努力让世界相信人为气候变化确实正在发生方面发挥了非常重要的作用。30年后的今天，气候变化的信号对每个人来说都是显而易见的。

成功的数值模拟工作的一个关键因素是积极的、非官僚主义和开放的氛围，这在很大程度上要归功于克劳斯·哈塞尔曼清晰的思维和鼓舞人的个性。[①]

3.7 "克劳斯子"——粒子物理学[②]

受他在1960年借助费曼图利用微扰动理论研究海洋表面波与其他波浪现象之间相互作用的工作的启发，克劳斯·哈塞尔曼继续发展了场和粒子的统一确定性理论（unified deterministic theory of fields and particles），从而实现了爱因斯坦的梦想：对所有基本粒子及其相互作用的确定性描述[121, 122, 131, 132]。量子理论仅被视为第一个近似值。

该理论是基于对爱因斯坦真空方程的扩展解，该方程有使用"孤立子"（solitons）或"孤立波"（solitary waves）的附加衰减张量（additional attenuation tensor），他在1996年和1997年发表的论文中阐述了这一点。这些解随后在计算模式中得到验证。

在他的十二维理论（四个时空和八个额外维度，代表相互作用的非引力波长以及电磁力、强力和弱力）中，他对真实的粒子及其引导力自由波（德布罗意波）

---

① 原书的第187页至第193页，有一篇1995年9月克劳斯·哈塞尔曼与沃尔夫冈·塞尔共同撰写的7页的英文文章Summary of the Report DKRZ 2000+Proposal for the Development of DKRZ into the next Century。经与该书作者汉斯·冯·斯托奇商量，没有把这篇英文文献纳入本书中文版。（译者注）
② 由苏珊娜·哈塞尔曼撰写。（原书注）

（英文为guiding force free waves，德文为de Broglie waves）持经典的观点。根据西奥多·卡鲁扎（Theodor Kaluza）和奥斯卡·克莱因（Oskar Klein）提出的理论，他认为"孤立子"被波导捕获的解是一个典范。

他的理论被粒子物理学家否定，对他的反应从一开始的礼貌性微笑到明显的攻击，正如上面在哈塞尔曼、奥尔伯斯和冯·斯托奇的采访中所述（2.1节）那样。于是他开始写作《"克劳斯子"模型：场和粒子的经典统一理论》（*The Metron Model：A Classical Unified Theory of Fields and Particles*）一书。我们在下面将介绍第一章，其中包括基本理论以及在概述部分对以下章节的简短描述。

该书的第5～8章尚未完成，但手稿目前可以下载。苏珊娜·哈塞尔曼也提供了用Fortran V语言编写的程序。

也许有一天，当年轻物理学家不再依赖于论文的数量而是原创性时，一些年轻的物理学家可能会受到启发，充实和完善"克劳斯子"理论，这大概就是哈塞尔曼和苏珊娜所期望的。[1]

---

[1] 原书的第195页至第217页，有一篇2016年12月13日克劳斯·哈塞尔曼撰写的19页的英文文章*The Metron Model：Elements of a Deterministic Unified Theory of Fields and Particles*（未发表）。经与该书作者汉斯·冯·斯托奇商量，没有把这篇英文文献纳入本书中。（译者注）

4

同事们讲述的故事 [1]

---

[1] 由马丁·海曼和汉斯·冯·斯托奇共同撰写。（原书注）

在克劳斯·哈塞尔曼漫长的职业生涯中，他一直是老板和导师，也是许多人的同事。为此，我们询问了他们其中不少人关于和他在一起的时光的回忆。具体来说，我们提出了以下问题。

● 您是怎样认识克劳斯的？

● 克劳斯在您所在的科学领域留下了哪些学术遗产？克劳斯的个人建议是否对您的职业生涯有帮助？

● 克劳斯的思想是如何影响您的科学工作的？

我们向调查对象开放，询问他们是否愿意回答这些问题，或者他们是否愿意以不同的方式讲述他们的经历。我们收到了以下人的回答。

● 在克劳斯研究海浪和粒子的工作期间，苏珊娜·哈塞尔曼，克劳斯的妻子和研究伙伴。

● 德克·奥尔伯斯、尤尔根·威勒布兰德、彼得·穆勒和彼得·莱姆克——早期与克劳斯同时进入气候科学领域的第一批同事。

● 马克斯·普朗克气象研究所的第二代同事，包括马丁·海曼，克里斯托夫·海因策，莫吉布·拉蒂夫，汉斯·格拉夫，加布里埃尔·黑格尔，徐劲松，汉斯·冯·斯托奇，帕特里克·海姆巴赫，尤格·沃尔夫，本·桑特，乌尔里希·库巴什，阿希姆·斯特塞尔，罗伯特·索森，德米特里·V.科瓦列夫斯基，卡罗拉·考斯。

● 和他一样对海浪和遥感感兴趣的同事：格布兰德·科曼，路易吉·卡瓦列里，克里斯蒂娜·卡萨罗斯，彼得·杨森，奥拉·M.约翰内森。

● 协助哈塞尔曼构建能力网络的同事：伦纳特·本特森，尤尔根·逊德曼，克劳斯·弗雷德里希，乌多·西蒙尼斯，哈特穆特·格拉斯。

这样分类并不完美。事实上，在许多情况下，人们会适合多个类别，而不仅仅是一个类别。但是，将他们放在这些类别中足以提供粗略的描述。

我们允许这些人在以下部分发表自己的看法，正如读者了解的那样，与哈塞尔曼的讨论有时可能会很激烈，但总是诚实和有建设性的，因此结论是：**尊重伟大的科学家和一个伟大的人。**

4.1 苏珊娜·哈塞尔曼：克劳斯——科学家、丈夫、父亲、祖父、曾祖父

我们于1955年在汉堡相遇。克劳斯刚刚获得物理学文凭并开始攻读博士学位，工作地点在哥廷根。我是汉堡大学数学和物理专业的学生，我因为他有源源不断的想法而着迷。任何问题对他来说都是微不足道的，只要两三行公式就能解决。他充满幽默感，非常喜欢运动。总而言之，他是一个非常有魅力的年轻人。

我们于1957年结婚，因为有人为我们提供了一间小公寓。需要记住的是，战争在10年前刚刚结束，那时汉堡遭到大轰炸。因此，两个房间（14平方米和16平方米）对我们来说是很神圣的。在一个月的时间里，克劳斯完成了他的博士学位，开始在汉堡造船研究所担任研究助理，并同我结婚。我们的计划是我获得文凭。然而，那个时代与现在不同。高中毕业后，我们学校只有三个女生上大学，其他女孩都结婚生子。

因此，当我们的女儿出生时，我只能待在家里。不过，我可以参与克劳斯的工作，我们很高兴。比如说，当他认为他已经解决了湍流问题时，即使第二天的计算出现了错误，或者在公园里走了很长一段路之后，他宣布他必须在计算中提高一个数量级。然后，波-波相互作用理论问世。

1961年，他受邀参加在美国马里兰州伊斯顿举行的关于波浪动力学的会议。在那里，他能为科学家多年来一直在探索的问题提供线索。因此，他被邀请到美国并获得了工作。与此同时，我和两个小孩在家，一个是新生儿，另一个患有严重的麻疹病。然而，他在电话里对加利福尼亚的阳光、盛开的三角梅（bougainvillea）以及那里充满活力的科学研究氛围感到非常高兴，我只能打点行李为我和家人的旅行做准备。人们须记住，当时德国的科学并不发达，科学界普遍守旧而沉闷。对当时的年轻人来说，能进入热闹的科学研究环境简直是太棒了。

然而，对于孩子们来说这并不容易，尤其是对于我们的大女儿。我们在加利福尼亚待了三年半，又回到汉堡，然后在英国剑桥待了六个月，接着在伍兹豪尔待了两

年。他在那里处理JONSWA数据，因为汉堡没有高效的计算机设施。

很久以后，我们被邀请参加在汉堡朋友家举行的聚会。每位客人都被要求用黑板上的图片介绍自己。克劳斯把自己画在摇椅上，抽着烟斗飞过地球。我把自己加入了同一张照片，我一只手抓着摇椅，另一只手拿着手提箱和三个孩子。

然而，在JONSWAP谱中看到波-波相互作用的第一条曲线，并看到克劳斯的理论得到验证是一种非常愉快的体验。经历了这一切，给家人带来的不便也是值得的。

他在20世纪60年代对海浪和地球物理学中其他波动现象的随机非线性相互作用进行了研究，并使用了费曼图，从而产生了新的基本粒子理论的想法，他对此深感兴趣。然而，我看到了这个理论在他身上起了多大的作用。因此，当马克斯·普朗克气象研究所（实际上是气候研究所）的所长职位向他伸出橄榄枝时，我反对他接受这个提议。然而，他知道这会给他完全的研究自由，因此他接受了这个职位。为了参加就职典礼，他迅速开发了一个随机气候模式，并得以展示。

与此同时，我已经获得了我的数学文凭，并且正在考虑我未来的职业生涯。对克劳斯而言这件事是明摆着的：我会跟他一起工作。我可以跟踪波-波相互作用，并开发一个全球海浪模式。然而，在他的研究所工作意味着更多地见到他，这当然是一件好事。我的薪水来自美国海军研究局（Office of Naval Research，ONR）。当然，一个女人在她丈夫领导的研究所工作是个挑战。然而同事们都非常友好，甚至发现了

图4-1　克劳斯和苏珊娜联手画的关于他们家庭经历的漫画

这种安排的好处。例如，如果您有任何需要直接传达给高层的问题，只要哈塞尔曼夫人恰好在房间里，您只需提及即可。或者人们会打电话给我，说他们几周前给克劳斯发了一条消息，他们需要他回复，等等。

另一个问题是，作为他的妻子和同事我是如何工作的？我只是他的程序员吗？我们岗位不同，但相互补充。他向我提出了一个新的理论，而我则解开了这个结，这意味着我帮他修正了数学公式，并把它变成了可以在电脑上编程的东西。例如，非线性相互作用的八重积分，计算一个波谱要花费大量的计算时间，耦合系数必须从积分中分离出来，随后，积分不得不减少以得到主要贡献，等等。

如果他有新的想法，他会让我去尝试。之后他又和其他同事或我一起跟进。

最长和最困难的工作是"克劳斯子"理论，这花费了我将近20年的退休时间。令人失望的是，物理学家甚至拒绝考虑这个问题。

上面的标题是："克劳斯——科学家、丈夫、父亲、祖父和曾祖父"。因此，我不得不说一些关于家庭的事情。大多数人的一生首先是为了家庭，然后是职业，然后是孙子孙女，如果他们活得足够长，还有曾孙。当我们20世纪50年代住在汉堡时，克劳斯与女儿非常亲近。她非常崇拜他（今天爸爸去研究所，明天梅珂去研究所）。晚上他为她表演木偶戏。她一生都钦佩他，她自己也成了一名非常成功的科学家。1961年，我们搬到加利福尼亚州时，她才三岁，我们正在失去她。这很难，但双方都能理解，我必须做到最好。当我们差点失去她时，克劳斯终于决定全家搬回德国，未来的岁月就是旅行。除了科学之外，他尽自己最大的努力做父亲，每周六勇敢地接送全家从伍兹豪尔到波士顿的新英格兰音乐学院。他抱着最小的女儿，欣赏儿子的音乐天赋。最好的时候是他可以和他的大女儿进行长时间的讨论。当她进入青春期时，他凭着幽默处理了许多事情。她不喜欢与人交流，一次晚餐时，她问："如果我不再和你说话，你会怎样做？"他回答说："我们会带你去看精神科医生，询问我们如何才能保持这种状态。"众人哈哈大笑，局势再次得到控制。他的幽默在家庭中传播开来，他对讨论的喜爱也转移到了他的孩子们身上。他们越长大，他就越能参与他们的生活。当他的对上学不感兴趣的儿子后来成为一名专业音乐家，并把科学教得尽善尽美时，克劳斯感到很高兴。

后来与我们的孩子进行专业接触也很有趣。我们的大女儿告诉我她在研究抗击艾滋病方面的基因操纵，我告诉她我们可以把这个问题放在一个线性微分方程系统中，并在计算机上计算她的自由参数。我们一起发表了两篇关于该主题的论文[163,164]。

我们的小女儿创作了有关自然和环境的展览，我们可以在气候变化或海浪发展方面开展工作。

在音乐方面，我们遇到了问题。克劳斯吹起了长笛，但他认为他不必练习。孩子们的乐器越熟练，这个问题就越严重：所以他们把他送去练习。

当我们有了孙子后，他成了一个讲故事的人。在一年的圣诞节表演后，他创造了天使"小乔"这个角色。"小乔"总想帮忙，但不知为何把他所参与的一切都搞砸了。孩子喜欢它，并记住了每一个主题。克劳斯每次都必须讲新故事。

2021年，他真正的家庭时光是作为曾祖父度过的。他非常喜欢这些小家伙，他们也很崇拜他。他们一起玩了几个小时。"老爷爷在哪里？"是他们来访时的第一句话。

现在我们结婚64年了。这并不是那么容易，但有克劳斯这样的丈夫、父亲、祖父和曾祖父，这是一个人梦寐以求的最富有的生活。

4.2 德克·奥尔伯斯：如何烹饪鸵鸟蛋

我与克劳斯的第一次接触是在1968—1969年，当时他在汉堡大学参加了沃尔夫冈·昆特的统计物理学研讨会，我们都参加了研讨会，正在为各自的毕业论文寻找课题。彼得·穆勒、汉斯·朱拉内克（Hans Juranek）、哈乔·莱施克（Hajo Leschke）和阿恩·里希特也在这一组。我们都在统计物理的技术和概念方面受过良好的教育，并多年在这个领域探索，但仍不知道该怎么做。克劳斯收下了沃尔夫冈几乎所有的学生，我们都立即有了研究课题，花了几个月的时间写论文。我的课题是等离子体物理，因为克劳斯有一个关于行星际空间物理的提案，但没有得到批准，而我们（彼得和我）突然成了海洋学家（不是真正的海洋学家，这可能花了十多年），研究JONSWAP谱和各种波。

我们的内波研究始于1971年的"合作研究中心94"，由克劳斯创建并担任首席发言人。当然，他提到我们的导师也要离开伍兹豪尔两年，我们只能跟着他。我在伍兹豪尔海洋研究所的时间获得了新的经验、工作、学习和享受。周三在苏珊娜和克

劳斯家享用晚餐，我们研究了弱相互作用理论和JONSWAP数据，取得了很好的结果
（周四在鲍勃·朗（Bob Long）家）。我不记得我为后者做了什么，只记得带着磁
带和打孔卡片，将波浪谱形状与在叙尔特岛测得的数据和克劳斯的鼻子轮廓相匹配。
JONSWAP论文是由16位研究人员（我是第13位）共同撰写的，是我最喜欢的论文
（在Research Gate网站上已经被阅读了50000多次）。另一个印象深刻的是美国博尔
德（Boulder）的MODE工作讨论会。克劳斯被邀请，但没有亲自去，而是派彼得和
我"告诉人们该做什么"。这些人是美国海洋科学领域的顶尖理论家和观测者，我们
与他们共住了6周的学生宿舍。因此，每天都可以看到两位无辜的德国物理学家（我
与伍兹豪尔海洋研究所的合同称我为"外交物理学家"）与沃尔特·蒙克、亨克·斯
汤梅尔（Henk Stommel）、皮埃尔·韦兰德（Pierre Welander）、卡尔·温施、弗朗
西斯·布雷瑟顿、柯克·布莱恩、彼得·莱恩斯（Peter Rhines）、吉姆·麦克威廉
姆斯（Jim McWilliams）以及其他十几位著名物理学家坐在泳池边。我认为我们对
MODE贡献不大，只是刚开始了解海洋学。

我们做出的另一个重大贡献则是内波实验（Internal Wave Experiment，
IWEX），即马尾藻海的内波实验，由克劳斯在伍兹豪尔海洋研究所期间发起，1973
年由伍兹豪尔海洋研究所的梅尔·布里斯科和特里·乔伊斯（Terry Joyce）进行，随
后几年由尤尔根·威勒布兰德、彼得和我在基尔和汉堡进行评估。我职业生涯中值得
注意的另一件事是，1971年，加勒特·蒙克（Garrett Munk）的内波频谱模式首次在
伍兹豪尔海洋研究所以预印本和沃尔特讲座的形式介绍，我在其中找到了我博士论文
的基础和问题：海洋内部的波场在动力学和混合中的作用是什么，这个问题直到今天
一直困扰着我。

1973年，彼得和我在克劳斯汉堡的办公室共同获得了博士学位，其中克劳斯提
出的一个问题是每日日照的温度信号会有多深，我们不知道！我们当然可以用一个δ
函数初始条件来写下扩散方程的解，但这是一个数字，从什么开始？这个简单的维度
论证后来让我提出了最热门的考试问题（在不来梅大学的演讲）：如果您知道如何煮
鸡蛋，您会花多长时间煮鸵鸟蛋？

克劳斯带我参加的最有影响力的会议之一是1975年在赫尔辛基举行的海洋与气
候会议。很显然真锅淑郎（Syukuro MANABE）关于二氧化碳倍增的演讲令人不安。
这是我第一次接触气候问题，马克斯·普朗克气象研究所成立于同年。

1979年，我跟随弗里茨·肖特前往基尔，担任物理海洋学讲师，这是一次克劳斯没有参与的行动（除了我后来在1985年加入AWI）。我在基尔不太开心，我的朋友尤尔根仍在普林斯顿，出于个人原因，我继续住在汉堡。当克劳斯在我要坐火车前给我打电话，给我提供了一个马克斯·普朗克气象研究所的职位时，我松了一口气。通话花了3分钟，我不得不赶火车。我又花了几年时间在克劳斯的影响范围内工作，这让我可以跟踪马克斯·普朗克气象研究所的早期进展。克劳斯还在我的特许任教资格期间（1981年）告诉我，"您必须相信您是对的，而不是委员会"。

蒂姆·巴奈特在1984年左右参观了马克斯·普朗克气象研究所，带来了14年的赤道太平洋上空的风场数据。莫吉布·拉蒂夫想把这些数据输入现有的海洋模式，看看厄尔尼诺现象是否会出现。我们把这个想法告诉了克劳斯，遭到了严厉的批评。但恩斯特把手伸进抽屉，拿出了几张打孔卡片，一个赤道环流模式和厄尔尼诺确实出现了，这开启了一位有前途的年轻科学家的职业生涯。

我从克劳斯那里学到的大部分是在研讨会的交流中。在统计物理研讨会的同时，我们与格德·维伯伦茨在基尔参加了等离子体物理研讨会。在20世纪70年代，当克劳斯兴趣转向海洋学时，我们举办了"汉堡–基尔研讨会"（我们的基尔学院称之为"基尔–汉堡研讨会"）。我记得有一次克劳斯本该在基尔做学术报告，但没有出现。他忘记了在汉堡换车，最终到达了终点站"停放列车的铁路支线"。除了这一次，克劳斯主导了研讨会的讨论，以至于我们在马克斯·普朗克气象研究所上发明了"2分钟研讨会"：克劳斯在前两分钟被禁止发言。

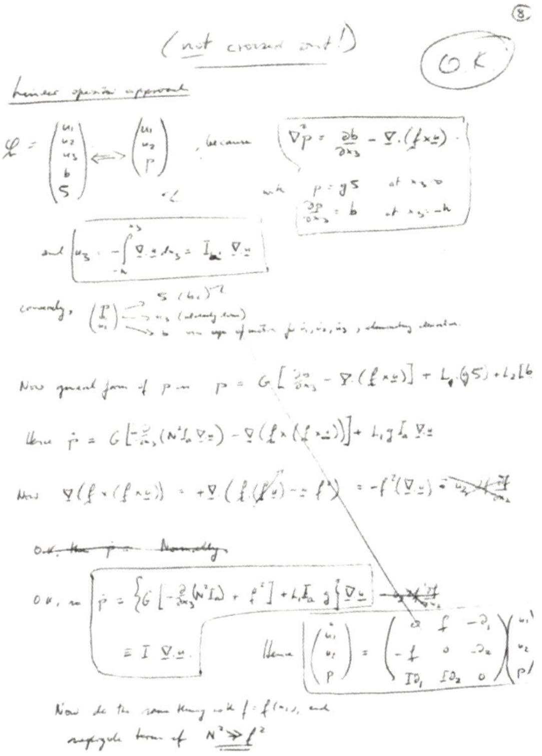

图4-2　克劳斯在1970年的演讲报告

　　对我来说，一个重要的事件是1991年在德国瑞森举行的庆祝克劳斯60岁生日的会议，他在会上首次展示了他的"克劳斯子"模式。我们都看到了伟大的统一物理学理论和下一个诺贝尔奖。我还记得后来许多关于计算机资源的枯燥的管理会议，克劳斯坐在那里，在桌子底下涂鸦"克劳斯子"方程。然后是2011年克劳斯80岁生日的庆祝活动。我试图简要介绍第一个汉堡海洋模式，这是克劳斯1981年在阿尔卑斯的暑期学校创建的一个多区域模式。尤尔根和我支持他的演讲，约瑟姆·马罗茨克（Jochem Marotzke）和罗伯特·索森作为学生在那里听报告。海洋模式的思想是将不同的海洋区域耦合在一起（物理性质不同），形成一个动力系统。尤尔根负责研究西部边界洋流，彼得·莱姆克负责研究混合层，恩斯特·迈尔-雷默负责研究海洋内部（钻孔），而我负责研究赤道洋流（复杂）。我去夏威夷进行了一年的实地研究，当我回来时，恩斯特已经完成了全部工作，克劳斯在1982年出版了他的著作《海洋与气候》[68]，这是著名的汉堡LSG模式的基础，也是我自己工作的重要参考文献。

图4-3　1981年，尤尔根·威勒布兰德、克劳斯和德克在阿尔伯巴赫（Alpbach）
思考海洋动力学

　　我们，尤尔根、卡斯滕·伊登（Carsten Eden）和我，在2011年完成了一本关于海洋动力学的书，我请克劳斯写一篇前言。"我做不到"，他说，"我对海洋物理学一无所知"。我认为我从克劳斯那里学到了一切！他不喜欢也很少给学生讲课。我认为有一个反例（1970年9月）可以解释我所知道的关于重力内波和其他波的一切。这本书的前言写得非常好，我清楚地记得，2012年我和苏珊娜还有克劳斯在费舍尔胡德的花园里庆祝这本书出版。自1973年以来，温度信号已经达到18米深（通过分子热扩散），谁在乎？鸵鸟蛋必须煮熟的时间长度是鸡蛋（6厘米/1.5厘米）×2=16倍时间。

图4-4　左起：卡斯滕·伊登、克里斯托夫·沃尔克（Christoph Völker）、克劳斯、德克、苏珊娜、彼得·莱姆克、克里斯汀·克拉斯（Christine Klaas）、迪特尔·沃尔夫·格拉卓（Dieter Wolf Gladrow）和尤尔根2012年在费舍尔胡德举行的《海洋动力学》的出版仪式上，这本书是由奥伯斯（Olbers）、维勒布兰德和伊登合著的

4.3 彼得·穆勒

　　我在1968年—1969年就认识了克劳斯，当时我和德克·奥尔伯斯在汉堡大学攻读物理学学位。克劳斯参加了我们的论文指导老师沃尔夫冈·昆特组织的每周一次的统计力学研讨会，克劳斯也是老师的朋友。克劳斯以他对科学讨论的独特理解提出了许多问题，带给了我们许多欢声笑语，但最终给我们带来的通常是一些深刻的见解，使有序进行的研讨会有了改变。我们完成了毕业论文后，克劳斯提出让我们跟他一起做博士论文，我们欣然接受。他还为我们提供了一个"科学雇员"的高薪职位，让我可以租一间带有卧室的公寓，我和女朋友结婚了。由于我们和克劳斯还有位于科德角的伍兹豪尔海洋研究所的许多其他人一起分析JONSWAP的数据，在公寓的时间缩短了。我的任务是对JONSWAP谱进行参数化，这是一个简单的曲线拟合练习。在伍兹豪尔海洋研究所的那一年是我人生出现变化和快乐的时光：我沉浸在激动人心的研究计划中，在伍兹豪尔和剑桥接触新文化和刺激的知识生活，在克劳斯和苏珊娜家的每周晚宴中得到成长。唯一的问题是克劳斯的德国牧羊犬希瓦，固执地占据了汽车的前

排座位，但谁又会与自己导师的一只德国牧羊犬争执呢？尽管难以完成 JONSWAP 分析，克劳斯还是找到了时间和精力来为IWEX 内波实验构思和获得资金。为了资助这项实验，需要去约翰·霍普金斯大学的应用物理实验室，在那里，克劳斯运用了所有的说服技巧，让两名德国研究生（德克和我）在没有护照和其他法律文件的情况下通过了安检。值得一提的是，IWEX出版了许多出版物，但没有一本有克劳斯的名字。这也是他送给我们的礼物，他只提供基本想法（和资金），让我们去运营它。我的博士论文也是这样写的。我从他那里得到了两页手写的纸，上面有一些公式和箭头，还有一些划掉的部分，然后我就自己写了。克劳斯还让我成为当时新模式项目的联合首席研究员。我还记得丹尼斯·摩尔（Dennis Moore）意识到这位年轻的德国科学家和所有受人尊敬的东海岸海洋学家坐在一起却还没有拿到博士学位时脸上的表情。

在伍兹豪尔的这 年里，在克劳斯的指导、帮助和赞助下，我进入了科学界。我意识到并不是每个科学家都像克劳斯一样有天赋，也不是每个曲线拟合练习都能做出一篇开创性论文的贡献。我花了更长的时间，准确地说是25年，才意识到，在克劳斯为我做了这么多之后，我可以为他做点什么，不管是多么渺小。因此，我邀请克劳斯和苏珊娜参加我在夏威夷举办的一个冬季研讨会，并加入了一些"放松和娱乐"活动。

总之，如果没有克劳斯，我的个人和职业生活都不会有回报。

4.4 尤尔根·维勒布兰德：基尔–汉堡振荡

我和克劳斯接触的方式可能有点与众不同。1970年，我加入了由沃尔夫冈·克劳斯（Wolfgang Krauss）领导的基尔国际海洋学院理论海洋学系，获得了物理学文凭，并初步接触了海洋表面波，那时克劳斯已被公认为是该领域的权威人物。早些时候，克劳斯和沃尔夫冈同意加强他们部门之间的信息交流，让一位来自汉堡的科学家在基尔工作半年，然后让一位来自基尔的科学家在汉堡工作。我到达时，来自汉堡的海因茨–赫尔曼·埃森（Heinz–Hermann Essen）刚刚在基尔结束他的任期。然而，被指定在汉堡工作的科学家同时离开了研究所。现在基尔的某个人被雇用给了克劳斯的团队，在接下来的半年里，我没有每天去基尔的研究所，而是到位于汉堡的施吕特大街的理论地球物理研究所。那是一个我学了很多却没有贡献很多的时期。

　　在伍兹豪尔时，克劳斯设想了由布里斯科（Briscoe）和乔伊斯（Joyce）在伍兹豪尔海洋研究所于1973年进行的三系锚泊（tri-moored）内波实验。我和弗里茨·肖特一起刚刚完成了另一项实验的内波波谱分析，已经做好了与德克·奥尔伯斯和彼得·穆勒一起分析IWEX数据的准备。在接下来的两年里，我们密切合作。在基尔和汉堡之间的频繁旅行对于保持联系是必要的。有时旅行频率如此之高，以至于我在基尔的主管认为我在汉堡有一个女朋友。1976年，我在美国寻找博士后职位，并收到了伍兹豪尔海洋研究所的邀请。这个邀请很有吸引力，因为我在IWEX期间与伍兹豪尔海洋研究所同事保持着密切联系，我大致知道在那里会发生什么。另一方面，克劳斯建议我在普林斯顿地球物理流体动力学实验室工作——我对那里一无所知——因此这更吸引我。最后，我接受了他的建议并且从未后悔过。我在普林斯顿接触了大尺度海洋环流数值模拟，并有机会与乔治·费兰德（George Philander）和柯克·布莱恩合作。这也是布莱恩和真锅淑郎（Syukuro MANABE）开发的第一个大气–海洋耦合的环流模式，首次实现了二氧化碳浓度上升对气候影响的三维模拟。

　　1980年，我再次回到基尔担任终身职位，并努力提高自己的适应能力。刚开始为家里建房子时，出乎我的意料，克劳斯打电话问我是否想在马克斯·普朗克气象研究所他的团队中工作。毫无疑问，在与家人进行了简短的协商后，我决定不得不停止建造房屋计划。在我最终回到基尔之前，在马克斯·普朗克气象研究所度过了真正令人兴奋的几年。我与克劳斯在许多其他场合的互动，例如在阿尔普巴赫令人难忘的研讨会，使约赫姆·马洛茨克涉足海洋学。这在德克·奥尔伯斯对这本书的贡献中得到了很好的描述，无须在此补充。

　　当克劳斯成为汉堡的马克斯·普朗克气象研究所的创始所长时，我记得在开幕式的早上（有官员和政要出席），他强调了气候变化预测的重要性。下午（当时只有科学家在场），他讨论了他的新的线性统计气候模式，从中得出气候变化是不可预测的结论。最初，克劳斯对大气环流模式持怀疑态度，当时大气环流模式确实远未以有效的方式描述海洋–大气动力学。当然，随着时间的推移，马克斯·普朗克气象研究所基于大气环流模式的气候数值模拟已达到国际先进水平。几十年来，克劳斯一直是我们科学领域的领军人物。最令人惊奇的是，他还能够以他的"克劳斯子"模型为一个完全不同的领域做出贡献。最后但重要的一点是，他的团队（以及我个人）也在他对国家和国际气候研究计划中的领导中受益。

4.5 彼得·莱姆克：偶然抉择？

我与克劳斯的第一次接触实属偶然。那是1975年6月，在我提交了关于准一维金属中等离子体的理论固态物理学的毕业论文以及为什么金属链中原子的无序破坏了超导性的这一问题之后，一天晚上，我冲下汉堡大学物理大楼的楼梯，沃尔夫冈·昆特正站在楼梯的中间与一位同事交谈。经过他们身边时，我无意中听到了他们谈话中的一句话："克劳斯·哈塞尔曼正在寻找从事气候研究的物理学家。"这句话始终萦绕在我的脑海中，尽管我已经决定从8月1日开始在汉堡当一名高中数学和物理教师。克劳斯正在新成立的马克斯·普朗克气象研究所寻找从事气候研究的物理学家，这听起来太有趣了，以至于我突然无法想起自己已经拥有的高中教师"铁饭碗"工作。我首先去见了沃尔夫冈·昆特，然后给克劳斯打了电话，约定了时间，在一次关于预期的"把随机方法应用于气候系统"的有趣讨论之后，我表达了强烈的兴趣。最终面试后，我再次给克劳斯打了电话，他给我提供了一份工作，让我可以攻读博士学位，同时我还被要求帮助他撰写研究报告和建议。这占用了我的一些工作时间，但对我来说，这是一个很好的学习阶段，学习如何撰写高概率获得资助的研究报告。

然而，新工作的第一次测试并不具有科学性质。马克斯·普朗克气象研究所的正式开所典礼定于1975年12月5日，我负责开幕式期间的技术设备，在"地学大楼"地下室的大演讲厅。这座建在大学里的高层大楼刚建成，但远未完工。没有什么能真正做到完美，我们每个人每个月都被困在电梯里好几次。在学习了一些关于随机模型的知识之后，在我脑海中，"地学大楼"已经显示出与某种随机生物的许多相似之处，即具有随机过程的开关功能。因此，作为一名负责技术基础设施的理论物理学家，我真的很担心所有设备的潜在故障。幸运的是，在典礼期间演讲厅一直处于稳定状态。在深深地松了一口气之后，我的心跳减慢了，并随后很享受接待过程。

克劳斯对博士研究生的态度是，倘若他们自己取得了成功，就会给他们加码（give them a long leash）。一年后，我把我的第一篇论文"随机气候模式，第3部分：纬向平均能量模型的应用"（*Stochastic Climate Models*, *Part 3. Application to*

Zonally Averaged Energy Models）①的草稿交给了克劳斯。几天后他就把它还给了我"并发表了一些评论"。不用说，作为一个乐观的学生，这些评论肯定不仅仅是评论，相反它们提供了明确的指导，说明论文应如何呈现基础知识、模型逻辑和结果。对我来说，这是另一个很好的学习过程。

1978年，马克斯·普朗克气象研究所的科学咨询委员会开会，在我发言后，普林斯顿地球物理流体动力学实验室主任乔·斯马戈林斯基（Joe Smagorinsky）邀请我在完成我的博士学位后，申请普林斯顿大学大气–海洋项目的博士后职位。克劳斯支持我的申请，最终申请获得批准。他还支持我在1979年申请伍兹豪尔极地海洋学夏季研究计划。这是一个绝佳的机会，可以在沃尔什小屋（Walsh Cottage）与隔壁的著名科学家交谈，夏季计划就是在那里进行的。克努特·阿加德（Knut Aagaard）、柯克·布莱恩、阿德里安·吉尔（Adrian Gill）、彼得·基尔沃斯（Peter Killworth）、彼得·莱因斯、梅尔文·斯特恩（Melvin Stern）、乔治·维罗尼斯（George Veronis）和皮埃尔·韦兰德坐在不同的房间里，准备进行热烈的讨论。在此期间，我开始了"北冰洋混合层季节变化模型"的工作，得到了肯·亨金斯（Ken Hunkins）、彼得·基尔沃斯和阿德里安·吉尔的许多宝贵建议和支持。

很早以前，克劳斯就派我代表他参加了几次国际会议，所有这些会议都为我提供了与著名气候科学家见面的绝佳机会，也为我自己赢得了一些认可。克劳斯正是以这种方式，为我在世界气候研究计划（World Climate Research Programme）和政府间气候变化专门委员会（Intergovernmental Panel on Climate Change）的国际工作提供了一个很好的跳板。

在完成博士学位论文《极地海冰变化的随机动力学分析》（*Stochastic Dynamic Analysis of Polar Sea Ice Variability*）之后，我在普林斯顿大学度过了令人兴奋的两年时间，这是一段个人经历和科学研究都富有收获的时期，在那里，柯克·布莱恩、真锅淑郎（Syukuro MANABE）、艾萨克·霍尔德（Isaac Hold）和其他几位来自地球流体动力学实验室的人为我提供了有价值的指导。1983年我回到马克斯·普朗克气象研究所后，继续致力于获得"海冰与大气和海洋的相互作用"特许资格，并再次得到克劳斯关于如何走正确道路的建议。

---

① 请参见Lemke, P., 1977: Stochastic Climate Models. Part 3. Application to Zonally Averaged Energy Models. *Tellus*，29，385–392。（原书注）

1988年，在我获得特许资格后，马克斯·普朗克气象研究所的前同事恩斯特·奥格斯坦（Ernst Augstein）要我申请不来梅大学（University of Bremen）以及阿尔弗雷德·韦格纳极地和海洋研究所（Alfred Wegener Institute for Polar and Marine Research）的副教授职位，几年前，德克·奥尔伯斯在那里担任教授。我的申请成功了，我计划于1989年11月转职到不来梅大学。

然而，1989年6月，汉诺威的气象学教授雷纳·罗斯（Rainer Roth）不能参加即将于9月6日至10月30日在"极地之星"（Polarstern）破冰船上进行的冬季韦德尔环流研究（Weddell Gyre Study），我被要求在短时间内接替他，并担任汉诺威气象小组的组长。当被问到我——一个被马克斯·普朗克气象研究所雇用的气候模拟研究者（a climate modeller）——是否应该参加南极冬季考察时，克劳斯说："如果我是你，我不会有丝毫犹豫。这是一个很好的机会，学习如何进行观测以及如何解释观测。"

这次科学探险在几个方面标志着我的一个转折点，代表了从汉堡到不来梅、从气候数值模拟到极地气候观测、从偶尔授课到在大学教授常规课程、从专注于自己的科学研究到指导博士研究生的转变，这一转变也意味着离开克劳斯的影响范围。在离开马克斯·普朗克气象研究所时，我有着丰富的记忆以及克劳斯和同事们提供的科学见解的可靠基础。

如今当我把这些记忆写在纸上时，我发现自己在思考可能会发生什么。如果我在1975年6月的那个晚上冲下物理大楼的楼梯早几分钟或晚几分钟，会发生什么；如果我没有抓住在很大程度上决定我科学生涯的宝贵信息，我的结果会是什么。我加入克劳斯团队的决定是一个随机的偶然选择吗？它肯定表现为一种短期强迫，引起涉及记忆的长期反应。

这一决定并不是基于纯粹的机会，但事实证明，这是一个极好的机会，让我迎来了一个有趣而充实的科学事业。

图4-5 克劳斯不仅是我们马克斯·普朗克气象研究所的负责人，也是该研究所足球队的队长
（1980年左右，克劳斯，后排左起第三人；彼得·莱姆克，前排左起第二人）[①]

4.6 马丁·海曼

遇到克劳斯

我第一次遇到克劳斯是在20世纪70年代末，当时他在伯恩大学（University of Bern）物理研究所汉斯·厄施格（Hans Oeschger）的系里举办了一场关于随机气候模式的研讨会。当时该系积极参与依据古记录（放射性碳、同位素）重建气候的工作，并正在开发从冰芯中确定过去温室气体浓度的方法。当时学术圈内普遍认为在气候记录中检测到的变化必须是由外部因素引起的。我不确定克劳斯关于随机驱动的气候变化这一有趣的概念是否引起了该部门科研工作者的重视。然而对于我们学生来说，尽管主要研究重点是气候历史和全球碳循环预算，不是气候动力学，缺乏实际意义，但这个概念听起来很吸引人。

当我在美国做博士后时，我看到了克劳斯的一些引人入胜的论文，这些论文在20世纪70年代末和80年代初作为书籍按章节出版。在这些研究中，克劳斯设想构建综

① 苏珊娜·哈塞尔曼曾用德语对这张照片评论道："这个足球队非常有趣，特别是当他们与汉堡垃圾收集队（硬汉）比赛时。一开始，我记得克劳斯在训练结束后开着我们的大众巴士回家，刚开始什么都没发生，然后门开得很慢，一条腿慢慢地出来，然后另一条腿也很慢慢地出来，他的肌肉很酸痛。"（原书注）

合地球模式，其中生物地球化学也发挥重要作用："……这需要开发一个详细的气候模式，该模式考虑到全球层面的海洋环流以及生物和化学变化……"[56]这个有远见的研究议程是我在1985年晚些时候申请到汉堡小组的关键动力。

20世纪80年代末90年代初在马克斯·普朗克气象研究所从事气象工作是一段奇妙的人生经历。克劳斯管理的马克斯·普朗克气象研究所比我以前所在的其他地方都更鼓舞人心、轻松和友好。作为一个"生物地球化学"（biogeochemical）专业的局外人，我可以从同事开发的前沿地球系统科学分析方法和数值模拟工具中受益匪浅，有时还可以成功地将它们应用到我自己的工作中。

除了科学以外，在"地学大楼"的17层和12层以及后来的"展馆"（克劳斯："我们不称这里为营房"）的生活也很有趣。每年的亮点包括在萨尔扎乌的度假、夏季旅行和圣诞节派对。当然还包括研究所内的研讨会，特别是1989年之后。

苏联"解体"之后，不断有著名俄罗斯湍流理论科学家访问马克斯·普朗克气象研究所，向克劳斯展示他们的研究成果。虽然西方的湍流理论已经转向基于计算机的显式大规模数值模拟，但我们的俄罗斯同事仍然使用铅笔和纸来计算智能的二阶、三阶甚至更高阶湍流闭合方案。这些访问使我经历了非常艰难的研讨会。通常情况下，克劳斯会在上午11点在会议室召集整个研究所各部门的工作人员。在那里我们接触两个小时，直到午餐时间，我们看到大量的手写透明胶片上写满了西里尔字母的方程式，通常出自英语不太流利的研究人员，所有这些都与一个我完全不理解的话题有关。有一次在报告进行到一半时，一张幻灯片不小心被复制到了纸上而不是透明胶片上，克劳斯立即走向复印机去做一张透明胶片。在我们等待的时候，我们听到了会议室天花板上传来的脚步声，上面正是他的办公室。然后克劳斯回来，把透明胶片交给了报告人。但他也带来了一大堆文件，在报告的后半部分他开始阅读这些文件。然而，在报告问答部分，克劳斯还提出了几个尖锐的问题，他令人吃惊地同时处理了多项工作。

克劳斯在我们专业领域的科学工作中做出了什么学术贡献

在20世纪80年代中期之前，全球碳循环在地球系统科学中被视为一系列被动连接的储存器（reservoirs）。人们曾认为，大气中二氧化碳的任何变化都会被这些储存器中碳的重新分配所抑制，潜在的重要的碳循环–气候反馈的概念仍处于起步阶段（infancy）。当从冰芯中获得最后一次冰期循环中形成的第一个温室气体浓度记录时，这种观点发生了巨大的变化。用于理解气候和生物地球化学之间相互作用的一个工具就是地球系统模式，该模式以耦合、物理一致的方式在空间和时间上详细描述了这两者之间的关系。克劳斯从20世纪70年代末开始的研究议程勾勒出了发展这种耦合模式的前进方向。事实上，克劳斯在汉堡的团队起了带头作用：恩斯特·迈尔–雷默建立了第一个与全球海洋环流模式耦合的三维海洋碳循环动力学模式。在陆面模式方面，克劳斯与奥斯纳布吕克大学（University of Osnabrück）教授赫尔姆斯·利思（Helmuth Lieth）的学生格尔德·埃塞尔（Gerd Esser）合作，建立了第一个用于研究碳循环的空间解析的全球陆地生物圈模式。然而不幸的是，该模式在许多方面过于简单，无法以有意义的方式耦合到全球气候模式中。最终，尽管取得了这些开创性的成就，又花了十年，哈德莱中心（Hadley Centre）的一个小组最终完成了第一个全球碳循环气候模式。

克劳斯在我职业生涯中上了一堂课

在汉堡期间，当我后来在耶拿成为领头者时，我从克劳斯那里学到了两件重要的事情。

下决定：克劳斯下决定很快，大部分是当场决定。例如，当我在1984年以一个名不见经传的博士后的身份访问该研究所后，他就给了我一份工作。当我在第二年的一封信中提到这份工作时，我在3个工作日内收到了一份带着准备好的合同的回复（这在现在是完全不可能的，即使是对于马克斯·普朗克气象研究所的所长而言也是如此）。不管是对还是错，克劳斯总能很快做出一个决定。在极少数情况下，当一个人可能有更好的选择时，他可以质疑这个决定，克劳斯也会接受修改，但任何选择都必须令人信服。

热带温室：克劳斯曾提到，他把该研究所及其成员想象成一个充满快速生长的植物的热带温室，他自己的角色是园丁，只需要在这里放一些肥料，在那里放一些水，也许在那里剪一两根树枝。但这些植物被允许自己蓬勃生长。这个比喻很好地反映了我们科学家为了追求自己的想法所经历的鼓舞人心和非常自由的环境。

图4-6　1990年在汉堡的合影

4.7 克里斯托夫·海因策

对克劳斯的个人回忆

在我取得海洋学学位后，我向马克斯·普朗克气象学研究所询问了我是否有攻读博士的机会，我被邀请接受克劳斯·哈塞尔曼的面试。

这是一次非常愉快和完整的面试，最后克劳斯告诉我，如果我愿意，我可以开始工作，我感到非常惊喜。他还告诉我，我可以自由敲开所有马克斯·普朗克气象研究所研究人员的门，了解更多关于在马克斯·普朗克气象研究所工作的情况。敞开的大门、完全信任和自由——所有这些都非常吸引人。

克劳斯在我从事领域的科学工作中留下了什么财富

在气候背景下的海洋生物地球化学方面，克劳斯·哈塞尔曼推动了塑造和改变（shaping and changing）地球气候相关的海洋碳循环各个方面的研究。克劳斯和恩斯特·迈尔–雷默之间卓有成效的合作完成了第一次无机碳和有机碳循环的全球模拟，包括一个"简单的可预测的大气储存器"（simple prognostic atmospheric reservoir）。恩斯特和克劳斯分别于1987年发表的论文[84]包括现代海洋地球系统数值模拟所有关键特征，它很好地阐述了无机碳化学和海洋环流对从大气中吸收人为二氧化碳的重要性。同时，该文记录了一个事实，即完全基于无机碳循环的海洋模式永远无法根据海洋观测进行验证，因为碳和碱的内部结构（与碳吸收相反）由有机（即生物驱动）碳循环主导。因此，生物过程也被包括在模式中，以表明它是有效的。1987年的论文还涵盖了不同的二氧化碳排放情景、海洋的相应吸收和大气的滞留时间之间的关系。因此，该文预测了政府间气候变化专门委员会的排放情景特别报告（Special Report on Emissions Scenarios，SRES）、有代表性浓度途径（Representative Concentration Pathways，RCP）报告和RCP报告随后说明的问题以及共享社会经济途径（Shared Socioeconomic Pathway，SSP）报告的情景和相关预测：减少二氧化碳排放可有效地帮助海洋缓冲（buffer）多余的二氧化碳，而强烈的二氧化碳峰值排放会导致大气中二氧化碳浓度升高，因为海洋混合在动力学上无法缓冲排放到足够程度。

克劳斯促进和推动了汉堡海洋碳循环模式（Hamburg Ocean Carbon Cycle Model，HAMOCC模式）的进一步发展，仍然影响着现代地球系统模式的发展，因为它们包含了一个互动的碳循环，以提供定量的充分的气候预测。除此之外，他还使研发海洋碳循环模式成为可能，因为他有远见地发展了一个快速物理预报海洋水团模式（Fast Physical Prognostic Ocean Water Mass Model），即大尺度地转海洋环流动力学模式（Dynamical Large Scale Geostrophic Ocean General Circulation Model，LSG模式）。在20世纪80年代末和90年代初，该模式是极少数（可能不是唯一的）能在至少2000年的模式时间内可积分到完整的准平衡模式的海洋动力学格点模式之一。大尺度地转LSG海洋环流模式和HAMOCC模式的结合，在当时是一个无与伦比的模式组合，因为它们允许无漂移的极长时间积分，同时以惊人的绝佳方式描述海洋物理和生物地球化学过程的关键特征，这项数值模拟工作远远超前于时代。

克劳斯的个人建议对我职业生涯的帮助

作为博士研究生和科研人员，克劳斯给了我很多建议。对于我在攻读博士学位期间的研究，克劳斯对如何把古气候档案和敏感性研究的结果与HAMOCC模式结合起来提出了一个奇妙的建议，根据HAMOCC模式的参数变化和由此产生的海洋示踪剂变化以及大气中二氧化碳浓度的相关变化，来估计出导致大气中二氧化碳冰川下降（glacial drawdown of atmospheric carbon dioxide）的各种假设的最大可能性，这个建议写在我们参加的一次会议的大厅里的一张纸上。事实证明这是一笔真正的财富，也是我进一步攻读博士学位的基石。

克劳斯的思维方式如何影响我的科学工作

除了更多地以多变量和概率的方式来思考，而不是以简单的因果关系来思考之外，人们还想到了对科学协作的普遍态度。我记得克劳斯桌子上的那个玻璃长方体，上面记录了他因无私合作而获得的一个奖励。我想："这是一个非常好的奖励，也是克劳斯处理科学过程的方式的特点。"与他人一起创造一些东西，而不关注自己的得失，这有助于人们关注科学工作的真、善、美，尤其是在日常工作中遇到困难的时候。

4.8 莫吉布·拉蒂夫

对克劳斯的个人回忆

克劳斯在我的职业生涯中一直支持我，我非常感谢他。比如说，他曾彻底修改了我早期研究论文的初稿，这也让我学会如何写科学论文。克劳斯还教我如何写项目申请书，这在我后来的科研生涯中也帮了我很多忙。然而，最重要的是，从我还是研究生开始，他就一直非常关心我。知道我有严重的健康问题，克劳斯甚至联系了一位医生，为我预约了时间，由此看出他是多么关心我的身体健康。可以说克劳斯在各个方面都是我的导师。

克劳斯在我从事领域的科学工作中留下了什么学术财富

对我来说，基于随机气候模式概念的气候变化解释是克劳斯在气候变化领域取得的最重要的科学成就。20世纪70年代中期发表的随机气候模式彻底改变了气候变化领域。随机气候模式提供了一个良好的框架，其中气候变化是气候的显著特征之一，可以通过表现出截然不同的内部时间尺度的气候子系统之间的相互作用来理解。随机气候模式的概念可以应用于从季节到数千年的一系列时间尺度上的气候变化。如今复杂的地球系统模式可以积分数千年，足够研究上一个冰河期期间和之后的气候系统动力学。这些模式，除其他外，包括交互式冰原动力学（ice sheet dynamics），非常支持气候变化在数几千年时间尺度上的随机性。与从标准气候模式（模拟大气–海洋–海冰系统）获得的谱相比，从地球系统模式获得的谱"更红"，也就是说，变异性在百年时间尺度之外不断增加。

克劳斯对我职业生涯的个人建议

优秀的工作总是占上风，同事们将认可高质量的研究。

克劳斯的思想如何影响我的科学工作

我试图从随机的角度理解气候变化和气候可预测性，克劳斯还教我把事情放在更广阔的背景下去理解。

4.9 汉斯·格拉夫

　　这是我对二三十年前发生的事情的一些个人看法，由于我从未写过日记，其中一些细节可能没有历史学家所希望的那么准确。

　　1987年春天，我在汉堡大学的一次研讨会上做了演讲。在那里，作为铁幕后面（铁幕已经开始生锈）的客座演讲人，我第一次见到了克劳斯。我一直在研究可能导致厄尔尼诺现象的过程。由于我在东柏林洪堡大学缺乏可用的数据，这次演讲基于概念性的想法和假设。在我开始详细阐述我的想法后不久，坐在前排中央的克劳斯似乎开始打瞌睡。"就这样……"，我觉得"……太无聊了"。但令我惊讶的是，在我结束演讲并沉浸在礼貌的掌声中时，克劳斯的手举起来，他开始向我提出详细的问题，他明白我用英语表达的意思。最重要的是，他非常支持我，邀请我在合适的时候接受马克斯·普朗克气象研究所的五年固定职位，让我既惊讶又满意。虽然我不能（或被允许）立即接受他的邀请，但这使我更加自信。在1988年和1989年我对马克斯·普朗克气象研究所进行了两次长期访问之后，我终于在1990年接受了这个职位。那时，我有可能和家人一起搬到汉堡：德国终于重新统一了。同时，我将克劳斯的主交互模式（Principal Interaction Pattern，PIP）和主振荡模式（Principal Oscillation Pattern，POP）概念纳入了我的研究，并正在研究对流层和平流层环流之间的相互作用，这一过程后来对于解释大型火山爆发后的大陆冬季变暖非常重要。

　　当我在1991年1月开始我的五年合同时，克劳斯最初建议我可能有兴趣将当时时髦的气候模式ECHAM2用于古气候研究。这是他的典型作风——提出建议而不是下达命令。

　　外部世界发生的事件很快结束了我的编程工作。首先，媒体对海湾战争期间科威特燃烧的油井做出了反应，报道了类似于核冬天的全球世界末日后果。我们在茶室里对这些相当极端的景象进行了持久而有争议的讨论，其中我曾说过，由于中东地区普遍存在非常强烈的逆温层，相关的影响只会在冬季局部出现。克劳斯也加入了进来，当天结束时，他建议整个研究所都参与进来。我收到了他的长皮鞭。所有关于气候的研究工作都被搁置了几周，至少有十几个人，最终只完成了一篇论文并很快被接受在《自然》杂志上发表，文中提出，喷发的煤烟对油井的影响只是局部的。我们没有包括夏季的模拟。这是我第一次深入接触气溶胶科学。

1991年6月，皮纳图博火山（Mt. Pinatuboe）喷发时，我问克劳斯是否赞成研究大规模火山喷发的影响。他建议向联邦教育和科学部（the Federal Ministry of Education and Science）提交一份申请书，该申请书在两个月内被接受。我收到了自己主持项目的第一笔研究资金，这标志着我独立科学研究的开始，我也有了自己的研究小组。

大约一年后，当我们对皮纳图博火山的研究进展顺利时，克劳斯把我叫到他的办公室，告诉我他希望将大气化学纳入气候研究。在我看来，随着马克斯 · 普朗克气象研究所的化学在大气研究中变得相当强大，我们的研究所应该发挥领导作用。最后，克劳斯给了我一个永久职位，条件是我专注于人气化学。马克斯 · 普朗克气象研究所的永久职位！除了在学校学到的化学知识之外，我对化学一无所知，所以我花了一天时间来考虑这一提议，他答应了我，说："如果你聪明，你可以做任何事情！"第二天，我建议把注意力集中在气溶胶上，把它作为物理和化学的结合，这会给我更多的信心，我想这是个聪明的主意。克劳斯接受了我的建议，我开始了我的气溶胶研究阶段，这一阶段以联邦教育和科学部资助的国家气溶胶项目为高潮，最终带来了许多宝贵的联系，包括与美因茨（Mainz）的马克斯 · 普朗克气象研究所化学部门的密切合作。

克劳斯在2002年给我的最后一条伟大建议是，接受剑桥大学新设的环境系统分析教席和教授的职位。他不同意我对剑桥大学缺少联系和缺乏气候研究活动的意见，指出："一旦你到了那里，你就可以做任何你想做的事情！"

这一次……他又是对的。

4.10 加布里埃尔 · 黑格尔：那老头

我第一次见到克劳斯是在我来汉堡参加博士后面试时，汉斯 · 冯 · 斯托奇和克劳斯显然认为我有点不寻常，这不仅仅是因为我的巴伐利亚口音很重。克劳斯发现我对气候有兴趣，我不寻常的博士课题和语言都很有趣，他们雇用我研究一个非常令人兴奋的课题，即气候变化的探测（detection of climate change）。我追随本 · 桑特的脚步，直接与克劳斯和汉斯一起工作，或者更确切地说，一开始主要与汉斯一起，因为克劳斯太忙，且可能被认为太令人胆怯。对于像我这样的气候科学新手来说，他的意见也需要翻译。看到克劳斯在当时，甚至现在，在马克斯·普朗克气象研究所中的巨大影响力是很有趣的！我唯一一次遇到这种程度的钦佩是在一场音乐会结束后和慕尼黑爱乐乐团的演奏者一起，注意到他们是如何谈论他们当时的指挥的。在这两种情况下，这都与人们对一个已经掌握其所在领域并能够做一些我们只能梦想的事情的人的钦佩有关。对我们而言，他是老板、导师，是设定主题、指导我们工作的人，是看到我们科学论证的缺陷但立刻有惊人想法来解决这些问题，他是决策者，是知道该去哪里的人。在萨尔扎乌的年度务虚会上，在克劳斯面前展示成果是一个宝贵的机会，但也相当可怕。如果一个人的工作中有任何缺陷——而且肯定会有缺陷——那么克劳斯肯定会发现它。每个人都看到他在研讨会上愉快地打瞌睡，结果醒来问了一个问题，这个问题真正抓住了那个问题的深层次问题，即不合理的假设、行进的方式（pedestrian approach）或问题的核心（core of the problem）。我知道很少有科学家能够做到这一点——发现这个大问题并抓住它。所以，克劳斯是一位罕见的真正杰出的科学家。难怪这次机会和"磨难"的幸存者在萨尔扎乌演讲后会参加许多放松活动。

克劳斯在很大程度上塑造了气候科学领域，我最欣赏他的两项工作是他的随机气候模式[38]和信号检测方法[54, 110, 129]。他的成果仍然经常被引用，他对这个问题的思考方式塑造了这个领域。我们不再寻找一种可以非常简单地与论证链（chains of argument）联系起来的确定性反应（deterministic response）。相反，我们寻找整合了天气现象和其他噪声并发生了谐振响应（resonating in response）的气候系统，这对我来说也适用于上千年火山活动的作用，短暂的剧烈冲击导致低频率变化，如小冰河期（Little Ice Age）。当然，我非常偏爱信号检测——克劳斯1979年的论文[54]第一次为如何实现这一目标制定了框架，虽然这个想法已被科学共同体重塑，但它幸存了下来，他的相关论文仍然经常被引用。顺便说一句，我的博士生最近重新发现了主振荡模式（principal oscillation pattern）[86]，克劳斯反对在综合评估数值模拟（integrated assessment modelling）中不考虑未来对气候损害的观点，教会了我们如何思考气候变化和缓解气候的好处。但是，我仍然认为随机气候模式是克劳斯所有想法中最棒的。

图4-7　会后喝点饮料放松一下，与恩斯特·迈尔–雷默和乔格·沃尔夫（Joerg Wolff）在一起

图4-8　克劳斯在狼吞虎咽地吃他获得的奖品

除了教我很多关于气候科学的知识外，克劳斯还教了我三点基本的实用知识。

第一，花大量时间润色论文并尽量使其完美是值得的。我永远不会忘记那个漫长的夜晚，我需要在出发前提交论文[135]。我以为已经挺不错了，但克劳斯认为还不够。所以一整天我收到了一大堆从楼上房间传递到我办公室的潦草的修改。晚上9点左右，他点了比萨，并交给我他最后的修改。我把论文修改完打印出来，然后把它装进了一个快递箱（当时就是这样）。当然，他的修改几乎难以辨认，但如果我这次不能设法破译它们，下次它们就会完全一样地回来，这是可预测的！当他从叙尔特岛用传真把方程式传过来时，阅读他的笔迹更加困难。我们曾经进行过一场关于如何在实践中优化指纹（optimise the fingerprint in practice）的辩论——很难破译传真过来的书写潦草的方程式。一旦成功，更困难的任务就是理解它们。

第二，把重要的事情做好，把注意力集中在自己最专注的事情上，把更少的精力放在不那么重要的事情上。我不断对自己重复这句话——你想在中期项目报告或委员会报告中做出完美的研究是不需要的。

第三，研究和生活都充满了机会，没有必要固执地继续做一个目前正在做的事情。如果所研究的方向太火了，好的材料已经发表了，那么继续寻找新的问题。尝试一些疯狂的事情，但不要被困在同样的事情上。我也试着这样做，有时也很有效。按照克劳斯的建议，至少有时，会获得许多真正有趣的研究机会。他的乐观情绪也延伸到了政治领域：他说，人们将会理解气候变化的重要性，它需要得到解决，我们会解决这个问题。我当然希望我们能做到，希望未来能证明他是对的！

4.11 徐劲松

我属于年轻一代，认识克劳斯时，他是一位只对科学感兴趣的慷慨大方的领导，尽管我花了一些时间才意识到这一点。1987年，我在马克斯·普朗克气象研究所跟随汉斯攻读我的博士学位，致力于利用主振荡模式（Principal Oscillation Pattern，POP）预测厄尔尼诺–南方涛动（ENSO）。那时的我对克劳斯几乎一无所知。我记得在某个时候我需要和他谈谈。我去见他时很紧张，但只能见到艾尔莎·拉德曼。"哈塞尔曼先生正在开会"，她厉声说道。这就是我对克劳斯的早期印象，不容易接近的领导。

像许多年轻的科学家一样，我也渴望展示我的研究结果。我当时的问题是，我不知道如何才能吸引克劳斯的注意。该研究所有许多伟大的科学家，比如莫吉布（Mojib），他一夜之间在TOGA科学共同体中成名。他们中的一些人，比如汉斯，说话总是很大声。所以，我唯一能吸引克劳斯注意力的方法就是演讲。但大多数演讲不顺利，因为克劳斯通常在两分钟后开始提问，然后主导了整个讨论。我们需要做点什么。我发现他喜欢甜食，所以再次轮到我演讲时，我带了一盒太妃糖（Toffiffee）。这能让他忙着咀嚼，但时间不会太长。

我从彼得 · 穆勒和德克 · 奥尔伯斯等老同事那里了解了更多关于克劳斯的信息。事实上，我作为气象学家从彼得 · 穆勒和德克 · 奥尔伯斯那里（更确切地说是从他们的书中）学到了物理海洋学。无论是从基本方程还是从这些方程推导出的各种近似方程式中，他们理论的严谨性和精确性给我留下了深刻的印象。我有预感，彼得和德克的工作方式很可能与他们的导师克劳斯有关。彼得描述了他离开克劳斯小组后的经历，他惊讶地发现克劳斯是个例外：当你离开马克斯 · 普朗克气象研究所后，你会认识普通人。

我得到的克劳斯最难忘的照片是我完成博士学位后不久在他60岁生日的座谈会上给他拍摄的照片。一些世界知名人士参加了座谈会，克劳斯发表了他著名的"克劳斯子"理论演讲。和许多其他人一样，我一个字也不懂，但我记得他说过："你可以问我，但你不能阻止我。"这是我目睹的一个真正科学家的演讲！

4.12 汉斯 · 冯 · 斯托奇

遇到克劳斯

当我第一次进入气象学领域时，作为一名刚毕业的数学工作者，在甘特 · 费舍尔团队工作，我在克劳斯工作的"地学大楼"地下两层工作。我知道有一个马克斯 · 普朗克气象研究所，我的两个朋友在那里攻读博士学位，但我不知道他们做什么，也不知道克劳斯是谁。我直到1982年或1983年才见到他，当时克劳斯组织了我们"步兵"（foot soldiers）称之为"吕特延西派对日"（Lütjenseer Wendeparteitag）的活动，我们大学的小组也被邀请参加。这是因为克劳斯已经确认他的研究所的准现实模拟能力已经达到相当成熟的程度，其正在进行的工作可以安置在马克斯 · 普朗克气象研究所。而我们的团队，特别是埃里希·罗克纳和乌尔里希·施莱塞（Ulrich Schlese）将非常有助于实现这一目标。我不得不做一个演讲，我决定讨论模式模拟集合的统计比较，并继续讨论非参数方法。克劳斯不喜欢它，他试图教我红白噪声（red and white noise）的意义，我对此一无所知。他可能是对的，但我不想接受，这一切都以一场毫无建设性的激烈辩论结束。后来，恩斯特·梅尔−雷默用一杯好啤酒安慰我。第二年我获得了我的"特许资格"。多亏了甘特·费舍尔，他随后建议克劳斯聘用我。当我们见面聊天时，我提到了我们在吕特延西（Lütjenseer）的"讨论"，但克劳斯只是挥手表示这不相关。当雷默·吕斯特把他招聘到马克斯·普朗克气象研究所时，我发现他也有过类似的经历。吕斯特参加了克劳斯在大西洋酒店（Atlantic Hotel）举行的那场声名狼藉的演讲。在那场演讲中，克劳斯在投影仪上放了很多幻灯片，屏幕上一片漆黑，克劳斯回忆起这件事时有点尴尬。

我被录用，并且进入了一个崭新的科学世界。最终，我读了詹金斯（Jenkins）和瓦茨（Watts）的书，了解了红白噪声、检测和归因等知识，与弗朗西斯·兹维尔斯（Francis Zwiers）合著了《气候科学中的统计分析》（*Statistical Analysis in Climate Science*），并和难以忘却、令人怀念的恩斯特·迈尔−雷默喝了更多的啤酒，多么荣幸啊！

至于克劳斯本人，他总是慷慨大方，大多时候是迷人和幽默的，但在科学方面却很严厉和缺乏耐心。一个问题是，他的发音通常很难理解——但现在我知道为什么了：他的演讲通常不是与他人的交流，而是伴随着他思考的声音。每当他喃喃自语时，他仍然在做他的智力分析。

克劳斯在您从事的科学领域留下了哪些学术遗产

克劳斯为应对许多科学挑战做出了贡献，但我只了解他在气候系统随机框架、海浪数值模拟以及气候与社会联系方面的成就，也许还不完全。虽然前两项工作显然取得了巨大的成功，但我对后一项工作持保留看法。

真正重要的部分是他的统计思维，这一概念后来被封装在"主交互模式"（Principal Interaction Patterns）概念中。根据这一概念，系统的整个相空间被分为两个部分，一个小的低维部分，其中发生关键的动力学。其余部分则具有非常高的维度，是第一部分的从属部分，并通过条件统计模型（通常称为参数化）反馈到动态核心。这一概念已经包含在他的第一次意外发现中，即随机气候模式，该模式预测气候系统将会出现长期变化，而不会在这些时间尺度上产生强制作用："没有火的烟雾"。这种"噪声"在识别动力学和相互联系时不仅是一个麻烦，而且也是动力学中的一个通用部分。1979年，他的第二个意外发现是对这种不可避免的无端变化（unavoidable unprovoked variability）、噪声和任何反映外部强迫存在信号的区分。检测和归因的概念（detection-and-attribution concept）就是由此发展而来的，证明了温室气体排放正在改变地球气候的说法是合理的。

他的第三个意外发现的第一部分是1988年的主交互模式，他已经开发了一个早期版本，并将其命名为主振荡模式（Principal Oscillation Patterns），他要求我将其注入实际生活，我这样做是以简单化和通俗化为代价的。为此他发明了主交互模式，这是他的第三个发现的第二部分。他的前两项成就改变了气候科学及其在全球经济和政策制定中的作用。作为一个抽象概念，第三个概念塑造了我的思维。

克劳斯试图扩展将社会作为气候系统的一个组成部分的想法。然而基本假设，即具有"主导动力学"（dominant dynamic）的低维度子空间的持续存在（persistent existence of a low-dimensional subspace），与社会动力学（societal dynamics）的关系是值得怀疑的。我不相信这样的子空间可以存在足够长的时间，并认为它会受到各种各样的非均质的文化结构的制约。

克劳斯的思想是如何影响您的科学工作的

他的思想指导我以主交互模式的精神对气候系统进行概念化，并在"主导动力学"的适当低维度子空间（appropriate low dimensional subspace）中进行检测和归因。他使我相信噪声在全球和区域尺度的气候系统、大气和海洋中无处不在。我最近的研究兴趣是，并且还将继续是，在边缘海中出现的这种（流体动力学）噪声及其尺度依赖性。

他的思维也影响了我去发问：为什么？证据在哪里？被隐藏的隐性假设是什么？

克劳斯的哪条个人建议对您的职业生涯有帮助

我记得的唯一一条建议是"别担心，时机一旦成熟，一扇门就会为你打开。当你擅长某件事，并且对它感兴趣时，一个申请或工作的机会就会出现"。现在我把同样的建议告诉我自己的博士生和同事，这非常有用。

虽然没有采取明确的建议，但他的管理方法已经告知了我自己，永远不要寻找财务规划的细节。辛兹佩特（Hinzpeter）在此背景下的信条是，"号码其实不是数字"（Eine Zahl ist keine Zahl），但你的决定完全是基于考虑与工作和事情的相关性，同时记住个人交情，在大多数情况下立即决定。就其本身而言，增加同事的数量和资金的投入并非管理一家研究机构的合法目标。

4.13 帕特里克·海姆巴赫：与克劳斯的互动

那是1993年春天，我在波恩大学刚刚取得物理学学位（Diploma Physics），我很想把我的研究课题改为气候研究。我第一次申请汉堡大学的博士研究生资格失败了，这让我很失望。这是我在马克斯·普朗克气象研究所面试的背景，在那里我第一次见到了克劳斯和苏珊娜。在一天的访问结束时，克劳斯向我解释说，气候动力学部门目前没有空缺，但他们"种子组"（Seegangsgruppe）正在寻找一名学生。我不太清楚这到底是怎么回事，但我还是立即接受了这个提议，因为我对那个人以及那天的互动印象深刻。我学到的两个初步的个人经验是：（1）通常情况下跟着直觉走是好的。（2）有时最初的拒绝为更光明的结局打开了大门。

因此，1993年夏天，我开始了海洋表面波（ocean surface waves）的遥感和数值模拟研究工作。其背景是最近发射的第一颗ERS-1欧洲遥感卫星，该卫星开辟了在全球准常规基础上观测海洋表面波的前景以及对第三代海浪模式进行详细验证的能力。一个具体的科学问题涉及长距离的涌浪传播（swell propagation over long distances）和消散过程。事实上，我们正在进行一项经典的野外实验，这项实验是由沃尔特·蒙克和包括克劳斯在内的同事们在20世纪60年代初进行的，当时涌浪（swell）沿着一个大圈在太平洋上传播[18]，但现在使用的是遥感技术，这为我研究这个问题提供了一个广泛的视角，也让我深入了解了克劳斯的早期工作。①

我开始工作后不久，有更多的惊喜等待着我。在我开始工作的几天内，一组来自美国的研究人员访问了马克斯·普朗克气象研究所，克劳斯邀请我参加他们的会议，尽管我几乎完全不了解这个领域。几个月内，我第一次去乌得勒支的荷兰皇家气

---

① 有一部关于这个实验的30分钟的漂亮纪录片，我认为这是教授海洋表面波浪时必看的一部纪录片，由沃尔特·蒙克讲述，克劳斯在其中有几次简短的露面。请参见https：//www.youtube.com/watch？v=MX5cKoOm6Pk。（原书注）

象研究所（Koninklijk Nederlands Meteorologisch Instituut，KNMI）庆祝出版了一本《海浪动力学和数值模拟》（*Dynamics and Modelling of Ocean Waves*）的经典书籍[244]。这些都是克劳斯对人的信任以及他发展深层团队意识，使研究团队获得成功的几个例子。

在这个过程中，我们吸取了更多的教训，例如：（3）我在理论物理中所学的关于粒子和场的知识也可以应用于海洋学，如克劳斯所开创的那样。（4）可以说，海浪研究为气候科学提供了基础培训，至少，这是小的"种子科学"在一个大型气候研究所为它的"存在理由"（raison d'être）辩护的几种方式之一，有时甚至以一种有点半开玩笑的方式（tongue-in-cheek manner）。然而目前人们对这一主题重新产生的兴趣在一定程度上证明了这一点（如Villa Bôas等，2019年）。①

我是小组中第三个"莱茵交际舞伴"（Rheinländer），仅次于雷纳特·布罗科普夫（Renate Brokopf）和格奥尔格·巴泽尔。雷纳特的饼干盒（总是装满了"王子饼干"）确保我们能定期得到克劳斯的探访。多年来我一直代表小组参加各种项目会议和专题讨论会，因此获得了"旅行博士候选人"（Reisedoktorand）的称号。②

到我产出科学成果的时候了，"已经很漂亮了"（Schon sehr schön）是我经常听到的。"非常好的开始"（Very nice for a start）可能是一个精确的翻译，但准确的翻译会强调一个事实，即还有很多工作要做。这些话说明了克劳斯的指导方式是人性化的，他总是鼓舞人心，设定积极的基调，但同样清楚地向学员传达他或她所完成的工作在许多方面仍然不够。学员们经常被导师的深刻见解所淹没，他们会离开会议，想知道他或她如何才能超越"已经很漂亮了"。拯救我的可能是，克劳斯将其丰富的视角编织成了一个关于气候系统的复杂故事，从物理加工到社会互动。

很难从克劳斯对该领域产生的众多持久影响中选出一个，对本书有贡献的其他人在表面波数值模拟和遥感方面提供了说明（参见克劳斯本人最近的一篇综述[176]），因此我将重点介绍克劳斯本人没有完成的工作，但他很有远见并支持这项工作，这

---

① 请参见Bôas，A. B. V.，et al.（2019）. Integrated Observations of Global Surface Winds，Currents，and Waves：Requirements and Challenges for the Next Decade. *Frontiers in Marine Science*，6，2219-2234. https：//doi.org/10.3389/fmars.2019.00425。（原书注）

② 对我产生影响且值得注意的地方和人包括：在伊夫雷默（Ifremer）遇到的伯特兰·查普朗（Bertrand Chapron）和哈拉尔·克罗斯塔德（Harald Krogstad）以及在葡萄牙里斯本1998年世界博览会上遇到的大卫·哈尔彭（David Halpern）。（原书注）

些工作对我作为麻省理工学院卡尔·温施博士后的工作非常重要。这是关于开发一个软件工具，最初由拉尔夫·吉林（Ralf Giering）和托马斯·卡明斯基（Thomas Kaminski）在马克斯·普朗克气象研究所开发，后来在麻省理工学院成熟起来，它可以"区分"一个模式代码，即通过"自动区分"生成表示某些模式输出相对于某些输入的导数的代码。[①]该工具将被证明是美国国家航空和宇宙航行局海洋数据同化联盟"估算海洋环流和气候"（Estimating the Circulation and Climate of the Ocean，ECCO）的关键，该联盟已有20年的历史，涉及马克斯·普朗克气象研究所的前成员和现任成员〔如马洛茨克（Marotzke）等人，1999年；施塔默（Stammer）等人，2002年；海姆巴赫（Heimbach）等人，2019年〕。[②]

我对克劳斯个人的、深刻的、持久的印象是他是一个有卓越能力的人，不仅在智力上，而且作为一个人，慷慨、体贴、不受诱惑、富有幽默感。后者在这段结尾性的轶事中闪闪发光：这是一个老人的故事，他经常带着一本小册子出现在"地学大楼"的大厅里，声称证明了 π 是一个有理数。有一次，克劳斯（带着微妙的讽刺微笑）沉思着，也许克劳斯最好加入这位老人的行列，分发自己关于"克劳斯子"的作品。

4.14 尤格·沃尔夫：脆饼干

夏威夷有一个会议，我很想参加。为了得到许可，我抓起一块用面粉、奶油和糖做成的脆饼干，放在一个小盘子里，直接去了克劳斯的办公室。艾尔莎·拉德曼允许我进入。我告诉克劳斯，这是一次讨好他的行为。他渴望地看着那块脆饼干。我提

① 请参见Giering, R., & Kaminski, T.（1998）. Recipes for adjoint code construction. ACM Trans Math Softw, 24（4）, 437–474. https：//doi.org/10.1145/293686.293695。（原书注）

② 请参见Marotzke, J., Giering, R., Zhang, K. Q., Stammer, D., Hill, C., & Lee, T.（1999）. Construction of the adjoint MIT ocean general circulation model and application to Atlantic heat transport sensitivity. *Journal of Geophysical Research*, 104（29）, 529–548. https：//doi.org/10.1029/1999jc900236。

Stammer, D., Wunsch, C., Giering, R., Eckert, C., Heimbach, P., Marotzke, J., Adcroft, A., Hill, C. N., & Marshall, J.（2002）. Global ocean circulation during 1992—1997, estimated from ocean observations and a general circulation model. *Journal of Geophysical Research*, 107（C9）, 3118：1–27. https：//doi.org/10.1029/2001JC000888。

Heimbach, P., Fukumori, I., Hill, C. N., Ponte, R. M., Stammer, D., Wunsch, et al.（2019）. Putting It All Together：Adding Value to the Global Ocean and Climate Observing Systems With Complete Self-Consistent Ocean State and Parameter Estimates. *Frontiers in Marine Science*, 6, 1–10. https：//doi.org/10.3389/fmars.2019.00055。（原书注）

出了我的想法，他接受了，并吃掉了饼干。

4.15 本·桑特：与克劳斯的旅行道路

我对克劳斯最喜欢的一段记忆是，20世纪90年代初我和他一起去美国博尔德参加国际探测和归因小组（International Detection and Attribution Group，IDAG）的一次会议，当时克劳斯正在起草一份草稿，这份草稿后来成为他1997年关于"指纹检测"（fingerprint detection）的开创性论文[129]。当我们登上飞往丹佛的国际航班时，克劳斯告诉其中一名乘务员，我们正在从事重要的科学研究，并询问其商务舱是否有安静的座位。

我从未有过礼貌地要求免费升级商务舱的机会，但克劳斯成功了。我的"教训"是，与一个能够传达——甚至是对那些不认识他的人——安静的权威感、优越感和"非凡的"（außergewöhnlich）①的印象的人一起旅行，会有所帮助。

而克劳斯就是"非凡的"，我从未见过像他这样的人。这本书中的文章肯定会证明克劳斯在气候科学的许多不同领域做出了非凡的贡献。随机气候模式，PIPs 和 POPs，人为信号的最佳检测，冷启动效应的说明，海浪模式的开发，探索气候变化的经济影响。这份贡献清单很长也很杰出，每一份都突出了克劳斯从新颖有趣的角度看待复杂气候系统的独特能力。

虽然这种远见和科学才华是"非凡的"，但将远见和才华与非常人性化的品质——谦逊以及对世界和周围人的深切好奇心——结合起来，才是真正的非凡。

话题回到我们飞往丹佛的航班上。克劳斯撰写了气候动力学论文，递给我一份草稿，并征求我的意见。我觉得看杂志或睡觉是不礼貌的，如果你的老板在从德国飞往丹佛的航班上改变了人为信号检测的世界，你不能睡着，而要打起精神来。

在美国国家大气研究中心的国际探测和归因小组会议期间，克劳斯为该小组确定人为变暖信号的努力提供了科学指导。他提醒我们关注模式的力量。正如他在1979年著名论文[54]中所写，"有必要将信号场和噪声场视为多维矢量，并相应地针对这个多元统计场进行显著性分析，而不是根据单个网格点的统计进行显著性分析"（It

---

① 兰根谢德（Langenscheidt）对"außergewöhnlich"的翻译是"非凡、卓越、杰出"。（原书注）

is necessary to regard the signal and noise fields as multi–dimensional vector quantities and the significance analysis should accordingly be carried out with respect to this multivariate statistical field, rather than in terms of individual gridpoint statistics）。或者简单地说是查看模态，而不是单个网格点，模态分析（Pattern analysis）为你提供了区分自然的内部变化和对人为温室气体增加的强制反应的能力。

这是一个至关重要的见解，它为"数百项气候变化检测和归因研究提供了一个统计路线图"——这些研究最终确定了许多独立观测的气候变量中的人为指纹（human–caused fingerprints）。[①]

在美国博尔德的国际探测和归因小组会议结束后，克劳斯和我在返回德国前的一个空闲的下午，我们开车去了落基山脉。

那是多么奇妙的经历啊！在汉堡由于有大量的科学家、学生和来访者想见他以及秘书拉德曼夫人对他日程安排的严格管控，很难获得几个小时不间断的"哈塞尔曼时间"，我现在有了这个特权。

所以我们开车去了埃斯特斯公园（Estes Park），那是通往落基山国家公园的大门。我记得在飞机上和会议室里度过几个小时后，在埃斯特斯公园散步，并欣赏落基山脉的壮丽景色，感觉是多么美好。我还记得克劳斯的仁慈，他真的对我作为一个人感兴趣，而不仅仅是作为一个科学家。对于一个年轻的博士后来说，这次驱车经历可能会引起焦虑和恐吓，却是真正值得纪念的几个小时，是一次关于生命和科学的迷人对话的机会。

克劳斯·哈塞尔曼在他的科学生涯中完成了许多伟大的成就，他发表了一些开创性的研究成果，他领导的一个研究所后来成为世界领先的气候数值模拟研究中心。他帮助世界认识到，人类不仅仅是气候系统中天真的旁观者（not merely innocent bystanders）——人类活动正在积极地改变地球气候。但除了所有这些伟大成就之外，他还对一代又一代的同事和学生的生活产生了"明显的影响"，他的贡献将与他对气候科学的所有贡献一样持久。

① 请参见Santer, B. D., C. Bonfils, Q. Fu, J. C. Fyfe, G. C. Hegerl, C. Mears, J. F. Painter, S. Po-Chedley, F. J. Wentz, M. D. Zelinka, and C.–Z. Zou, 2019: Celebrating the anniversary of three key events in climate. *Nature Climate Change*, 9, 180–182. https://doi.org/10.1038/s41558–019–0424–x。（原书注）

4.16 乌尔里希·库巴什：博士后如何成为IPCC报告的主要作者

我和克劳斯·哈塞尔曼的第一次接触是在英国雷丁的欧洲中期天气预报中心，当时我正在开发下一代预报模式。我的同事向我提到，克劳斯——他们给他起了"凯撒大帝"（The Kaiser）的绰号——将大约花两周时间在雷丁做研究。当然，我很好奇能见到这位有着如此光环的科学家，我抓住机会与他进行了简短的交谈。后来，我联系他询问在汉堡大学攻读博士学位的可能性。事实证明，与雷丁大学不同，在没有注册的情况下也可以从汉堡大学获得博士学位。由于英国和德国大学的课程结构不同，一旦注册就意味着我将不得不花费大量时间参加博士课程的学习，这些课程只重复了我为获得德国文凭（German Diploma）需要学习的内容。甘特·费舍尔教授同意作为汉堡大学的官方代表与克劳斯共同指导我的论文，汉斯·冯·斯托奇进行了部分指导。欧洲中期天气预报中心不介意这种安排，只要不干扰我的正常工作就可。后来欧洲中期天气预报中心的支持变得更强，因为我的学位论文涉及了使用"集合预报技术"（ensemble techniques）进行扩展范围的预报，预计该方法有可能把天气预报延伸到更长的时间尺度。

后来克劳斯·哈塞尔曼邀请我作为博士后加入他的团队，我发现气候科学的主题比持续改进天气预报更有趣，这是欧洲中期天气预报中心的主要关注点。一些成员国坚持认为这应该是唯一目标。我热衷于将大气模式与综合海洋模式耦合起来，这是我在欧洲中期天气预报中心工作时所熟悉的。当时只有俄勒冈大学完成了这项工作并公布了结果，但地球物理流体动力学实验室和国家大气研究中心已经在进行测试运行了。

有一天，应该是在1988年末，克劳斯·哈塞尔曼来到我的办公室，问我是否愿意飞到普林斯顿，代替他参加海洋–大气耦合数值模拟（coupled ocean–atmosphere modelling）各工作小组会议。他告诉我，他们正在计划对这类模式的各种样本进行比较，我的工作将是代表该研究所及其研究（悬挂旗帜），我渴望去那里见到所有从事这项工作的同事。

事实证明，这是一次备受瞩目的国际会议，是第一工作组为编写IPCC第一份报告而设立的。当时我，也许还有克劳斯·哈塞尔曼，并没有真正意识到这个研讨会的重要性，所以我有点惊讶于我的一些知名同事所创造的"狮子洞氛围"（the lion's den atmosphere）。他们一直期待克劳斯·哈塞尔曼，而不是一些知名度不高的博士后。因此要说服以美国和英国为主的科学界相信德国也进行了有针对性的研究对我来说是一个挑战。当IPCC努力实现成员国的国际平衡时，他们最终接受了我们的努力。我们的研究所被选中撰写IPCC报告的一章，其中涉及耦合模式比较。梅珂尔·施莱辛格（Michael Schlesinger）可能觉得克劳斯·哈塞尔曼的缺席有点怠慢，他建议我应是本章的作者。他指出克劳斯可能会太忙了，无法处理比较模式和数据的简单任务。他们还指定罗伯特·塞斯（Robert Cess）作为合著者，他是一位经验丰富的科学家，在如何整合不同科学家的态度方面拥有丰富的经验。

我回到汉堡后试图让克劳斯参与IPCC的活动和讨论，因为被要求参与比较研究的研究所之间出现了相当大的竞争。我不时地向他寻求意见或建议，特别是在有冲突的时候。他了解许多相关人员的性格，建议我"保持冷静"并发挥综合作用。在此期间，他专注于创造能够改善IPCC报告的结果。由于马克斯·普朗克气象研究所是作者团队的一部分，可以确信，他和马克斯·普朗克气象研究所以及汉堡大学的科学工作将被国际社会引用和认可。

由于IPCC在国际上的高知名度，越来越多的机构和国家对此感兴趣，IPCC变得越来越大。为了抵御特殊利益集团的众多外部攻击，它变得越来越形式化。如今，每一章的作者都是经过精心挑选的，我作为一名博士后是没有机会的。IPCC的活动以及所有为其成功做出贡献的人，于2007年获得诺贝尔和平奖。

在我职业生涯的早期阶段就加入了IPCC，从那时起它就影响了我的研究。我有幸被选为以下所有报告的作者和协调员，这些活动使我与国际科学界、欧盟资助机构和一些德国政府机构进行接触。因为IPCC将其会议遍布全球以展示其国际性，也让我有机会环游世界。

总之，我很感谢克劳斯·哈塞尔曼让我获得了博士学位，他将任务委托给员工的信心为我提供了一生难得的机会（once-in-a-lifetime opportunity），塑造了我的整个职业生涯。

4.17 阿希姆·斯特塞尔：多亏克劳斯·哈塞尔曼使我从海员成为教授

克劳斯是我科学生涯中最重要的人，使我的科学事业一直延续到成为终身教授。大约40年前，当我还在商船上工作的时候，作为一名值班的领航员（nautical officer），我站在货船的驾驶台上茫然地盯着大海，我从来没有想过以后发生的事情。我清楚地记得我第一次见到克劳斯是在马克斯·普朗克气象研究所他的办公室里，当时他有理由担心我的成绩——我不是C级候选人，但也不是A级候选人——他最初不愿意接受我做他的博士生。我听说（也许只是流言）苏珊娜在某种程度上说服了他，让他相信在他的研究所里有一名海员的好处。我还记得克劳斯试图说服我研究风产生的波浪而不是海冰，大概是因为当时我有4年的航海经验。在很久以后的某个时候——我相信是在萨尔佐的一次会议上，我们甚至讨论了表面重力波对海冰的气候变化的相关性。

无论如何，在克劳斯和彼得·莱姆克决定我将研究海冰后，我记得我提出了一个建议，首先在波罗的海测试比尔·希特勒的"新型粘性塑性流变海冰模式"（new viscous-plastic rheology sea-ice model），因为这是一个拥有密集观测网络的区域，这意味着我们可以很容易评估模式模拟的真实性。克劳斯的回答是，波罗的海的大小仅对应于T21模式的2个网格单元，所以我把海冰模式应用到南极洲周围的南大洋上，当然，要获得良好的强迫和验证数据要困难得多。尽管如此，彼得（Peter）、布雷克·欧文斯（Breck Owens）和我还是写出了一篇令人信服的论文，并最终在1990年12月为我关于这个主题的论文进行了答辩。

那时我才30多岁，面临着下一步该干什么的问题。我的第一个孩子将要出生，我不想从一个三年项目跳到下一个项目。我记得有一天我询问克劳斯我是否有可能继续在马克斯·普朗克气象研究所工作，成为一名研究科学家。那次会面时间很短，他先问了我的年龄，然后问了我发表文章的数量。在听到我的回应后，他说他会再资助我6个月时间，这是一个明确的信息。尽管如此，我还是做了三年半的博士后，因为我获得了SFB项目的资助。但我很清楚我需要在其他地方寻找一份更长期的工作，因此我提交了约15份此类职位的申请，3次面试，1次被录用，这无疑是基于克劳斯的推荐信和我在马克斯·普朗克气象研究所做博士研究生和博士后研究的事实。不仅如此，甚至在决定是否给我提供一个终身职位时，我后来才知道，我现在的雇主也向克劳斯要了一封推荐信。总而言之，我非常感激和幸运的是克劳斯当时接受了我进入他的研究所，他一直支持我获得现在的职位，尽管我以前的职业生涯是非科学的。

4.18 罗伯特·索森：与克劳斯·哈塞尔曼的互动

我第一次见到克劳斯·哈塞尔曼是在我还是一名博士生的时候，是在阿尔巴赫德国大众研究基金会（Studienstiftung des Deutschen Volkes）组织的一个暑期学校。他对气候变化的想法和使用的方法给我留下了深刻的印象，因此我申请了他研究所的博士后职位，并感谢1982年有机会在那里开始工作。在那里我最初发现很难理解克劳斯以简洁的方式表达他的想法，就像他所在的马克斯·普朗克气象研究所的其他博士后和博士生一样。幸运的是，我们得到了"副官"（Zwischenkapazitäten）尤尔根·维勒布兰德和德克·奥尔伯斯的帮助。在科学和理解克劳斯方面，他们已经是经验丰富的同事。因此他们将他的想法翻译成博士后或博士生能够理解的语言，通过这种方式，我们学到了很多。

在暑期学校结束后，克劳斯将我推向避免大气–海洋耦合模式中"初始漂移"（initial drift）的研究方向。我提出了"通量校正"（flux correction）的想法，更好的名称应该是"异常通量耦合"（anomaly flux coupling）。该方法相当成功，但也存在争议。我第一次向国际观众介绍它是在1986年的爱莱斯（Erice）暑期学校。在我简短的介绍后，讨论相当激烈，主要是在暑期学校的讲师之间，欧洲人支持我的想法，而美国人反对我的想法。尽管如此，作为一名年轻的科学家我感到很安心，因为我知道克劳斯在保护我。

几年后的1990年或1991年我也有过类似的经历，当时我告诉一名记者，决策者对气候变化没有什么兴趣，因为气候变化的影响会比立法时期要晚得多。德国研究部的一位高级官员向克劳斯抱怨我所说的话，克劳斯只是回答说我说了实话。克劳斯教我对不愉快的结果和消息要坦然相待。

我高度赞赏克劳斯在他的研究所创造的鼓舞人心和充满鼓励性的环境。

4.19 德米特里·V.科瓦列夫斯基

您是怎么认识克劳斯的

我与克劳斯的合作研究始于2007年，当时克劳斯向我介绍了与气候变化相关的社会经济研究数值模拟，这彻底改变了我后来在学术界的轨迹。这一切都始于2007年底在柏林的一次会议上，我被引荐给克劳斯。从那时起，我感谢克劳斯在我的职业生涯中给予我的善意的、宝贵的、连续的支持。借助于他对许多问题的支持，社会经济研究小组（socioeconomic research group）在圣彼得堡的"南森中心"（Nansen Centre in St. Petersburg，Nansen International Environmental and Remote Sensing Centre，NIERSC）[1]成立，当时我在那里工作，我成为这个新成立的研究小组的领导人。克劳斯为我们小组的活动提供了大力支持，并热情地与我们合作。我们共同开发了模式，合作发表了论文。多亏了克劳斯，我们被邀请加入了一些主要研究提案的联盟，克劳斯本人也是研究计划编写过程的积极贡献者。有关我们联合项目活动的例子，我将提及过去十年中的两个主要欧盟FP7项目，COMPLEX项目[2]和EuRuCAS项目[3]，在此过程中，我们在"南森中心"的团队与克劳斯和其他项目参与者就项目的实施进行了非常积极的合作。克劳斯多次前往圣彼得堡，在我们小组于"南森中心"举办的研讨会和座谈会上发表主题演讲，并出席对小组而言非常重要的会议。

2015年，在我两次访问马克斯·普朗克气象研究所期间，克劳斯好心地提出让我使用他在马克斯·普朗克气象研究所荣誉退休办公室的办公桌，办公室里的另一张荣誉退休办公桌是给教授伦纳特·本特森的。在我结婚后，克劳斯和苏珊娜好心地邀请我、我的家人和他们住在一起，去慕尼黑、格鲁克施塔特（Glückstadt）、叙尔特岛以及近期在汉堡拜访他们，我们总是受到最热情的接待。我们另一次难忘的经历是克劳斯和苏珊娜邀请我们参加合唱团表演。克劳斯总是与我们分享许多关于他的生活

---

① 南森国际环境和遥感中心（Nansen International Environmental and Remote Sensing Centre，NIERSC），位于俄罗斯的圣彼得堡（St. Petersburg）。（原书注）

② 欧盟FP7 COMPLEX项目，编号308601，"基于知识的面向低碳经济的气候减缓系统"（2012—2016）。（原书注）

③ 欧盟FP7 EuRuCAS项目，编号295068，"欧洲–俄罗斯北极和亚北极环境和气候研究合作中心"（2012—2015）。（原书注）

和事业、关于他的家人和亲属以及他在世界各地旅行有趣的故事。

克劳斯在您从事的科学领域有哪些贡献

我应该从哪个领域开始说起呢？我的研究生涯与克劳斯非常活跃的几个领域都有关，包括理论物理学、海洋学，如前所述，这要归功于克劳斯本人对缓解气候变化的跨学科数值模拟。正是在后一个领域，他的想法和贡献在最大程度上塑造了我自己的思想和研究活动。

克劳斯的个人建议对您的职业生涯有哪些帮助

在我们漫长的合作中，克劳斯就各种话题给了我很多宝贵的建议，我可以在此提供许多例子。例如，他在非常重要的情况下给了我一些与IT有关的全面的技术建议，直到今天这一直对我的研究有很大的帮助。那是在2008年，我们刚开始与克劳斯就社会经济研究数值模拟进行合作，我必须掌握一个专门的软件程序，克劳斯正在系统地使用该程序开发他的模式（为了避免隐藏广告的嫌疑指控，我不会说出这个很棒的软件包的名字）。为了帮助我尽快学习，克劳斯在一个人们所能想象到的最美妙和最热情的环境中慷慨地给我提供了个人培训课程。克劳斯和苏珊娜友好地邀请我在叙尔特岛上和他们待在一起。有好几天，我坐在克劳斯的笔记本电脑旁，他用他所有的教学才能一步一步地教我如何使用这个程序的各种功能和选项。为了更充分地叙述与之相关的回忆，我应该补充一点，在这些紧张的课程后，我与克劳斯和苏珊娜沿着海岸和叙尔特岛的其他美丽地方散步。受益于一位著名科学家的个人IT信息技术方面的培训，我仍在积极地使用所获得的知识和技能。

克劳斯的思想如何影响您的科研工作

我们与克劳斯已有近15年的合作，对我的研究活动，更广泛地说，对我的思考和解决问题的方式产生了巨大的影响。我非常感谢克劳斯提出了许多崭新的、鼓舞人心的想法以及他教我熟悉新方法和工具。如果不是这些年来我向克劳斯学习，并与他交流和合作，我自己对这个世界的思维模式现在看起来会完全不同。

4.20 卡罗拉·考斯：研究所图书馆员对克劳斯·哈塞尔曼教授科学以外方面的看法

我认识哈塞尔曼先生已有38年了，在我的整个职业生涯中，他一直陪伴着我。

作为一名刚刚获得学位的图书管理员，格里明格夫人（Mrs. Grimminger）的继任者，我于1983年开始在马克斯·普朗克气象研究所工作。1975年，哈塞尔曼从他父亲那里邀请来了格里明格夫人，在马克斯·普朗克气象研究所与大学的气象和地球物理研究所建立了联合图书馆。格里明格夫人与他打交道的方式非常特别，她能够用自己的观点说服他。

几年后，我从图书馆同事那里了解到，马克斯·普朗克地球物理研究所的所长定期更换。但在我们的研究所，多年来都是同一位所长：哈塞尔曼先生。我不明白为什么我的同事们对一个被称为"科学顾问委员会"的特别活动如此兴奋。要么我们在研究所没有这样的东西，要么我经常被完全忽略了。

我有时不得不代表工会委员会让克劳斯·哈塞尔曼了解各种情况。当时，仍然可以在"马克斯·普朗克气象研究所展馆"的中型研讨会室举行工作会议。哈塞尔曼先生将坐在前排，与工会委员会成员面对面。当有人提议批准马克斯·普朗克气象研究所的科学家休额外的英语课的教育假时，一个坚定的、毫不回避的眼神足以让所长理解，该提议被否决了，理由是马克斯·普朗克气象研究所的科学家懂得足够的英语，不需要为此而休教育假。

哈塞尔曼先生在研究所工作期间，我很少见到他。一天，一群建筑师在图书馆里闲逛，讨论在同一楼层使用图书馆空间的计算机中心的扩建计划。我事先没有收到关于这些计划的信息，因此我对这一计划感到非常恼火，并试图与所长对质，但我从他的助理拉德曼女士（Ms. Radmann）那里得到的信息是："他两天内不会回到研究所"时，我先向计算机中心主任发泄了我的愤怒。然而，两天后，我有机会与哈塞尔曼先生交谈。我仍然满腔愤慨地走进他的办公室，受到他面带微笑的绅士的欢迎，他说："两天前我不在办公室，这一定很幸运。"这让我一下变得平静。然后我们（几乎）和平地澄清了这件事。图书馆以不同的原因被保存了下来。

我从克劳斯·哈塞尔曼那里听到的第一次科学报告有点令人失望。由于我无法理解其中的大部分内容，我专注于他的演讲风格，如同等待一个教授的精彩表演。这仍然是手动切换投影仪和透明幻灯片的时代。哈塞尔曼教授更换幻灯片的速度如此之快，观众一定感到头晕。他的语速也同样迅速而不清晰。他说的是英语还是德语？甚至一些科学家也可能在倾听时遇到困难。

在他退休后，随着电子文献供应的发展，我偶尔会收到他要求提供PDF格式文章的电子邮件，我很高兴能够发送这些被搜寻的文章给他。全文通常作为早餐读物发送到叙尔特岛、格鲁克施塔特或其他地方。然而在数字化之前，我收到了他的一个请求，是他在参加了一次会议后在啤酒垫（beer mat）上潦草写下的。很显然他一直在"为科学服务"。

在最初几年的某段时间，他告诉我，他永远不会把他收藏的特印本论文捐给图书馆。这对其他人来说是毫无用处的，而且是以相当私人的方式组织的。这让我冷静下来，因为收藏特印本论文的时代似乎已经结束了。但现在是2021年，在特印本论文的帮助下，我实际上能够查验我们这本书所列出的参考文献的一些相关来源，使用当前的数字研究工具无法找到这些文献。所以，最终而言，收藏特印本论文还是很有帮助的。

我从未后悔在哈塞尔曼教授担任创所主任的研究所度过了我全部的工作岁月，即使是现在，当早上邮箱里收到他的邮件时，我也总是很高兴。

4.21 格布兰德·科曼的回忆

我第一次见到克劳斯是1978年在基尔，他在GATE研讨会上发表演讲。我迟到了，错过了介绍。我以为他是典型的德国口音，所以当我听到他是克劳斯时，我的第一反应是：这不可能是他。但事实上确实是他。

一年后，威廉·德·沃格特（Willem de Voogt）和我前往汉堡与克劳斯会面，讨论我们加入"海浪数值模拟项目"（Sea Wave Modeling Project，SWAMP），这是克劳斯启动的一个相互比较项目。我清楚地记得1981年在迈阿密与其他"海浪数值模拟项目"参与者在海浪会议外围的一次会议，克劳斯和苏珊娜都参加了会议。他们邀请我们到他们的酒店房间，我们一边吃快餐盒里的晚餐，一边讨论进展情况。

当我在迈阿密会议上介绍了我们的海浪数值模拟工作后，1983年克劳斯邀请我在汉堡度过了一个夏天，那个夏天让人难以忘怀。与克劳斯和苏珊娜一起工作很棒，体验他们的热情好客也同样很棒。他们为我和我的家人（妻子和两个孩子）好不容易找到了合适的住处。但后来克劳斯和苏珊娜让我们在凯胡德（Kayhude）和他们待了几个星期。当我的家人回到荷兰后，克劳斯和苏珊娜让我加入他们的阿尔托纳合唱协会（Altonaer Singakademie）合唱团，参加每周的排练和一次特别的音乐会。排练要求穿黑色套装,但我没有。幸运的是克劳斯有一套备用的结婚套装,非常适合我。高光时刻是在莫林(Mölln)和吕贝克(Lübeck)的演出。

在那个夏天之后的15年左右的时间里,我对我们频繁的互动有很多珍贵的回忆。太多了,列举不完,但有几个记忆犹新的回忆。

1985年,我们与一个小组在欧洲中期天气预报中心建立了第一个海浪模式。其中一名工作人员邀请克劳斯参加他的摇铃小组(his bell ringing group)的晚间会议。克劳斯带上了我们所有人,变革的世界的铃声为我们打开了大门。

国际海浪数值模拟小组在不同地方举行年度会议。我们努力工作,但当地组织者通常会安排半天的旅行,这样我们就可以在非正式的环境中放松和讨论海浪问题。1993年,我们在叙尔特岛会面,1969年JONSWAP实验就是在这里进行的。我记得我们乘船去哈利格·霍格(Hallig Hooge)的旅行非常愉快。

克劳斯总是很忙,我们的大部分工作都是在旅行期间或在正式会议外的休闲时间完成的。我们会坐在一起讨论,在维也纳国家公园(Wiener Stadtpark)等地方,或者在音乐会休息期间(我记得在塔林有一场爱沙尼亚语的《茶花女》演出)。有一次我们在哥本哈根他所住的酒店的大厅里见面,他在一次重要的气候会议上做了一次演讲。他耐心地听我讲述,在我们讨论完海浪之后,我建议我们在晚餐时放松一下,但克劳斯拒绝了。他仍然充满了能量,总想研究他的"克劳斯子"理论,一个关于场和粒子的统一确定性理论。

1993年,我访问了威尼斯的路易吉·卡瓦列里,与他一起完成了我们关于海浪的专著。整个周末,我们都在空荡荡的帕帕多波利宫(Palazzo Papadopoli)工作,在路易吉顶楼办公室的办公桌上吃午饭,在后台听意大利歌剧音乐。我们有很多事情需要和克劳斯讨论,但很难找到他,因为他总是很忙。然而我们发现他不介意我们在星期天给他打电话。因此我们在周日早上和他通了很长时间的电话,还一边眺望着威尼斯阳光灿烂的屋顶。

对我思想的影响

在我见到克劳斯之前,我研究了他关于缓解气候变化起源的工作。克劳斯用布朗运动的类比证明白噪声可以在任何具有不同时间尺度的系统中产生红噪声。这是一个重要的结果,因为这意味着气候系统可能会毫无原因地缓慢变化。

当我与克劳斯一起工作时,我深深地受到他关于撰写论文、提案和会议记录的方式以及他主持会议方式的启发，他对开发综合风浪数据同化系统的愿景也具有影响力。

对我事业的影响

我所在研究所的杨·桑德斯（Jan Sanders）开发了一种用于预报北海海浪的数值

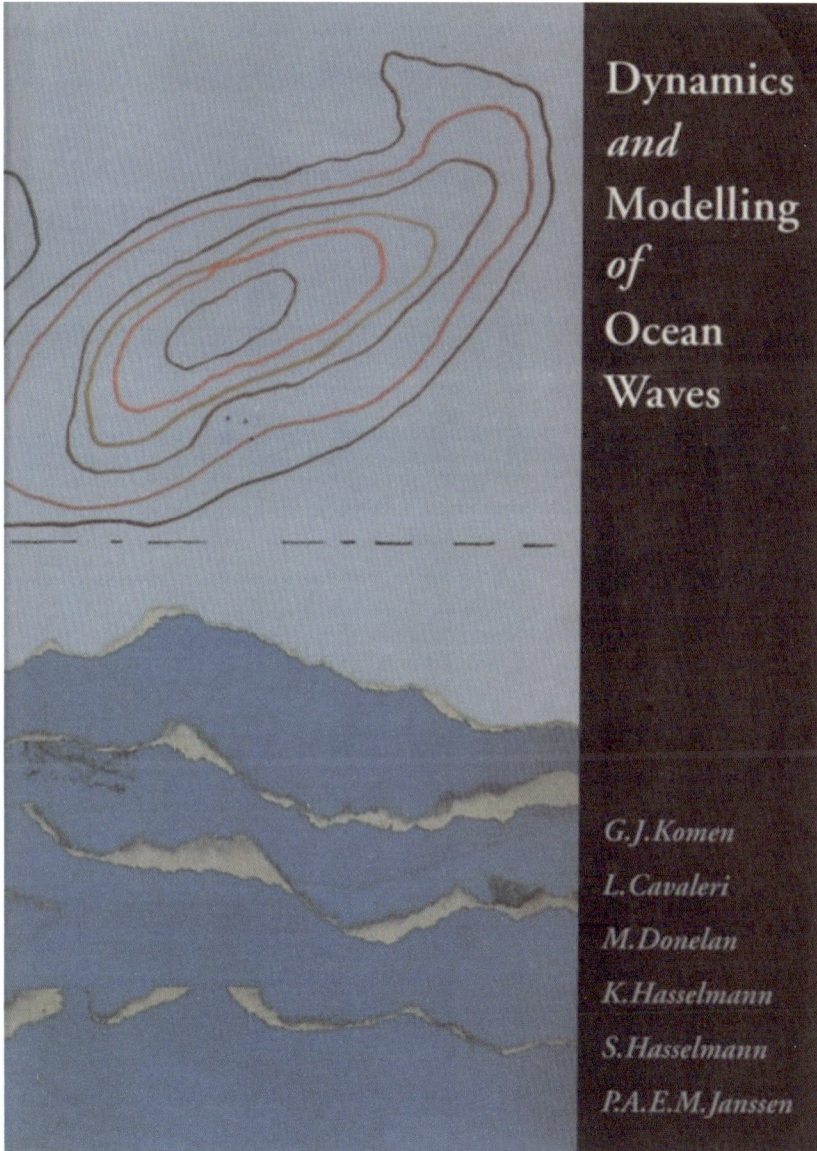

图4-9　1994年Plenum出版社出版的《海浪动力学与数值模拟》一书封皮，由科曼（G. J. Komen）、卡瓦列里（L. Cavaleri）、多纳兰（M. Donelan）、哈塞尔曼和詹森（P. A. E. M. Janssen）合著，在纽约和伦敦发行，共532页

图4-10　1992年，克劳斯·哈塞尔曼（左五）在葡萄牙的辛特拉（Sintra）与
WAM成员在海边的合影

图4-11　1994年，在德比尔特（De Bilt）介绍WAM出版的书籍。站立者（左起）：克劳
斯·哈塞尔曼、格布兰德·科曼、苏珊娜·哈塞尔曼、路易吉·卡瓦列里。蹲立者（左起）：
彼得·詹森和马克·多纳兰

模式（GONO），1978年我负责进一步修改。通过参与SWAMP项目，我们能够与国际海浪数值模拟团队建立联系，这是最令人振奋的，也是非常有成效的。

1983年我在汉堡的访问使我能够将我自己研究所的波浪专业知识与克劳斯和苏珊娜所做的理论和数值模拟工作相结合。我们模拟了有限风区的增长，以了解在什么条件下可以达到稳定解。通过将模拟结果与观测结果进行比较，我们可以确定耗散源项中的未知常数，由此产生的参数化方案仍然被广泛使用。

1984年，克劳斯成立了WAM小组，他邀请我担任该小组的主席，这让我在接下来的10年里忙了起来。

克劳斯对海浪研究留下的学术遗产

20世纪60年代，克劳斯在能量平衡方程、波–波非线性相互作用和波耗散方面的基础工作为现代海浪预报打下了基础。然后，他通过发起国际海浪数值模拟界参与的一系列项目，如JONSWAP、MARSEN、SWAMP、NORSWAM、WAM、ECAWOM，实现了他的雄心壮志，从而实现了从太空进行常规海浪观测、第三代海浪模式的开发以及将其应用于欧洲中期天气预报中心预报系统的目标，该模式目前在世界各地的许多中心运行。我们的理论在多位作者合著的《海浪动力学和数值模拟》（1994年）一书中得到了深化和加强，该专著仍被用作风驱动海洋（表面）波浪的标准参考著作。

4.22 路易吉·卡瓦列里：编写海浪数值模拟著作

当格布兰德·科曼邀请我作为计划中的海浪数值模拟著作[244]的合著者时，我感到高兴和激动。我甚至不是著名的海浪数值模拟论文的作者，我主要负责处理实际问题和海洋中的波浪测量问题，在某种程度上是与克劳斯等人相反的另一端。除了马克·多纳兰（Mark Donelan）之外，他们在思维和计算机专业知识方面都很优秀（实际上非常优秀），但对真正的波涛汹涌的海洋几乎没有任何经验。在这次冒险的最后（因为这是一次冒险），结果证明这是一个很好的组合，我加入了这个就像是从天上下来的组合，当然我自己也花费了很大努力爬上去。克劳斯是这一切的幕后主导，而格布兰德则是台前总管，他努力克服所有的实际困难，处理与每一位合作者的琐碎的以及私人方面的事情。

花费数周或几个月的时间来编写和汇编一本应很有说服力的书，却看到它被别人涂改、取消、修改或潦草地删除，这是多么令人沮丧。

我展开热情的翅膀跑得很快，不断收集稿件，看着我所认为的"我的书稿"越来越多，越来越精彩。最后（但等一下，这并不是最后），我最终得到了100多页紧凑的文字，其中有大量的数字，总结了与直接应用海浪模式相关的所有实际问题。我把它们打包好，自豪地送给了格布兰德和克劳斯。之后，我和我的小女儿离开了威尼斯，去了我们在山上的家，在那里度过了一个理所当然的复活节假期。复活节那天是星期天，我已经做好了我们的特别午餐（显然我心情很好），准备和我女儿一起享用，这时电话铃响了，是克劳斯。"路易吉？"我只能说一个词，"是的"，然后暴风雨就开始了。他说，我编纂的章节是一场灾难，是他所见过的最糟糕的、一项完全无用的工作，所有的事情都必须重新做，让我参与这项工作是一个愚蠢的错误，我破坏了与其他合作者的所有努力，书的组织是一团混乱，等等。这个过程持续了17分钟，克劳斯一定非常愤怒，我说不出话来。我一句话也没说，电话就"砰"的一声挂上了，我看到女儿好奇地盯着我。

我坐在桌子旁茫然地盯着食物，我的思绪从那一章疯狂地奔向克劳斯。几分钟后，电话又响了，这次是格布兰德。克劳斯可能给他说了，他刚给路易吉打了一个"可能是侵略性的电话"。我们以两种方式交谈了十分钟，格布兰德扮演了团队中的智者，他安慰我，解释了克劳斯的真正意思，这不是一个大问题，只要稍加努力，我们就能取得一个漂亮的结果（即使对克劳斯来说）。最后我强迫自己吃了一些食物，然后我和小女儿在雪地里轻松地散步。事实上，在适当的时候（不太长），事情确实解决了，材料被重新整理成了书的海浪数值模拟这一章。

事实上，除了为这样一部扎实的科学著作做出贡献的喜悦和满足感之外，这个故事还有一个令人愉快的结局。这本书在荷兰德比尔特的荷兰气象和海洋局（KNMI）正式出版。作者、朋友、同事和其他人聚集在一起，每个作者都简短介绍了自己的贡献。我决定做点与众不同的事情。几周前，我在一家音乐商店随机播放CD时，意识到了一个惊人的事实，我买了几张CD。在荷兰气象和海洋局的演讲中，令观众感到惊讶的是，我没有谈到所做的工作，也没有谈到海浪在海洋世界中的重要性。我通过打开录音机播放"小夜曲"（Eine kleineNachtmusik）说明波浪与音乐之间的平行关系，以及苏珊娜这个公认的钢琴家如何成为克劳斯命名WAM的真正灵感。WAM的真实含义是沃尔夫冈·阿马德乌斯·莫扎特（Wolfgang Amadeus Mozart），随着音乐的播放，我将莫扎特CD分发给了我的合著者。

回到《海浪动力学与数值模拟》这本书，当然，克劳斯的批评（以不同的形式表达）是正确的，最终的作品得到了很大的改进。这也是人生的一课，当人们在心中有了具体目标后，应该始终以最好的结果为目标，没有不必要的妥协。可能会有争辩、讨论甚至吵架，然而，如果这些都是以最科学的名义诚实地进行的，如果人们思想开放，他们最终会加强彼此的友谊和尊重，最终结果会更好。

多年后，当克劳斯和苏珊娜在威尼斯开会时，我们和一群朋友及同事在一家餐厅共进晚餐。我已经长大的女儿也在那里，坐在我身边，克劳斯和苏珊娜坐在我们前面桌子的另一边。她很清楚地记得那个复活节，当我向她解释面前的人是谁时，她盯着他。克劳斯笑着说："这是成为朋友的最好方式。"

当然，他又是对的。我仍然兴高采烈地翻阅着这本书，回忆着那些努力，但主要是那些非线性的相互作用，这些相互作用产生了这个产品。克劳斯是一位伟大的朋友，我希望在威尼斯再次招待苏珊娜和克劳斯，并在我们美丽的"威尼斯凤凰"（La Fenice）剧院一起欣赏歌剧或音乐会。在短暂衰落的灰烬中，科学再次诞生，并比以前更好。

4.23 克里斯蒂娜·卡萨罗斯

我第一次见到克劳斯是在1972年，当时我被约斯特·布辛格（Joost Businger）派往他的研究所做博士后，我在完成博士学位后加入了他的团队。克劳斯邀请我们参加了一个关于JONSWAP 2实验的计划会议。我带着我两岁半的女儿去瑞典看望母亲，迪特（Dieter）和赫迪·哈塞尔曼（Hedi Hasselmann）请了一个保姆。我们打算从丹麦的里瑟（Risø）借一台很棒的三维声波风速仪，测量北海三脚架塔（tripod tower）的动量通量，而其他人则在详细测量波浪场。

实验的总部设在叙尔特岛上。两位年轻的德国科学家，尤尔根·穆勒·格莱维（Jürgen Müller Glewe）和埃格特·克劳斯（Eggert Clauss），正在该塔测量空气的类似性质。我们乘坐一艘破旧的高斯研究船（Gauss research vessel）出发去安装设备。这对我和其他年轻科学家来说都非常令人兴奋，比如一位名叫托马斯·肖夫

（Thomas Hauf）的研究生。我们遇到的第一个问题是，安装板上的孔与最终到达的塔顶板的孔不匹配，因此我们不得不回到岛上进行调整。最终，我们有点晚才安装好设备。但由于时间太少，所有的安全措施都没有安排好，比如没有安排好浮标以确保三桅帆船和主船之间的距离。就在我们收集数据的时候，一场风暴来袭，导致我们的主船漂移，这使我们昂贵的丹麦电缆断裂（当时我们的技术人员在塔台上）。另一些人则用他们的奇特波装置在海底安装了阵列，这些阵列也被彻底破坏，从而结束了实验。

几天后，我们大约20人在汉堡大学的会议室会面，心情相当沮丧。最后，作为天生的多面手，我提高了嗓门说："克劳斯，这可能不是一个很好的实验，但这确实是一次很好的体验。"我得到了很多笑声，但讲笑话通常不是我的强项。我认为克劳斯很高兴他已经是一位著名的理论家，但这次实验的难度太大了。

不知何故，我认为克劳斯很感激我的存在，因为我经常是会议上唯一的女性。我在瑞典长大，那里的高中强调自然科学，所以我没有意识到我在其他方面有点古怪。克劳斯明白科学探究对我很重要，尽管我认为他也知道我的局限性。这些年来，他一直非常支持我——我不知道他有多少次写信给我，建议我升职或获奖。我被邀请参加由克劳斯在20世纪70年代后期组织的海洋遥感实验，我们在测量风应力和波浪场方面非常成功。我与一名研究生合著了一篇论文，还与几个同事合著了另一篇关于飞机和船只测量的海表面温度（SST）的论文，尤其有葡萄牙的阿曼多·费扎（Armando Fiuza）和德国飞机研究小组。基于空间的SST遥感已成为常规，但我们对德国湾海温变化的结果在当时是最新的。[①]

后来，在1992年，我在法国海洋开发研究所（IFREMER）担任了一个新职位，在那里我们处理来自欧洲ERS-1卫星的散射计和合成孔径雷达数据。克劳斯参与了这项计划，他非常渴望得到一些数据。所以我有能力给他一盘合成孔径雷达数据的磁带。

在我到达大约9个月后，我想召开一个研讨会，以推进这些新数据的进展。我的新同事认为时间太早了，但克劳斯会来参加会议，这肯定会给我的计划和我的声望带来一些光芒，并激励每个人加倍努力做好准备。许多来自美国的同事也参加了，因为

---

① 请参见Katsaros, K.B., A. Fiuza, F. Sousa, and V. Amann: Sea Surface Temperature Patterns and Air-Sea Fluxes in the German Bight during MARSEN 1979, Phase 1. *J. Geophys Res.*, 88, 9871-9882, 1983。（原书注）

他们迫切需要这类新数据。这对我这次的管理工作是一个巨大而美妙的帮助，并产生了一些伟大的合作和成果。我相信我在巴黎的老板们都印象深刻。这是我在法国海洋开发研究所五年计划的一个伟大开端。

我非常享受克劳斯和苏珊娜的长期友谊和支持，他们总是让我感到宾至如归，甚至邀请我在办公室与他们共进午餐。（苏珊娜擅长让克劳斯吃得好，身体健康！）他们对我的友善是非常珍贵的，即使经常来自很远的地方，因为我的主要工作地点是华盛顿大学。克劳斯的支持是我职业生涯中我最珍视的方面之一。我认为他是一位重要的导师，因为他认真对待我、理解我。

4.24 彼得·杨森：克劳斯·哈塞尔曼——海洋科学的巨人

众所周知，克劳斯对各个科学领域许多方面的发展都产生了相当大的影响。我将侧重于我最熟悉的领域，即海洋重力波，我将展示克劳斯的工作不仅对海洋学的应用，而且对非线性现象发挥作用的其他领域也产生了深远的影响。

海浪研究历史始于19世纪早期，泊松（Poisson）和柯西（Cauchy）解决了线性初值问题。随后斯托克斯（Stokes）获得了单个有限振幅重力波的级数展开，其中非线性色散关系是通过首次应用重新规范化方法获得的。事实上，斯托克斯重新规范化了重力加速度，以消除长期行为，从而确保了解的收敛性。19世纪末，科特韦格（Korteweg）和德弗里斯（de Vries）（两人名字合起来简称KdV）从著名的KdV方程推导出了浅水永久性孤立波解。随后，在20世纪60年代，通过逆散射变换（inverse scattering transformation）证明，这些孤立波实际上是稳定的实体，被称为"孤立子"（soliton）。在第二次世界大战期间的某一段时间，由于登陆作战对海况信息的实际需求，斯维尔德鲁普和蒙克开发了第一个海浪预报系统，在此之前海浪前沿研究领域还是一片空白。

在20世纪50年代，通过朗盖特-希金斯（Longuet–Higgins）（高斯统计）、皮尔森（Pierson）（波谱介绍）、迈尔斯（Miles）（风输入）和菲利普斯（Phillips）（共振四波相互作用）的有深刻见解的工作，海浪研究发展的步伐大大加快。在此之前，大多数研究人员认为海浪基本上是线性的，但这一观点在克劳斯·哈塞尔曼关于四波相互作用统计理论的开创性工作中开始受到挑战。他提出了许多重要的见解：作用密度谱（action density spectrum）发挥了关键作用，共振四波相互作用引起了谱的不可逆变化，从峰值频率的两倍附近的区域获取风提供的能量和动量，并将其转移到更高和更低的频率，从而共振转移导致波谱的下移，同时波浪系统的熵增加。这项重要的工作不仅促进了海洋学的发展，也刺激了其他物理学领域的发展，如等离子体物理，其中共振三波和四波相互作用，在试图理解如何容纳足够长的等离子体以实现核聚变方面发挥了重要作用。

回到海洋学，所有这些新的见解在一个以保守著称的领域引起了相当大的骚动。这些研究人员不仅需要大量令人信服的数据，而且显然需要根据非线性共振相互作用的发现收集观测数据并研究实验结果。但这些任务需要大量的工作投入和专业知识，因此建立合作是有意义的。最早的合作之一促成了著名的JONSWAP项目，该项目极大地推动了海浪预报。

与此同时，出现了一项新发展，有可能提高我们对海浪和海气相互作用的认识：卫星海洋学。克劳斯在许多卫星仪器的开发方面发挥了重要的推动作用，例如高度计（altimeters），它可以确定风速和有效波高，同时可以使用SAR观测波谱。新一代欧洲遥感卫星（European Remote Sensing Satellites），如ERS-1、ERS-2，其新颖之处和主要贡献在于它将能够在全球范围内收集这些数据，为全球海浪数值模拟提供重要数据。这是海浪数值模拟小组成立的主要原因之一，该小组将开发基于"正确的"物理学的新的第三代海浪模式的软件，克劳斯和苏珊娜在海浪数值模式的开发中发挥了关键作用。我真的很钦佩克劳斯能够说服两个与众不同的团队合作。他会面带微笑地告诉卫星科研人员，使用海浪数值模拟的产品来改进卫星观测非常重要，并说服海浪数值模拟科研人员来吸纳卫星产品改进海浪预报。在开发的早期阶段，卫星产品和海浪预报的质量都相当低，因此给人的总体印象是，一个人引导自己从沼泽中爬出来。但这种相互作用是有效的！多年来，它极大地改善了卫星和海浪预报的风浪产品。在过去25年，显著波高（significant wave height）和风速的一天预报误差大幅减少。卫星产品也有了类似的改进。

最后，海浪预报结果对表面风场（surface wind fields）的质量非常敏感，尽管海浪数值模拟研究者倾向于不强调海浪预报问题的这一方面。因此，克劳斯和格布兰德·科曼联系了欧洲中期天气预报中心，它处于天气预报的前沿，自20世纪80年代中期以来，一直有一个非常活跃的团队负责海浪数值模式和数据同化软件的开发。海浪模式成为欧洲中期天气预报中心日常业务软件的一部分，并对改善地面风的质量给予了大量关注。自1998年以来，风浪之间存在双向相互作用（two-way interaction），这有利于波高预测结果、地面风和位势高度。

有时，克劳斯和我还就物理学中一些深奥的基本问题进行了热烈的辩论，如光和物质的微粒性质（克劳斯对此有一个优雅的解释）以及"时间之箭"在统计力学和不可逆性中的作用。时间之箭的概念最受普里戈金（Prigogine）的欢迎，它表明熵随着时间的推移而增加。当只考虑共振波-波相互作用时，这种不对称性会引起特殊的问题，但问题可以通过引入非共振相互作用来消除。这种认识提出了一种产生一维畸形波的机制（one-dimensional freak waves）。

从我的角度来看，从克劳斯的工作框架可以清楚地看出他在开发可靠的、高质量的海浪预报系统方面发挥了关键作用。他在非线性转移方面的努力也引发了物理学其他领域的许多发展。

我非常愉快地记得我与克劳斯之间的许多互动，这些互动大多数都相当正式，主要是因为他总是以这样或那样的方式工作。例外是，我和他还有苏珊娜在家里讨论过我们最喜欢的足球队，特别是荷兰足球"11队"（Dutch football eleven），在20世纪70年代和80年代，他们以其吸引人的优雅比赛和创新战术——"全能"（total）足球——闻名，刺激了全世界的足球。如果我没记错的话，克劳斯支持荷兰赢得1974年的世界杯！

4.25 奥拉·M. 约翰内森

1979年我认识了克劳斯，当时我们都使用了美国国家航空和宇宙航行局的CV-990喷气式飞机上的喷气推进合成孔径雷达（JPL SAR），1979年10月，克劳斯在北海的国际海洋遥感实验项目中使用了它。当年9月，我在斯瓦尔巴德群岛北部的冰缘地区的挪威遥感实验（Norwegian Remote Sensing Experiment -1979，NORSEX 79）中也使用了它。在这两次主要的国际遥感实验之后，我们开始开发MIZEX（Mesoscale Air-Ice-Ocean Interaction Experiments in Arctic Marginal Ice Zones）项目，作为NORSEX 79项目的后续，该计划基于1980年10月在挪威的沃斯（Voss）举行的一次研讨会。克劳斯在让德国极地研究群体参与由戈蒂尔夫·亨佩尔（Gotthilf

Hempel）教授领导的MIZEX项目方面发挥了非常大的作用，1980年亨佩尔在不来梅港（Bremerhaven）成立的阿尔弗雷德·韦格纳极地海洋研究所担任所长。亨佩尔教授同意他们的大型新破冰船"极星号"可以参加该计划。1982年，当我在蒙特里尔的海军研究生院担任院长时，花了大量时间起草了边缘冰区实验的研究计划，该计划于1983年和1984年夏天进行，当然，我的同事根据之前的几次研讨会做出了大量的贡献。该研究计划必须得到MIZEX计划协调委员会的批准，克劳斯是该委员会的成员。他对计划的草案非常不满意，并对其进行了调整，这也使得方案大大改善。

事实上，在华盛顿举行的一次会议上，由哈佛大学理查德·古迪（Richard M. Goody）教授主持的一个著名美国科学家小组对MIZEX研究计划进行了审查。我很紧张，但幸运的是，克劳斯那天在华盛顿参加了审查会议。他基本上是让这个著名的委员会放松下来，并提到了这样一个事实：在1969年的主要实验成功之前，1968年的JONSWAP实验中有过一些不太好的经历（他称之为灾难）。因此，他认为在1984年夏季的主要实验之前，进行MIZEX 83试点项目以解决问题是一个好主意，这是一项巨大的任务，包括7艘船、8架遥感飞机、4架直升机和200多名科学家和技术人员。由于克劳斯在会议期间的出席和支持，MIZEX计划的审查进展顺利。

在MIZEX 84项目之后，我多次与克劳斯合作。20世纪90年代在南森中心，我们开始对全球变暖数值模拟研究感兴趣，所以我联系了克劳斯寻求帮助。我们被邀请到他的研究所讨论这个问题，克劳斯一如既往地非常慷慨。最后我们带着一盘磁带回家，里面有一个马克斯·普朗克气象研究所开发的全球海洋模式，供我们的一个博士生在计算机上实现。克劳斯也是这个学生面试小组成员之一。因此，多亏了克劳斯，卑尔根的南森中心开始涉足全球数值模拟研究领域。

克劳斯和我都非常了解沃尔特·蒙克，沃尔特开创了海洋气候声学测温（Acoustic Thermometry of Ocean Climate，ATOC）领域，该领域用于测量海盆尺度（basin scale）上的平均温度。1995年已经证明，跨越北冰洋的声波传输是可行的。这激励了克劳斯和我在北极数值模拟项目中启动海洋气候声学观测，以预测2050年可能发生的情况，并使用马克斯·普朗克气象研究所的海洋模式作为若干声学模式的输入。结果表明，声学观测可能是一种非常有用的方法，可在未来用于观测北冰洋海盆尺度的温度[153]。这实际上是在南森中心和斯克里普斯海洋研究所之间的一个联合观察项目中进行的。

2004年，我们团队，包括克劳斯，在*Tellus*杂志上发表了这样一个研究成果：在夏季二氧化碳浓度翻倍的情况下，可能在2100年底之前北冰洋的大部分冰都会融化，而在冬季影响要小得多。这一结论是基于马克斯·普朗克气象研究所ECHAM4全球耦合模式[158]的发现，该论文引发了许多关于北极海冰未来变化的后续论文。

欧洲气候论坛成立于2001年，由克劳斯和卡洛·贾格尔（Carlo Jaege）担任联合主席。幸运的是，克劳斯邀请我成为创始成员之一。由于参加了许多会议和研讨会，我得以了解对气候影响的相关看法和知识。由克劳斯领导的一个小组（我是其中的一员）在*Science*杂志上发表了一篇重要论文《长期气候变化的挑战》（*The Challenge of Long-Term Climate Change*）[155]，其中包括了跨越3000年的预测。很少有论文从这么长远的角度考虑问题。

克劳斯和苏珊娜在卑尔根和圣彼得堡的南森中心访问过我们好几次。在南森的几次演讲中，他向我们介绍了气候经济这一重要主题，并在圣彼得堡的南森中心与D.科瓦列夫斯基（D. Kovalevsky）一起启动了一个关于这一主题的项目。

克劳斯是我的科学英雄，也是我的好朋友。

4.26 伦纳特·本特森

我于1981年成为欧洲中期天气预报中心的主任，此前我一直参与该中心的早期规划工作。该中心的部分任务是向其成员国的大气科学家提供一些计算机资源，优先考虑对欧洲中期天气预报中心的科学和运营目标有益的项目。

作为主任，我的一个抱负是尝试将欧洲中期天气预报中心的一些有限目标扩展成4~10天的天气预报。这些雄心勃勃的目标包括扩展预报、增加用户对有价值新产品的兴趣。从科学上讲，我对使用综合模式（comprehensive model）来理解地球气候系统并使用所有可能的方法作为额外任务的可能性感到着迷。这是一个刚刚成功完成全球天气实验（Global Weather Experiment）的时代。为了更好地了解气候系统，人们开始了认真的研究工作。我最初对气候变化问题并不特别感兴趣，因为我认为这有点为时过早。因为在我看来，模式和数据还不够好，无法在这种情况下使用。然而，现在有了一个正在运行的全球观测系统、同化和分析全球数据的方法以及功能更强大的计算机，使得进行现实的气候模拟研究成为可能。

克劳斯·哈塞尔曼是一个欧洲小组的负责人，该小组定期访问欧洲中期天气预报中心以开发海浪预报系统。预报海洋状况，特别是海浪，是海洋气象服务的一项重要任务。他们已经将简单的系统投入运行，使用与地面风速耦合的经验关系。克劳斯小组采用的策略是开发一种综合方法，包括海浪的全谱（the full spectrum of sea waves）以及海浪之间的非线性相互作用。我发现这是一个极好的想法，完全适合欧洲中期天气预报中心的潜在运行任务（potentially operational task）。这需要深思熟虑的政治努力，因为某些成员国坚信海浪预报是个别气象机构的任务，而不是欧洲机构的任务。然而，在克劳斯和其他一些领军的欧洲科学家的支持下，基于克劳斯的想法，海浪预报多年来一直是欧洲中期天气预报中心的一项重要业务，克劳斯小组的一些成员后来也加入了欧洲中期天气预报中心。

我有幸与克劳斯合作的另一个项目是欧洲航天局的环境卫星（ENVISAT）计划，是关于一个卫星系统的倡议，该系统致力于天气预报和气候研究与观测。克劳斯和我是环境卫星计划小组的成员，所以我很高兴看到克劳斯的行动，这完全符合我的喜好。"环境卫星"是一个复杂而具雄心的项目，经过多年，也就是在早期规划阶段的20年后的2002年最终启动。环境卫星为天气预报和气候观测提供了非常重要的数据，这对观测气候变化过程至关重要。

在担任欧洲中期天气预报中心主任几年后，我提出了一项长期战略，以扩大我们的目标，包括将天气预报扩展到中期以及对基于模式的试验和地球气候系统的系统观测进行重要扩展。我邀请了包括克劳斯·哈塞尔曼在内的许多顶尖科学家为该战略提供建议。然而欧洲中期天气预报中心理事会并没有很高兴，因为他们没有预料到会有如此广泛的倡议。我制作了一个光彩计划（plan in colour），被认为是另一个值得怀疑的问题。我被要求在该中心的科学和技术委员会的帮助下重复这一练习，这次是白纸黑字的。我意识到，即使作为一个国际组织的主管，一个人的行动也受到一定的限制。如果克劳斯是欧洲中期天气预报中心理事会的成员，我可能第一次尝试就成功了。最后，经过几年的努力，战略计划终于被通过了。然而，我也意识到我可能更适合真正的科学环境。在整个过程中，我与克劳斯建立了密切的友谊。几年后，他提议我担任汉堡马克斯·普朗克气象研究所的联合所长，该研究所后来得到马克斯·普朗克学会的批准。后来我接受了这个提议，这导致了我与克劳斯的长期而富有创造性的合作，我在汉堡期间，我几乎每天都与克劳斯进行讨论。在多年从事天气预报业务之后，我真的很高兴再次回到真正的科学环境中。我特别感谢在很长一段时间内与克劳斯的良好科学合作。

4.27 尤尔根·逊德曼：克劳斯·哈塞尔曼——同事和朋友

大约在1966年，当克劳斯35岁时，我比他小7岁，我第一次意识到他是地球物理学领域冉冉升起的一颗新星。沃尔特·蒙克在汉堡大学礼堂上发表的关于太平洋风浪（wind waves）大规模传播的演讲中，提到了克劳斯在最近海洋实验中做出的重大贡献。同年，我参加了在莫斯科举行的第二届世界海洋大会，并听到了克劳斯的精彩演讲。不久后，克劳斯被邀请在大西洋酒店向公众演讲，当时他已经搬到汉堡。这场演讲并不十分成功，但克劳斯很好地经受住了这场"火的洗礼"，并成为新的马克斯·普朗克气象研究所的创所主任，我们互相认识了。作为汉堡大学海洋研究所的一名年轻助理，我参加了他关于海浪的讲座，并欣赏了他鼓舞人心的关于授课资格（habilitation lecture）的讲座——流体动力学中的一种量子理论——在一群持怀疑态度的经典物理学家中。

在随后的几年甚至几十年里，他在汉堡的理论和实验海洋与气候学研究方面的发展过程中发挥了重要作用。这是基于他的科学创造力以及他激励和培养的跨学科合作。这有助于克服传统大学的局限性，并激励来自物理、化学、生物和工程领域的年轻人共同致力于新项目。他引入了研究结构，这些结构整合了汉堡现有的高科技潜力。他是新开发的气候模式系统和北海大型跨学科现场实验的关键发起人，例如JONSWAP项目和FLEX实验（Fladen Fladen Ground Experiment）。

1978年，我被任命为汉堡大学海洋研究所所长，与克劳斯以及他在马克斯·普朗克气象研究所的同事汉斯·辛兹彼得、哈特穆特·格拉斯一起，形成了我们所称的"四人帮"（Gang of Four）——这是一个大大加强汉堡海洋和气候研究的机会。重要里程碑是德国研究基金会的长期和资金充足的特别研究单位"合作研究中心"，收购研究船"瓦尔迪维亚"（Valdivia），德国气候计算中心的成立，在大学设立新的永久性研究单位，如"生物地球化学"和"可持续性和全球变化"，德国气候计算中心的成立以及与气候相关的马克斯·普朗克气象研究所的建立。下一个合乎逻辑的步骤是建立一个联合研究机构：海洋和大气科学中心（ZMAW），其中包括大学的海洋研究所和马克斯·普朗克气象研究所的新公共建筑。这个成功本质上是基于研究优先事项的共同概念及其实际实现的。我们在各研究所之间交流了科学家，成立了联合了图书馆，并设计了一个联合标识和一个公共电子邮箱地址。为了强调和加快我们把来自两个单位的工作组集中在一座新大楼里的努力，克劳斯和我甚至安排了与汉堡市长在市政厅见面。我们终于得到了现在的共同场所。

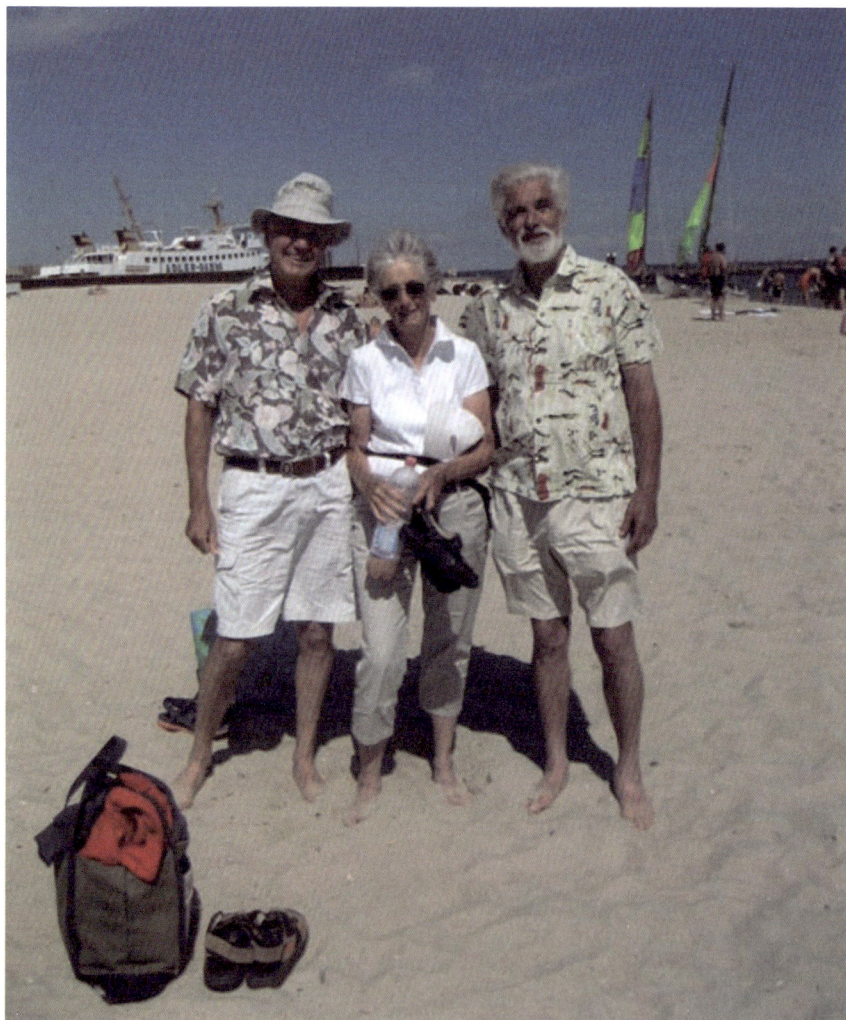

图4-12　北海研究，2013年在叙尔特岛

我们共同的科学工作当然得益于热情的个人理解和社会活动，如足球比赛和嘉年华聚会。最后，但并非最不重要的是，我们和我们的妻子一起参加私人自行车旅行和音乐会，这应该被提到。是的，与克劳斯工作上和私人之间的友谊无疑丰富了我的生活。

4.28 克劳斯·弗雷德里希：1976年关于随机
气候模式的论文

"当马克斯·普朗克气象研究所成立时我有两个目标，一是理解气候自然变异的起源。这一点根本没有得到理解，但如果我们想区分自然气候变异和人为气候变化，这显然是一个关键问题。我刚刚开发了我的气候变化随机模式，因此我可以将这项工作作为起点。"（见前文）

……约瑟夫·艾格（Joseph Egger）（慕尼黑）将哈塞尔曼的布朗运动模拟用于低阶大尺度大气环流模式（1981年），该模式基于朱立尔·查尼（Jule Charney）阻塞多重平衡理论（1979年）。

……和我（柏林）将这种随机噪声Ansatz模拟纳入了低阶气候模式（low-order climate model）（1979年），以引入灾难（现在：临界点）和恢复力。朱立尔·查尼和我在参加1975年国际应用系统分析研究（IIASA）研讨会"平衡和稳定区域的分析和计算"（H.R.Grümm，编辑）后，都将该研讨会关于化学、气候学、生态学和经济学中动力学的新观点应用于他们当时感兴趣的领域。

至于第二个目标，克劳斯似乎更接近于实现它："我们需要一个良好的大气-海洋耦合模式（a good coupled atmosphere-ocean model），但我们没有与现有全球大气环流模式质量相当的全球海洋环流模式。"他在柏林介绍了这一目标，并将其作为一个概念草图，随后在课堂上介绍了关于气候预测和可预测性问题的报告。那时，无缝预报（seamless prediction）还没有出现在地平线上，在这里仅仅是通过拓宽跨越可预报的确定性气候模式（prognostic-deterministic climate models）的带宽。这些只是克劳斯·哈塞尔曼众多科学成就中的两个亮点，这些成就不仅激励了我们，也激励了许多同事追随各种倡议。他们激励我们艰难而烦琐地继续追求我们自己的目标，毕竟这些都是开放式的。

图4-13　为克劳斯·哈塞尔曼1976年发表的里程碑式的论文干杯

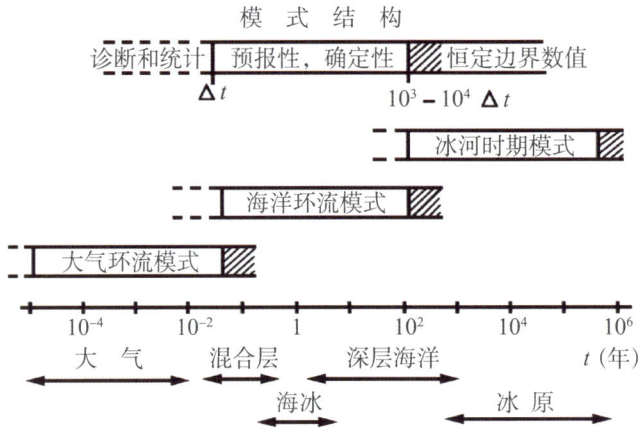

图4-14　气候系统的自然时间尺度和与预测确定性模式相关的时间尺度带宽

4.29　乌多·西蒙尼斯：克劳斯·哈塞尔曼、德国波茨坦气候影响研究所（PIK）和我

　　德国的统一带来了一系列重大的科学创新，并伴随着相关科学家之间的积极合作和友谊的增长。1991年初，德国联邦研究部决定在莱布尼茨学会的赞助下，在勃兰登堡建立一个气候研究所。这一概念是由具有环保意识的部委官员提出的。随后，德

国科学委员会于7月对其进行了审查，并建议实施范围大幅缩小。

1991年10月，举行了由10名成员组成的德国创始委员会（后来的董事会）的第一次会议，成员包括汉堡马克斯·普朗克气象研究所所长克劳斯·哈塞尔曼和柏林社会科学中心（WZB）国际环境与社会研究所所长乌多·西蒙尼斯。一些问题很快就达成了一致：哈塞尔曼被选为委员会主席，新研究所的所在地是波茨坦市，特殊地点变成了勃兰登堡，这在科学史上具有重要意义。围绕其他问题展开了一场更长的、有争议的辩论：新研究所的特殊使命应该是什么？它应该叫什么？谁应该担任所长？

马克斯·普朗克气象研究所通常被认为是环境知识的化身，是与气候相关的一切问题的第一个解决方案。克劳斯也基本上认为，他已经知道了气候问题的一切，只是需要更多地了解气候变化对经济、社会和自然的影响。因此，不可能只有另一个传统的气候研究机构，它必须开展气候影响研究，并关注气候政策。

当时，我对气候方面的特殊情况没有真正的了解，但我确实在制定和落实一致的国际环境政策方面遇到了一些困难：我在柏林社会科学中心创造了"世界环境政策"一词。每个人都知道，一个缺乏相关领域经验的人真的会激怒该领域的专家，但只有少数人知道，他也可以激发专家学会以不同的方式思考。我只需要适应相对精准的自然科学，但克劳斯必须参与多样的、偶尔分散的社会科学。它变成了一个相互学习的过程，其特点是彼此之间越来越尊重，真正的友谊越来越深厚。

1994年2月任命了一个由10名成员组成的"国际科学咨询委员会"（SAB），我成为并担任了该委员会主席8年。"国际科学咨询委员会"经常开会，通常起草非常详细的会议记录，然后波茨坦气候影响研究所的董事会必须讨论。在咨询委员会的许多会议记录中有一条反复出现的格言：呼吁在自然科学和社会科学之间保持良好的平衡，并真诚地开展各自从业者之间的互动。

这一永久需求是基于美国地理学家吉尔伯特·怀特（Gilbert F.White）的见解，他对人类世时代（Anthropocene era）的预测如下："全球相互关联的自然系统和社会系统的未来可能更多地取决于人类行为，而不是对自然过程的进一步调查。""国际科学咨询委员会"在适当的场合也反复呼吁另一个假设："你的工作应该在理论上要求很高，经验上相关，并且要在正确的时间完成。"

虽然可以认为波茨坦气候影响研究所已经很好地完成了第二个假设的工作，但第一个假设仍然是一项任务。然而，为解决这一问题已经正在做大量工作。除了重要的自然科学家外，研究所还邀请了重要的社会科学家；除了培训青年自然科学家外，年轻的社会科学家也会得到积极培养；除了男性外，还招募了大量女性。最重要的是，每个人都学会了建设性合作和有效沟通。

1992年，即成立之年，波茨坦气候影响研究所只有39名员工，其中8名在行政部门。20年后的2012年，这一比例为340：11，这是研究所成功发展的重要指标，也是研究所管理效率的重要指标。

然而在20年之后，我们的关系并没有结束。当一个人在董事会和咨询委员会的任期结束时，首先是一个正式的告别派对，并被命名为"波茨坦气候影响研究所荣誉成员"。这立即产生了一个新的想法：当克劳斯和乌多离开的时候，我们需要更多的外部支持者，因为一个成功的研究所不仅有内部朋友，还有外部嫉妒者和对手。

根据德国法律，成立协会需要七名成员。他们的人数很快就满足了，于是"波茨坦气候影响研究所克之友和支持者协会"于2002年成立。我当选为协会主席，克劳斯当选为协会副主席。在接下来的几年中，我们定期举行年度会议，为研究所的员工组织了许多颁奖仪式，并举办活动以增加公众对研究所的好感。2016年，我们将该协会的主席职位移交给了其他人。

对克劳斯和我来说，接下来的几年是反思和放松的几年，但也是对一个"普通孩子"的诞生和发展感到高兴的一年，这个"孩子"在相对较短的时间内被称为"波茨坦气候影响研究所"。

4.30 哈特穆特·格拉斯：克劳斯·哈塞尔曼——科学基础设施的创造者

科学家不仅应创造新的知识，为人类带来福祉，还应帮助改善创造新知识的条件。为了实现这一目标，我们需要说服政治家投资科学基础设施。在这里，我只讲述克劳斯·哈塞尔曼为加强科学基础设施而提出的许多倡议中的两点，因为这两点我可以直接观察到。最后，我要提到一个科学亮点，就是马克斯·普朗克气象研究所对此做出的贡献。

德国气候计算中心

1987年，德国联邦研究部"基础气候研究"专家小组在波恩召开会议时，气候部门负责人伊姆希尔德·唐豪瑟（Irmhild Tannhäuser）博士在会议开始之前向克劳斯·哈塞尔曼传达了一条令人惊讶的消息："哈塞尔曼先生，我在今年指定的海洋技术预算中发现了盈余1800万德国马克，今年不需要使用。现在，您可以在汉堡启动您渴望已久的气候计算中心了。"作为专家小组主席，我建议克劳斯在我们的议程中增加一个项目，名为"关于德国气候计算中心的讨论"。在讨论这一议程项目时，来自德国南部的专家组八名成员中有两人主张在其研究中心设置气候计算中心。经过长时间的、部分有争议的辩论后，我要求投票（意识到汉堡有可能获得多数票），结果对汉堡有利。因此，研究和技术部的一个小型专家小组决定使这一重要基础设施尽可能靠近马克斯·普朗克气象研究所。至少在1999年底，克劳斯决定了这两个机构的命运，当时他不得不退休。1987年11月，巴伐利亚总理弗朗茨·约瑟夫·施特劳斯（Franz Josef Strauβ）在德国议会第二议院提出倡议后，基础气候研究专家小组于1988年成立了德国联邦政府气候科学咨询委员会，我们也成为咨询委员会的成员。克劳斯的下一个新的研究基础设施的倡议很快出台。

波茨坦气候影响研究所（PIK）

根据克劳斯在1988年和1989年会议上重申的愿望，德国联邦政府咨询委员会建议在德国建立一个气候影响研究所。克劳斯的主要观点是：基于自然科学的气候研究在德国已经达到了很高的国际水平，但我们也需要一个具有国际竞争力的气候影响研究机构，它也应该回答与人为气候变化有关的社会经济研究问题。联邦政府善意地接受了委员会的建议。柏林墙倒塌后，很明显，必须在东德建立一个气候影响研究所。1992年1月，波茨坦气候影响研究所由创始董事汉斯·约阿希姆·谢尔胡贝尔（Hans Joachim Schellnhuber）创办。

在我与克劳斯·哈塞尔曼的联合活动结束时，我记得马克斯·普朗克气象研究所气象学小组的一项科学活动，其基础是克劳斯·哈塞尔曼小组的耦合气候模式开发。

战争导致的气候变化

1991年初在波恩举行的一次会议上，联邦研究部部长瑞森胡伯（Riesenhuber）向我提出建议：汉堡的马克斯·普朗克气象研究所应评估伊拉克袭击科威特油井燃烧的气候后果。当时，我们的研究所配备了欧洲唯一的大气/海洋耦合模式，将是全球唯一一个进行这些计算的研究所。因为在海湾战争期间，它被禁止为我们在美国的同事公布此类模式结果。回到汉堡后，我了解到克劳斯也被要求在三周内将耦合模式结果提交给《自然》杂志[97]。克劳斯·哈塞尔曼的同事莫吉布·拉蒂夫负责每天向研究所三个部门的所有参与者询问进展和问题。例如，在我的小组中，我们对烟尘（黑碳）吸收的太阳辐射量有一个简单但严重的计算错误。重要的模式结果：科威特周围只有一小部分区域冷却，在亚洲山脉和东非，烟尘大部分是湿沉降。在媒体上其他团体发出所有"世界末日"信息之后，公众对我们的结果的反响不大。后来我们了解到，模式结果甚至高估了观测到的表面冷却。然而，其他科学家在媒体上发表的关于火灾造成的夸大的气候变化估计没有被再提起。

5

克劳斯·哈塞尔曼的
简历和主要研究论文 [1]

①请参见https://pure.mpg.de/cone/persons/resource/persons37172？lang=en。（原书注）

5.1 克劳斯·哈塞尔曼的简历

1931年10月25日，出生于德国汉堡。

1934年，随家人移居英国。

1936年至1949年，英格兰赫茨韦尔文花园城初中和文法学校（高中）。

1949年7月，参加高中期末考试（获得剑桥高中毕业证书）。

1949年8月，与家人返回汉堡。

1949年9月至1950年4月，汉堡门克和汉布罗克机械工程实践课程。

1950年5月至1955年7月，在汉堡大学学习物理和数学。

1952年11月，参加大学预科（Pre–Diplom）考试。

1955年7月，参加Diploma考试（Diploma论文研究湍流，导师：K.Wieghardt教授）。

1955年11月至1957年7月，在哥廷根大学和马克斯·普朗克流体动力学研究所学习物理和流体动力学。

1957年7月，哥廷根大学理学博士（导师W.Tollmien教授）。

1957年8月，与苏珊娜·巴特结婚。

1957年8月至1961年10月，在汉堡大学海军建筑研究所担任K.Wieghardt教授的研究助理。

1961年10月至1964年10月，美国加州大学拉荷亚分校地球物理和行星物理研究所和斯克里普斯海洋研究所研究助理、副教授。

1963年2月，汉堡大学博士后（habilitation）。

1964年11月至1966年11月，汉堡大学讲师。

1966年11月至1969年2月，汉堡大学教授（1967年9月至1968年2月休假）。

1967年9月至1968年2月，剑桥大学客座研究员。

1969年2月至1972年9月，汉堡大学系主任和教授（休假，1970年7月—1972年7月）。

1970年7月至1972年7月，美国马萨诸塞州伍兹豪尔市伍兹豪尔海洋研究所Doherty讲席教授。

1972年9月至1975年1月，汉堡大学地球物理研究所所长，理论地球物理学正式教授。

1975年2月至1999年11月，汉堡马克斯·普朗克气象研究所所长。

1988年1月至1999年11月，汉堡德国气候计算机中心科学主任。

5.2 克劳斯·哈塞尔曼发表的主要论文

大多数全文可以通过马克斯·普朗克学会（MPG.PuRe）的出版物库获得，网址是https：//pure.mpg.de/cone/persons/resource/persons37172。

在相关期刊发表的论文如下：

［1］HASSELMANN K. Zur Deutung der dreifachen Geschwindigkeit skorrelationen der isotropen Turbulenz［J］. Deutsche Hydrographische Zeitschrift，1958，11：207–217.

［2］HASSELMANN K. Die Totalreflflexion von kugelförmigen Kompressionsfronten in elastischen Medien；v. Schmidtsche Kopfwellen［J］. Zeitschrift für angewandte Mathematik und Mechanik，1958，38：310–312.

［3］HASSELMANN K. Grundgleichungen der Seegangsvoraussage［J］. Schiffstechnik，1960，7：191–195.

［4］HASSELMANN K. Die Totalreflflexion einer kugelförmigen Kompressionsfront an der Trennungsebene zweier elastischer Medien［J］. Zeitschrift für angewandte Mathematik und Mechanik，1960，40：464–472.

［5］HASSELMANN K. Über den nichtlinearen Energieaustausch innerhalb eines Seegangsspektrums［J］. Zeitschrift für angewandte Mathematik und Mechanik，1961，41（S1）：T137–T138.

［6］HASSELMANN K. On the non-linear energy transfer in a gravity wave spectrum：Part 1. General theory［J］. Journal of Fluid Mechanics，1962，12：481-500.

［7］HASSELMANN K. Über zufallserregte Schwingungssysteme［J］. Zeitschrift für angewandte Mathematik und Mechanik，1962，42：465-476.

［8］HASSELMANN K. On the non-linear energy transfer in a gravity wave spectrum：Part 2. Conservation theorems；wave-particle analogy；irreversibility［J］. Journal of Fluid Mechanics，1963，15：273-281.

［9］HASSELMANN K. On the non-linear energy transfer in a gravity wave spectrum：Part 3. Evaluation of the energy flux and swell-sea interaction for a Neumann spectrum［J］. Journal of Fluid Mechanics，1963，15：385-398.

［10］HASSELMANN K. On the nonlinear energy transfer in a wave spectrum［C］// Ocean wave spectra：Proceedings of a conference. Englewood Cliffs：Prentice-Hall，1963：191-200.

［11］HASSELMANN K，MUNK W，MACDONALD G. Bispectra of ocean waves［C］// M. Rosenblatt. Proceedings of the Symposium on time series analysis. New York：Wiley，1963：125-139.

［12］HASSELMANN K. A statistical analysis of the generation of microseisms［J］. Reviews of Geophysics，1963，1：177-210.

［13］MUNK W，HASSELMANN K. Super-resolution of tides［M］// K. Yoshida. Studies on Oceanography. Tokyo：University of Tokyo Press，1964：339-344.

［14］HASSELMANN K. Über Streuprozesse in nichtlinear gekoppelten Wellenfeldern［J］. Zeitschrift für angewandte Mathematik und Mechanik，1965，45（S1）：T114-T115.

［15］HASSELMANN K. On nonlinear ship motions in irregular waves［J］. Journal of Ship Research，1966，10：64-68.

［16］HASSELMANN K. Feynman diagrams and interaction rules of wave-wave scattering processes［J］. Reviews of Geophysics，1966，4：1-32.

［17］HASSELMANN K. Generations of waves by turbulent wind［C］// R. D.

Cooper. Sixth Symposium Naval Hydrodynamics. Washington：Office of Naval Research，1966：585–592.

［18］SNODGRASS F E，GROVES G W，HASSELMANN K，et al. Propagation of ocean swell across the Pacific［J］. Philosophical Transactions of the Royal Society of London，Series A：Mathematical and Physical Sciences，1966，259（1103）：431–497.

［19］HASSELMANN K. A criterion for nonlinear wave stability［J］. Journal of Fluid Mechanics，1967，30：737–739.

［20］HASSELMANN K. Nonlinear interactions treated by methods of theoretical physics（with application to generation of waves by wind）［J］. Proceedings of the Royal Society A：Mathematical，Physical and Engineering Sciences，1967，299（1456）：77–103.

［21］HASSELMANN K. Weak–interaction theory of ocean waves［M］// M. Holt. Basic developments in fluid dynamics. New York：Academic Press，1968：117–182.

［22］HASSELMANN K，COLLINS J. Spectral dissipation of finite depth gravity waves due to turbulent bottom friction［J］. Journal of Marine Research，1968：26，1–12.

［23］HASSELMANN K，WIBBERENZ G. Scattering of charged particles by random electromagnetic fields［J］. Zeitschrift für Geophysik，1968，34：353–388.

［24］HASSELMANN K. The sea surface［C］// Morning review lectures of the Second International Oceanographic Congress. Paris：UNESCO，1969：49–54.

［25］ESSEN H–H，HASSELMANN K. Scattering low–frequency sound in the ocean［J］. Zeitschrift für Geophysik，1970，36：655–678.

［26］HASSELMANN K，SCHIELER M. Radar backscatter from the sea surface［C］// Eighth Symposium Naval Hydrodynamics. Arlington：Office of Naval Research，1970：361–388.

［27］HASSELMANN K. Wave–driven inertial oscillations［J］. Geophysical Fluid Dynamics，1970，1：463–502.

［28］HASSELMANN K，WIBBERENZ G. A note on the parallel diffusion coefficient［J］. The Astrophysical Journal，1970，162：1049–1051.

［29］WIBBERENZ G，HASSELMANN K，HASSELMANN S. Comparison of particle–field interaction theory with solar proton diffusion coefficients［J］. Acta Physica Academiae Scientiarum Hungaricae，1970，29（Suppl. 2）：37–46.

［30］HASSELMANN K. Determination of ocean wave spectra from Doppler radio return from the sea surface［J］. Nature–Physical Science，1971，229：16–17.

［31］HASSELMANN K. On the mass and momentum transfer between short gravity waves and larger–scale motions［J］. The Journal of Fluid Mechanics，1971，50：189–205.

［32］HASSELMANN K. Die Vorhersage in der Meeresforschung［J］. Meerestechnik–Marine Technology，1972，3：96–99.

［33］HASSELMANN K，BARNETT T，BOUWS E，et al. Measurements of wind–wave growth and swell decay during the joint North Sea wave project（JONSWAP）［J］. Ergänzungsheft zur Deutschen Hydrographischen Zeitschrift，Reihe A，Nr. 12.

［34］HASSELMANN K. On the characterisation of the wave field in the problem of ship response［J］. Schiffstechnik，1973，20：56–60.

［35］HASSELMANN K. On the spectral dissipation of ocean waves due to white capping［J］. Boundary–Layer Meteorology，1974，6：107–127.

［36］ALPERS W，HASSELMANN K，SCHIELER M. Fernerkundung der Meeresoberflfläche von Satelliten aus［J］. Raumfahrtforschung，1975，19：1–7.

［37］HASSELMANN K，ROSS D B，MÜLLER P，SELL W. A parametric wave prediction model［J］. Journal of Physical Oceanography，1976，6：200–228.

［38］HASSELMANN K. Stochastic climate models–1. Theory［J］. Tellus，1976，28：473–485.

［39］FRANKIGNOUL C，HASSELMANN K. Stochastic climate models–2. Application to sea–surface temperature anomalies and thermocline variability［J］. Tellus，1977，29：289–305.

［40］HASSELMANN K，HERTERICH K. Klima und Klimavorhersage［J］. Annalen der Meteorologie，1977，12：42–46.

［41］HASSELMANN K. Application of 2-timing methods in statistical geophysics ［J］. Journal of Geophysics-Zeitschrift für Geophysik，1977，43：351-358.

［42］HASSELMANN K，ROSS D，MÜLLER P，et al. A parametric wave prediction model-A reply ［J］. Journal of Physical Oceanography，1977，7：134-137.

［43］LEIPOLD G，HASSELMANN K. Lösung von Bewegungsgle ichungen durch Projektion auf Parametergleichungen，dargestellt an der ozeanischen Deckschicht ［J］. Annalen der Meteorologie，1977，12：50-51.

［44］ALPERS W，HASSELMANN K，KUNSTMANN J. Validity of weak particle-field interaction theory for description of cosmic-ray particle diffusion in random magnetic-fields ［J］. Astrophysics and Space Science，1978，58：259-271.

［45］ALPERS W，HASSELMANN K. The two-frequency microwave technique for measuring ocean-wave spectra from an airplane or satellite ［J］. Boundary-Layer Meteorology，1978，13：215-230.

［46］CROMBIE D，HASSELMANN K，SELL W. High-frequency radar observations of sea waves travelling in opposition to the wind ［J］. Boundary-Layer Meteorology，1978，13：45-54.

［47］HASSELMANN K，ALPERS W，BARICK D，et al. Radar measurements of wind and waves ［J］. Boundary-Layer Meteorology，1978，13：405-412.

［48］HASSELMANN K. On the spectral energy balance and numerical prediction of ocean waves ［C］// A. Favre，K. Hasselmann. Proceedings of the NATO Symposium on Turbulent Fluxes Through the Sea Surface，Wave Dynamics，and Prediction. New York：Plenum Publishing Corporation，1978：531-545.

［49］SHEMDIN O，HASSELMANN K，HSIAO S V，et al. Nonlinear and linear bottom interaction effects in shallow water ［C］// A. Favre，K. Hasselmann. Proceedings of the NATO Symposium on Turbulent Fluxes Through the Sea Surface，Wave Dynamics，and Prediction. New York：Plenum Publishing Corporation，1978：347-372.

［50］BARNETT T P，HASSELMANN K. Techniques of linear prediction，with application to oceanic and atmospheric fields in the tropical Pacific ［J］. Reviews of Geophysics，1979，17：949-968.

［51］GUNTHER H，ROSENTHAL W，WEARE T J，et al. A hybrid parametrical wave prediction model［J］. Journal of Geophysical Research：Oceans，1979，84：5727–5738.

［52］HASSELMANN K. Linear statistical models［J］. Dynamics of Atmospheres and Oceans，1979，3：501–521.

［53］HASSELMANN K. On the problem of multiple time scales in climate modelling［M］// W. Bach. Man's impact on climate：Proc. of an Int. Conference，Berlin. Amsterdam：Elsevier，1978：43–55.

［54］HASSELMANN K. On the signal–to–noise problem in atmospheric response studies［M］// D. B. Shaw. Meteorology over the tropical oceans. Bracknell：Royal Meteorological Society，1979：251–259.

［55］LONG R B，HASSELMANN K. Variational technique for extracting directional spectra from multicomponent wave data［J］. Journal of Physical Oceanography，1979，9：373–381.

［56］HASSELMANN K. Ein stochastisches Modell der natürlichen Klimavariabilität［M］// H. Oeschger. Das Klima：Analysen und Modelle，Geschichte und Zukunft. Berlin，Heidelberg：Springer，1980：259–260.

［57］HASSELMANN K. A simple algorithm for the direct extraction of the two-dimensional surface image spectrum from the return signal of a synthetic aperture radar［J］. International Journal of Remote Sensing，1980，1：219–240.

［58］HERTERICH K，HASSELMANN K. A similarity relation for the non-linear energy–transfer in a finite–depth gravity–wave spectrum［J］. Journal of Fluid Mechanics，1980，97：215–224.

［59］LEMKE P，TRINKL E W，HASSELMANN K. Stochastic dynamic analysis of polar sea ice variability［J］. Journal of Physical Oceanography，1980，10：2100–2120.

［60］SHEMDIN O H，HSIAO S V，CARLSON H E，et al. Mechanisms of wave transformation in finite depth water［J］. Journal of Geophysical Research：Oceans，1980，85：5012–5018.

［61］BARNETTTP，PREISENDORFERRW，GOLDSTEINLM，et al. Significance tests for regression model hierarchies［J］. Journal of Physical Oceanography，1981，11：1150-1154.

［62］CARDONE V，CARLSON H，EWING J A，et al. The surface wave environment in the GATE B/C Scale—Phase III［J］. Journal of Physical Oceanography，1981，11：1280-1293.

［63］HASSELMANN K. Construction and verification of stochastic climate models ［M］// A. Berger. Climatic Variations and Variability：Facts and Theories. Dordrecht：D. Reidel Publishing Company，1981：481-497.

［64］HASSELMANN K，BARNETT T P. Techniques of linear prediction for systems with periodic statistics［J］. Journal of the Atmospheric Sciences，1981，38：2275-2283.

［65］HASSELMANN K. Modeling the global oceanic circulation for climatic space and time scales［M］// E. B. Kraus，M. Fieux. NATO Advanced Research Institute on 'Large Scale Transport of Heat and Matter in the Oceans'. Paris：Laboratoire d'Océanographie Physique，1981：112-122.

［66］ALPERS W，HASSELMANN K. Spectral signal to clutter and thermal noise properties of ocean wave imaging synthetic aperture radars［J］. International Journal of Remote Sensing，1982，3：423-446.

［67］HASSELMANN K，SHEMDIN O H. Remote sensing experiment in MARSEN （Foreword）［J］. International Journal of Remote Sensing，1982，3：359-361.

［68］HASSELMANN K. An ocean model for climate variability studies［J］. Progress in Oceanography，1982，11：69-92.

［69］HERTERICH K，HASSELMANN K. The horizontal diffusion of tracers by surface waves［J］. Journal of Physical Oceanography，1982，12：704-711.

［70］HASSELMANN K，HERTERICH K. Application of inverse modelling techniques to paleoclimatic data［C］// A. Ghazi. Paleoclimatic Research and Models （PRaM）：Report and Proceedings of the Workshop. Dordrecht：D. Reidel Publishing Company，1983：52-68.

［71］BARNETT T P，HEINZ H-D，HASSELMANN K. Statistical prediction of seasonal air temperature over Eurasia［J］. Tellus Series A—Dynamic Meteorology and Oceanography，1984，36：132-146.

［72］KOMEN G J，HASSELMANN S，HASSELMANN K. On the existence of a fully developed wind-sea spectrum［J］. Journal of Physical Oceanography，1984，14：1271-1285.

［73］ATTEMA E，BENGTSSON L，BERTOTTI L，et al. Report on the Working Group on Wind and Wave Data［C］// The use of satellite data in climate models：Proc. of a conference held in Alpach，Austria，June 10-12，1985. Noordwijk：ESA Scientific and Technical Publications Branch，1985：13-16.

［74］HASSELMANN K. Assimilation of microwave data in atmospheric and wave models［C］// The use of satellite data in climate models：Proc. of a conference held in Alpach，Austria，June 10-12，1985. Noordwijk：ESA Scientific and Technical Publications Branch，1985：47-52.

［75］HASSELMANN K，RANEY R K，PLANT W J，et al. Theory of synthetic aperture radar ocean imaging：A MARSEN view［J］. Journal of Geophysical Research：Oceans，1985，90：4659-4686.

［76］HASSELMANN S，HASSELMANN K. The Wave Model EXACTNL［M］// The SWAMP Group. Ocean wave modeling. Heidelberg：Springer，1985：249-251.

［77］HASSELMANN S，HASSELMANN K. Computations and parameterizations of the nonlinear energy transfer in a gravity-wave spectrum. Part I：A new method for efficient computations of the exact nonlinear transfer integral［J］. Journal of Physical Oceanography，1985，15：1369-1377.

［78］HASSELMANN S，HASSELMANN K，ALLENDER J H，et al. Computations and parameterizations of the nonlinear energy transfer in a gravity-wave spectrum. Part II：Parameterizations of the nonlinear energy transfer for application in wave models［J］. Journal of Physical Oceanography，1985，15：1378-1391.

［79］HASSELMANN K. Wave modelling activities of the WAM Group relevant to ERS-1［C］// Proceedings of an ESA Workshop on ERS-1 Wind and Wave Calibration，

Schliersee 1986. Noordwijk：ESA Scientific and Technical Publications Branch，1986：173–175.

［80］HASSELMANN K，CUYMER T，JOHNSON D，et al. The feasibility of an ERS–1 oriented，but scientifically autonomous，international experiment campaign. Report of Working Group 6［C］// Proceedings of an ESA Workshop on ERS–1 Wind and Wave Calibration，Schliersee 1986. Noordwijk：ESA Scientific and Technical Publications Branch，1986：223–227.

［81］HASSELMANN K，ALPERS W. The response of Synthetic Aperture Radar to ocean surface waves［C］// O. M. Phillips，K. HASSELMANN. Wave dynamics and radio probing of the ocean surface：Proc. IUCRM Symposium. New York：Plenum Publishing. Corporation，1986：393–402.

［82］KRUSE H A，HASSELMANN K. Investigation of processes governing the large–scale variability of the atmosphere using low–order barotropic spectral models as a statistical tool ［J］. Tellus Series A—Dynamic Meteorology and Oceanography，1986，38：12–24.

［83］HERTERICH K，HASSELMANN K. Extraction of mixed layer advection velocities，diffusion coefficients，feedback factors and atmospheric forcing parameters from the statistical analysis of North Pacific SST anomaly fields［J］. Journal of Physical Oceanography，1987，17：2145–2156.

［84］MAIER–REIMER E，HASSELMANN K. Transport and storage of CO_2 in the ocean—An inorganic ocean–circulation carbon cycle model［J］. Climate Dynamics，1987，2：63–90.

［85］YOUNG I R，HASSELMANN S，HASSELMANN K. Computations of the response of a wave spectrum to a sudden change in wind direction［J］. Journal of Physical Oceanography，1987，17：1317–1338.

［86］HASSELMANN K. PIPs and POPs：The reduction of complex dynamical systems using principal interaction and oscillation patterns［J］. Journal of Geophysical Research：Atmospheres，1988，93：11015–11021.

［87］HASSELMANN K. Some problems in the numerical simulation of climate variability using high-resolution coupled models [M] // M. E. Schlesinger. Physically-based modelling and simulation of climate and climatic change：Part 1. Dordrecht：Kluwer Academic Publishers，1988：583-614.

［88］SAUSEN R，BARTHEL K，HASSELMANN K. Coupled ocean-atmosphere models with flux correction [J]. Climate Dynamics，1988，2：145-163.

［89］von STORCH H，BRUNS T，FISCHER-BRUNS I，et al. Principal oscillation pattern analysis of the 30- to 60-day oscillation in general circulation model equatorial troposphere [J]. Journal of Geophysical Research：Atmospheres，1988，93：11022-11036.

［90］WAM Development and Implementation Group. The WAM Model—A third generation ocean wave prediction model [J]. Journal of Physical Oceanography，1988，18：1775-1810.

［91］WINEBRENNER D P，HASSELMANN K. Specular point scattering contribution to the mean Synthetic Aperture Radar image of the ocean surface [J]. Journal of Geophysical Research：Oceans，1988，93，9281-9294.

［92］HASSELMANN K. Das Klimaproblem—eine Herausforderung an die Forschung [M] // R. Gerwin. Wie die Zukunft Wurzeln schlug：Aus der Forschung der Bundesrepublik Deutschland. Berlin：Springer-Verlag，1989：145-159.

［93］BRUENING C，ALPERS W，HASSELMANN K. Monte-Carlo simulation studies of the nonlinear imaging of a two dimensional surface wave field by a synthetic aperture radar [J]. International Journal of Remote Sensing，1990，11：1695-1727.

［94］HASSELMANN K. Climate and development：Scientific efforts and assessment—The state of the art [M] // H.-J. Karpe，D. Otten，S. C. Trinidade. Climate and development：climatic change and variability and the resulting social，economic and technological implications. Berlin，Heidelberg：Springer，1990：67-122.

［95］HASSELMANN K. Waves，dreams，and visions [J]. Johns Hopkins APL Technical Digest，1990，11：366-369.

［96］HASSELMANN K. Equation punctuation argumentation [J]. Physics Today，1990，43：15.

［97］BAKAN S，CHLOND A，CUBASCH U，et al. Climate response to smoke from the burning oilwells in Kuwait［J］. Nature，1991，351：367-371.

［98］DONELAN M，EZRATY R，BANNER M，et al. Research needs for better wave forecasting：LEWEX Panel Discussion［M］// R. C. Beal. Directional ocean wave spectra：measuring，modeling，predicting，and applying. Baltimore：Johns Hopkins University Press，1991：196-204.

［99］HASSELMANN K. How well can we predict the climate crisis?［M］// H. Siebert，Institut für Weltwirtschaft an der Universität Kiel. Environmental Scarcity：The International Dimension. Tübingen：J. C. B. Mohr（Paul Siebeck），1991：165-183.

［100］HASSELMANN K. Waves，dreams，and visions（Epilogue）［M］// R. C. Beal. Directional ocean wave spectra：measuring，modeling，predicting，and applying. Baltimore：Johns Hopkins University Press，1991：205-208.

［101］HASSELMANN K，HASSELMANN S，BRÜNING C，et al. Interpretation and application of SAR wave image spectra in wave models［M］// R. C. Beal. Directional ocean wave spectra：measuring，modeling，predicting，and applying. Baltimore：Johns Hopkins University Press，1991：117-124.

［102］HASSELMANN K，HASSELMANN S. On the nonlinear mapping of an ocean wave spectrum into a synthetic aperture radar image spectrum and its inversion［J］. Journal of Geophysical Research：Oceans，1991，96：10，713-10，729.

［103］HASSELMANN K. Ocean circulation and climate change［J］. Tellus Series B—Chemical and Physical Meteorology，1991，43：82-103.

［104］BAUER E，HASSELMANN K，YOUNG I. Satellite data assimilation in the wave model 3G-WAM［C］// Proceedings of the Central Symposium of the "International Space Year" Conference，Munich，Germany，30 March —4 April 1992. Noordwijk：ESA Publishing Division，1992：377-380.

［105］BAUER E，HASSELMANN S，HASSELMANN K，et al. Validation and assimilation of Seasat altimeter wave heights using the WAM wave model［J］. Journal of Geophysical Research：Oceans，1992，97：12，671-12，682.

［106］CUBASCH U，HASSELMANN K，HÖCK H，et al. Time-dependent

greenhouse warming computations with a coupled ocean–atmosphere model ［J］. Climate Dynamics，1992，8：55–69.

［107］HASSELMANN K，SAUSEN R，MAIER–REIMER E，et al. Das Kaltstartproblem bei Klimasimulationen mit gekoppelten Atmosphäre Ozean–Modellen ［J］. Annalen der Meteorologie，1992，27：153–154.

［108］BRÜNING C，HASSELMANN S，HASSELMANN K，et al. On the extraction of ocean wave spectra from ERS–1 SAR wave mode image spectra ［C］// Proceedings of the first ERS–1 Symposium：Space at the Service of our Environment，4–6 November 1992，Cannes，France. Noordwijk：ESA Publishing Division，1993：747–752.

［109］HASSELMANN K，SAUSEN R，MAIER–REIMER E，et al. On the cold start problem in transient simulations with coupled atmosphere–ocean models ［J］. Climate Dynamics，1993，9：53–61.

［110］HASSELMANN K. Optimal fingerprints for the detection of time–dependent climate change ［J］. Journal of Climate，1993，6：1957–1971.

［111］HEINZE C，HASSELMANN K. Inverse multiparameter modeling of paleoclimate carbon cycle indices ［J］. Quaternary Research，1993，40：281–296.

［112］MAIER–REIMER E，MIKOLAJEWICZ U，HASSELMANN K. Mean circulation of the Hamburg LSG OGCM and its sensitivity to the thermohaline surface forcing ［J］. Journal of Physical Oceanography，1993，23：731–757.

［113］PENNELL W T，BAMETT T P，HASSELMANN K，et al. The detection of anthropogenic climate change ［C］// Anaheim at California，USA：Proceedings of the Fourth Symposion on Global Change Studies. Boston：American Meteorological Society，1993：21–28.

［114］SNYDER R L，THACKER W C，HASSELMANN K. Implementation of an efficient scheme for calculating nonlinear transfer from wave–wave interactions ［J］. Journal of Geophysical Research：Oceans，1993，98：14，507–14，525.

［115］BRÜNING C，HASSELMANN K，HASSELMANN S，et al. A first evaluation of ERS–1 Synthetic Aperture Radar wave mode data ［J］. The Global

Atmosphere and Ocean System，1994，2：61-98.

［116］SANTER B D，BRÜGGEMANN W，CUBASCH U，et al. Signal-to-noise analysis of time-dependent greenhouse warming experiments. Part 1：Pattern analysis ［J］. Climate Dynamics，1994，9：267-285.

［117］SANTER B D，MIKOLAJEWICZ U，BRÜGGEMANN W，et al. Ocean variability and its influence on the detectability of greenhouse warming signals ［J］. Journal of Geophysical Research：Oceans，1995，100：10，693-10，725.

［118］von STORCH H，HASSELMANN K. Climate variability and change ［M］// G. Hempel. The ocean and the poles：Grand challenges for European cooperation. Jena：Gustav Fischer Verl，1995：33-58.

［119］BARZEL G，LONG R B，HASSELMANN S，et al. Wave model fitting using the adjoint technique ［M］// M. A. Donelan，W. H. Hui，W. J. PLANT. The Air-Sea Interface：Radio and Acoustic Sensing，Turbulence and Wave Dynamics. Miami，Florida：Rosenstiel School of Marine and Atmospheric Science，Univ. Miami，1996：347-354.

［120］BAUER E，HASSELMANN K，YOUNG I，et al. Assimilation of wave data into the wave model WAM using an impulse response function method ［J］. Journal of Geophysical Research：Oceans，1996，101：3801-3816.

［121］HASSELMANN K. The metron model：Towards a unified deterministic theory of fields and particles，Part 1：The metron concept ［J］. Physics Essays，1996，9：311-325.

［122］HASSELMANN K. The metron model：Towards a unified deterministic theory of fields and particles，Part 2：The Maxwell-Dirac-Einstein system ［J］. Physics Essays，1996，9：460-475.

［123］HASSELMANN S，BRUNING C，HASSELMANN K，et al. An improved algorithm for the retrieval of ocean wave spectra from synthetic aperture radar image spectra ［J］. Journal of Geophysical Research：Oceans，1996，101：16，615-16，629.

［124］HASSELMANN S，HASSELMANN K，BRÜNING C. Extraction of wave data from ERS-1 SAR wave mode image spectra ［M］// M. A. Donelan，W. H. Hui，

W. J. PLANT. The Air–Sea Interface：Radio and Acoustic Sensing，Turbulence and Wave Dynamics. Miami，Florida：Rosenstiel School of Marine and Atmospheric Science，Univ. Miami，1996：773–780.

［125］HEGERL G C，von STORCH H，HASSELMANN K，et al. Detecting greenhouse–gas–induced climate change with an optimal fingerprint method［J］. Journal of Climate，1996，9：2281–2306.

［126］LEHNER S，BRUNS T，HASSELMANN K. Test of a new onboard shiprouting system［C］// Proceedings of the Second ERS Applications workshop. Noordwijk：ESA/ESTAC，1996：297–301.

［127］LIONELLO P，HASSELMANN K，MELLOR G I. On the coupling between a surface wave model and a model of the mixed layer in the ocean［M］// M. A. Donelan，W. H. Hui，W. J. PLANT. The Air–Sea Interface：Radio and Acoustic Sensing，Turbulence and Wave Dynamics. Miami，Florida：Rosenstiel School of Marine and Atmospheric Science，Univ. Miami，1996：195–201.

［128］BAUER E，HASSELMANN S，LIONELLO P，et al. Comparison of assimilation results from an optimal interpolation and the Green's function method using ERS–1 SAR wave mode spectra［C］// Florence，Italy：Third ERS Symposium on Space at the Service of Our Environment，1997：1131–1136.

［129］HASSELMANN K. Multi–pattern fingerprint method for detection and attribution of climate change［J］. Climate Dynamics，1997，13：601–611.

［130］HASSELMANN K. Climate–change research after Kyoto［J］. Nature，1997，390（6657）：225–226.

［131］HASSELMANN K. The metron model：Towards a unified deterministic theory of fields and particles，Part 3：Quantum phenomena［J］. Physics Essays，1997，10：64–86.

［132］HASSELMANN K. The metron model：Towards a unified deterministic theory of fields and particles，Part 4：The standard model［J］. Physics Essays，1997，10：269–286.

［133］HASSELMANN K. Climate change—Are we seeing global warming?［J］.

Science，1997，276（5314）：914–915.

［134］HASSELMANN K，HASSELMANN S，GIERING R，et al. Sensitivity study of optimal CO2 emission paths using a simplified Structural Integrated Assessment Model（SIAM）［J］. Climatic Change，1997，37：345–386.

［135］HEGERL G C，HASSELMANN K，CUBASCH U，et al. Multi–fingerprint detection and attribution analysis of greenhouse gas，greenhouse gas–plus–aerosol and solar forced climate change［J］. Climate Dynamics，1997，13：613–634.

［136］HEIMBACH P，HASSELMANN S，HASSELMANN K. Three year global intercomparison of ERS–1 SAR wave mode spectral retrievals with WAM model data［C］// Florence，Italy：Third ERS Symposium on Space at the Service of Our Environment，1997：1143–1149.

［137］HASSELMANN K，HASSELMANN S. Multi–actor optimization of greenhouse gas emission paths using coupled integral climate response and economic models ［M］// H.–J. Schellnhuber，V. Wenzel. Earth systems analysis：integrating science for sustainability—Complemented results of a symposium. Berlin，Heidelberg：Springer，1998：381–415.

［138］HASSELMANN K. Conventional and Bayesian approach to climate–change detection and attribution［J］. Quarterly Journal of the Royal Meteorological Society，1998，124：2541–2565.

［139］HASSELMANN K. The metron model：Towards a unified deterministic theory of fields and particles ［M］// A. K. Richter. Understanding Physics. Katlenburg–Lindau：Copernicus Gesellschaft，1998：155–186.

［140］HEIMBACH P，HASSELMANN S，HASSELMANN K. Statistical analysis and intercomparison of WAM model data with global ERS–1 SAR wave mode spectral retrievals over 3 years［J］. Journal of Geophysical Research：Oceans，1998，103：7931–7977.

［141］BARNETT T P，HASSELMANN K，CHELLIAH M，et al. Detection and attribution of recent climate change：A status report［J］. Bulletin of the American Meteorological Society，1999，80：2631–2659.

［142］HASSELMANN K. Cooperative and non-cooperative multi-actor strategies of optimizing greenhouse gas emissions ［M］// H. von Storch. Anthropogenic climate change. Berlin：Springer-Verlag, 1999：209-256.

［143］HASSELMANN K. Intertemporal accounting of climate change-Harmonizing economic efficiency and climate stewardship［J］. Climatic Change, 1999, 41：333-350.

［144］HASSELMANN K. Climate change—Linear and nonlinear signatures［J］. Nature, 1999, 398（6730）：755-756.

［145］HASSELMANN K. Climate prediction is heavy weather［J］. Physics World, 1999, 12：24.

［146］HASSELMANN K. Modellierung natürlicher und anthropogener Klima-änderungen［J］. Physikalische Blätter, 1999, 55：27-30.

［147］PETSCHEL-HELD G, SCHELLNHUBER H J, BRUCKNER T, et al. The tolerable windows approach：Theoretical and methodological foundations［J］. Climatic Change, 1999, 41：303-331.

［148］HASSELMANN K. The outlook for climate change ［M］// H. Siebert, Institut für Weltwirtschaft an der Universität Kiel. The Economics of International Environmental Problems. Tübingen：Mohr Siebeck, 2000：27-49.

［149］HASSELMANN K. Optimizing long-term climate management ［M］// E.-D. Schulze, M. Heimann. Global biogeochemical cycles in the climate system. San Diego：Academic Press, 2001. 333-343.

［150］HOOSS G, VOSS R, HASSELMANN K, et al. A nonlinear impulse response model of the coupled carbon cycle climate system （NICCS）［J］. Climate Dynamics, 2001, 18（3-4）：189-202.

［151］JOOS F, PRENTICE I C, SITCH S, et al. Global warming feedbacks on terrestrial carbon uptake under the Intergovernmental Panel on Climate Change （IPCC） emission scenarios［J］. Global Biogeochemical Cycles, 2001, 15：891-907.

［152］HASSELMANN K. Is climate predictable［M］// A. Bunde, J. Kropp, J. Schellnhuber. The science of disasters：climate disruption, heart attacks, and market crashes. Berlin：Springer，2002：141–169.

[153] JOHANNESSEN O M，SAGEN H，HAMRE T，et al. Acoustic monitoring of ocean climate in the Arctic （AMOC） [M] // N.C. Flemming，S. Vallerga，et al. Operational Oceanography— Implementation at the European and regional Scales. Amsterdam：Elsevier Science BV，2002：371–378.

[154] BRUCKNER T，HOOSS G，FÜSSEL H–M，et al. Climate system modeling in the framework of the tolerable windows approach：The ICLIPS climate model [J]. Climatic Change，2003，56：119–137.

[155] HASSELMANN K，LATIF M，HOOSS G，et al. The challenge of long–term climate change [J]. Science，2003，302（12）：1923–1925.

[156] HASSELMANN K，SCHELLNHUBER H J，EDENHOFER O. Climate change：complexity in action [J]. Physics World，2004，17：31–35.

[157] HASSELMANN K，HASSELMANN S. The metron model：a unified deterministic theory of fields and particles—a progress report [C] // Proceedings of Institute of Mathematics of NAS of Ukraine. Kyiv：Institute of Mathematics of NAS of Ukraine，2004：788–795.

[158] JOHANNESSEN O M，BENGTSSON L，MILES M W，et al. Arctic climate change：observed and modelled temperature and sea–ice variability [J]. Tellus Series A—Dynamic Meteorology and Oceanography，2004，56（4）：328–341.

[159] BARTH V，HASSELMANN K. Analysis of climate damage abatement costs using a dynamic economic model [J]. Vierteljahreshefte zur Wirtschaftsforschung （DIW），2005，74：148–163.

[160] SCHNUR R，HASSELMANN K. Optimal filtering for Bayesian detection and attribution of climate change [J]. Climate Dynamics，2005，24（1）：45–55.

[161] The International Ad Hoc Detection and Attribution Group. Detecting and attributing external influences on the climate system：a review of recent advances [J]. Journal of Climate，2005，18：1291–1314.

[162] WEBER M，BARTH V，HASSELMANN K. A multi–actor dynamic integrated assessment model （MADIAM） of induced technological change and

sustainable economic growth［J］. Ecological Economics，2005，54（2-3）：306-327.

［163］von LAER D，HASSELMANN S，HASSELMANN K. Gene therapy for HIV infection：what does it need to make it work? ［J］. Journal of Gene Medicine，2006，8：658-667.

［164］von LAER D，HASSELMANN S，HASSELMANN K. Impact of gene-modified T cells on HIV infection dynamics［J］. Journal of Theoretical Biology，2006，238：60-77.

［165］HASSELMANN K，BARKER T. The Stern Review and the IPCC fourth assessment report：implications for interaction between policy makers and climate experts. An editorial essay［J］. Climatic Change，2008，89：219-229.

［166］JAEGER C C，KRAUSE J，HAAS A，et al. A method for computing the fraction of attributable risk related to climate damages［J］. Risk Analysis，2008，28：815-823.

［167］HASSELMANN K. Simulating human behavior in macroeconomic models applied to climate change［C］// Dahlem Conference "Is there a mathematics of social entities"，December14-19，2008，Berlin，Germany. 2009：1-19.

［168］HASSELMANN K. What to do? Does science have a role? ［J］. European Physical Journal-Special Topics，2009，176：37-51.

［169］HASSELMANN K. Application of system dynamics to climate policy assessment ［M］// A. Fitt，J. Norbury，H. Ockendon，et al. Progress in Industrial Mathematics at ECMI 2008. Berlin：Springer，2010：203-208.

［170］HASSELMANN K. The climate change game［J］. Nature Geosciences，2010，3：511-512.

［171］HASSELMANN K，VOINOW A. The actor-driven dynamics of decarbonization［M］// Klaus Hasselmann，Carlo Jaeger，Gerd Leipold，et al. Reframing the problem of climate change. Milton Park：Earthscan，2012：131-159.

［172］JAEGER C C，HASSELMANN K，LEIPOLD G，et al. Conclusion—Action for climate［M］// Klaus Hasselmann，Carlo Jaeger，Gerd Leipold，et al.

Reframing the problem of climate change. Milton Park：Earthscan，2012：237-244.

［173］JAEGER C C，HASSELMANN K，LEIPOLD G，et al. Introduction：Beyond the zero sum game：from shirking burdens to sharing benefits ［M］// Klaus Hasselmann，Carlo Jaeger，Gerd Leipold，et al. Reframing the problem of climate change. Milton Park：Earthscan，2012：1-14.

［174］GIUPPONI C，BORSUK M，de VRIES B. Innovative approaches to integrated global change modelling ［J］. Environmental Modelling and Software，2013，44：1-9.

［175］HASSELMANN K，KOVALEVSKY D V. Simulating animal spirits in actor-based environmental models ［J］. Environmental Modelling and Software，2013，44：10-24.

［176］HASSELMANN K，CHAPRON B，AOUF L，et al. The ERS SAR wave mode：A breakthrough in global ocean wave observations ［M］// Y. Desnos. ERS Missions：20 Years of Observing the Earth. Noordwijk：ESA/ESTEC，2013：167-197.

［177］HASSELMANN K. A classical path to unification ［J］. Journal of Physics Conference Series，2013，437：012-023.

［178］HASSELMANN K，MAIER-REIMER E. The discovery of silence ［J］. Nature Geoscience，2013，8（10）：809-809.

［179］HASSELMANN K. Detecting and responding to climate change ［J］. Tellus，Series B—Chemical and Physical Meteorology，2013，65：20，088.

［180］KOVALEVSKY D，HASSELMANN K. A hierarchy of out-of-equilibrium actor-based system-dynamic nonlinear economic models ［J］. Discontinuity，Nonlinearity，and Complexity，2014，3：303-318.

［181］KOVALEVSKY D，HASSELMANN K. Assessing the transition to a low-carbon economy using actor-based system-dynamic models ［C］// Proceedings—7th International Congress on Environmental Modelling and Software，iEMSs 2014，2014：1865-1872.

［182］KOVALEVSKY D V，HASSELMANN K. Modelling the impacts of a national carbon tax in a country with inhomogeneous regional development：an actor-based system-dynamic approach［C］// St. Petersburg，Russia：ERSA 54th Congress "Regional development & globalisation：Best practices"，26-29 August 2014. Louvain-la-Neuve：European Regional Science Association（ERSA），2014：1-15.

［183］HASSELMANN K，CREMADES R，FILATOVA T，et al. Free-riders to forerunners［J］. Nature Geoscience，2015，8：895-898.

［184］KOVALEVSKY D V，HASSELMANN K. Actor-based system dynamics modelling of win-win climate mitigation options［C］// Toulouse，France：The 8th International Congress on Environmental Modelling and Software（iEMSs 2016），10-14 July 2016，2016：1-8.

［185］KOVALEVSKY D，HEWITT R，de BOER C，et al. A dynamic systems approach to the representation of policy implementation processes in a multi-actor world ［J］. Discontinuity，Nonlinearity，and Complexity，2017，6：219-245.

［186］HEINZE C，HASSELMANN K. Preface：Ernst Maier-Reimer and his way of modelling the ocean［J］. Biogeosciences，2019，16（Spec. Issue：Progress in quantifying ocean biogeochemistry – in honour of Ernst Maier-Reimer）：751-753.

［187］PETTERSSON L H，KJELAAS A G，KOVALEVSKY D V，et al. Climate change impact on the Arctic economy ［M］// O. M. Johannessen，L. P. Bobylev，E. V. Shalina，et al. Sea Ice in the Arctic：Past，Present and Future. Cham：Springer International Publishing，2020：465-506.

［188］HEWITT R，CREMADES R，KOVALEVSKY D，et al. Beyond shared socioeconomic pathways（SSPs）and representative concentration pathways（RCPs）：climate policy implementation scenarios for Europe，the US and China［J］. Climate Policy，2021，21：434-454.

Other Publications and Grey Literature

［189］HASSELMANN K. Über die Trägheitskräfte der isotropen Turbulenz［D］. Hamburg：Technische Universität Hamburg，1955.

［190］HASSELMANN K. Potentialtheoretische Druckverteilung an einigen drehsymmetrischen Halbkörpern［R］. Schriftenreihe Schiffbau，1955，29.

［191］HASSELMANN K. Über eine Methode zur Bestimmung der Reflflexion und Brechung von Stoßfronten und von beliebigen Wellen kleiner Wellenlängen an der Trennungsflfläche zweier Medien［D］. Göttingen：Universität Göttingen，1957.

［192］HASSELMANN K. Zur Deutung der dreifachen Geschwindigkeit skorrelationen der isotropen Turbulenz［R］. Schriftenreihe Schiffbau，1958，84.

［193］HASSELMANN K. Decay of wave-induced velocity flfluctuations in the small HSVA Tank［R］. Schriftenreihe Schiffbau，1960，66.

［194］HASSELMANN K.Über den Einflfluß nichtlinearer Wechsel wirkungen auf die Energieverteilung in einem Seegangsspektrum［R］. Schriftenreihe Schiffbau，1960，81.

［195］HASSELMANN K. Interpretation of Phillips' wave growth mechanism ［M］// United States Naval Oceanographic Office. Ocean wave spectra：Proceedings of a conference. Englewood Cliffs，N.J.：Prentice-Hall，1963.

［196］HASSELMANN K. Der Sonnenwind［C］// Göttingen，Germany：Jahrbuch der Akademie der Wissenschaften in Göttingen，1970：22-25.

［197］SELL W，HASSELMANN K. Computations of nonlinear energy transfer for JONSWAP and empirical wind wave spectra［R］. Hamburg：Institut für Geophysik，Universität Hamburg，1972.

［198］HASSELMANN K. The dynamical coupling between the atmosphere and the ocean［R］. In the influence of the ocean on climate. Genf：WMO.（Reports on marine science affairs；11），1977：31-44.

［199］HASSELMANN K. Klimamodelle［R］. Annalen der Meteorologie，Deutsche Meteorologen Tagung，N. F. 1980，15：81-82.

［200］HASSELMANN S，HASSELMANN K. A symmetrical method of computing the nonlinear transfer in a gravity wave spectrum［M］. Hamburger：G.M.L.Wittenborn Söhne，1981.

［201］MAIER-REIMER E，MÜLLER D，OLBERS D，et al. An ocean circulation model for climate variability studies［R］. Hamburg：Max-Planck-Institut für Meteorologie，1982.

［202］MAIER-REIMER E，MÜLLER D，OLBERS D，et al. Ein Modell der

ozeanischen Zirkulation zur Untersuchung von Klimaschwankungen［R］. Hamburg：Max-Planck-Institut für Meteorologie，1982.

［203］YOUNG I R，HASSELMANN S，HASSELMANN K. Calculation of the nonlinear wave-wave interactions in cross seas［R］. Hamburger Geophysikalische Einzelschriften—Reihe A：Wissenschaftliche Abhandlungen，1985：74.

［204］HASSELMANN K，HASSELMANN S，BAUER E，et al. Development of a Satellite SAR Image Spectra and Altimeter Wave Height Data Assimilation System for ERS-1［R］. Report/Max-Planck-Institute for Meteorology，1988：19.

［205］OBERHUBER，J.，HASSELMANN K. Ozeanmodelle［R］. Promet，1988，18（Nos. 1-3—Das Max-Planck-Institut für Meteorologie）：14-21.

［206］HASSELMANN K，HASSELMANN S，BARTHEL K. European Space Agency Contract Report use of a wave model as a validation tool for ERS-1 AMI Wave products and as an input for the ERS-1 Wind Retrieval Algorithms［R］. Report/Max-Planck-Institut für Meteorologie，1990：55.

［207］LATIF M.. Strategies for future climate research：A collection of papers presented at the birthday colloquium in honour of Klaus Hasselmann's 60th anniversary［M］. Hamburg：Max-Planck-Institut für Meteorologie，1991.

［208］HASSELMANN K. Das Klimamodell：zu den Grundlagen des Klimasystems［M］// Ruprecht-Karls-Universität Heidelberg. Klima：Vorträge im Wintersemester 1992/93［Sammelband der Vorträge des Studium Generale］. Heidelberg：Heidelberger Verl.-Anst.，1993：9-29.

［209］HASSELMANN K，SELL W，BLUN W，et al. Deutsches Klimarechenzentrum［R］. Hamburg：DKRZ，1994.

［210］HASSELMANN K，BENGTSSON L，CUBASCH U，et al. Detection of anthropogenic climate change using a fingerprint method［R］. Report/Max-Planck-Institut für Meteorologie，1995，168.

［211］SANTER B D，CUBASCH U，HASSELMANN K，et al. Selecting components of a greenhouse-gas fingerprint. In global change［C］// Terme，Italy：Proceedings of the first Demetra meeting held at Chianciano Terme，Italy from 28 to 31

October 1991. Luxemburg: Office for Official Publications of the European Community. 1995: 164–183.

［212］HASSELMANN K. Optimierte Klimaschutzstrategien［C］// In Klima-Umwelt-Gesellschaft: ein interdisziplinäres Seminar der Universität Hamburg am 16./17. November 1995 im Haus Rissen at Hamburg, Germany: Universität Hamburg, 1996: 9–23.

［213］HEIMBACH P, HASSELMANN S, BRÜNING C. Application of wave spectral retrievals from ERS-1 wave mode data for improved wind and wave field analyses ［M］// Proceedings of the Second ERS Applications workshop. Noordwijk: ESA/ESTAC, 1996: 303–308.

［214］CZAKAINSKI M, HASSELMANN K. Klimaforschung im Kreuzfeuer der Interessen: Interview mit Prof. Dr. Klaus Hasselmann［J］. Energiewirtschaftliche Tagesfragen: ET, 1997, 47: 568–574.

［215］HASSELMANN K. Die Launen der Medien: eine Antwort auf die Kritik an der Klimaforschung［R］. Die ZEIT, （32/1997）, 1997.

［216］HASSELMANN S, BENNEFELD C, HASSELMANN K, et al. Intercomparison of two-dimensional wave spectra obtained from microwave instruments, buoys and WAM Model simulations during the surface wave dynamics experiment［R］. Report/Max-Planck-Institut für Meteorologie, 1998: 258.

［217］TETT S, MITCHELL J, HASSELMANN K, et al. Attribution beyond discernible—Workshop aims［R］. In S. Tett, & et al. （Eds.）, Attribution: Beyond discernible. Euroclivar Workshop on Climate Change Detection and Attribution （Report Eucliv; 10）, 1998: 31–41.

［218］HASSELMANN K. （Über）Leben auf dem Raumschiff Erde［M］// H. Adamski. Der Gott der Fakultäten. Münster: Lit., 2000: 181–202.

［219］HASSELMANN K, LEHNER S, SCHULZ-STELLENFLETH J. FEME ESA Report: ERS SAR Observations of ocean waves in the marginal ice zone ［R］. 2000.

［220］JOHANNESSEN O M, SANDVEN S, SAGEN H, et al. Acoustic

Monitoring of the Ocean Climate in the Arctic Ocean （AMOC）：Final Report［R］. NERSC Technical Report，2001：198.

［221］HASSELMANN K. Der Kyoto–Prozess zum Klimaschutz：Hintergründe und Entwicklungsoptionen aus Sicht der Klimaforschung［R］. In Kraft–Wärme–Kopplung als Beitrag zu Klimaschutz und Energieeinsparung. Braunschweig：Cramer，2002：7–16.

［222］WELP M，HASSELMANN K，JAEGER C C. Climate change and paths to sustainability：the role of science based stakeholder dialogues［J］. Reference Magazine，2003，19：8–13.

［223］KOVALEVSKY D，HASSELMANN K. Out–of–equilibrium actor–based system–dynamic modeling of the economics of climate change［R］. In GSS Preparatory Workshop for the 3rd Open Global Systems Science Conference （2014）. Beijing，China，2013.

［224］ARTO I，CAPELLÁN–PÉREZ I，FILATOVA T，et al. Review of existing literature on methodologies to model non– linearity，thresholds and irreversibility in high–impact climate change events in the presence of environmental tipping points［R］. EU FP7 COMPLEX Report，2014：D5.2.

［225］FILATOVA T，MOGHAYER S，ARTO I，et al. Dynamics of climate–energy–economy systems：development of a methodological framework for an integrated system of models［R］. EU FP7 COMPLEX Report，2014：D5.3.

［226］MOGHAYER S，CAPELLÁN–PÉREZ I，ARTO I，et al. State of the art review of climate–energyeconomic modeling approaches［R］. EU FP7 COMPLEX Report，2013：D5.1.

［227］von STORCH H，Barkhordarian A，HASSELMANN K，et al. Can climate models explain the recent stagnation in global warming?［R］. 2013.

［228］KOVALEVSKY D，ARTO I，DHAVALA K. Report on integration of climate scenarios in the modeling system［R］. EU FP7 COMPLEX Report，2015：D5.4.

［229］ARTO I，BOONMAN H，CAPELLÁN–PÉREZ I，et al. Coupled environment–ecology models［M］// N. Winder，H. Liljenström. EU FP7 COMPLEX Final Scientific Report，Vol. 2：Non–linearities and System–Flips. Sigtuna，Sweden：

Sigtunastiftelsen，2016：81–108.

［230］ARTO I，BOONMAN H，CAPELLÁN–PÉREZ I，et al. Climate mitigation policies［M］// N. Winder，& H. Liljenström. EU FP7 COMPLEX Final Scientific Report，Vol. 2：Non–linearities and System–Flips. Sigtuna，Sweden：Sigtunastiftelsen，2016：67–80.

［231］ARTO I，BOONMAN H，CAPELLÁN–PÉREZ I，et al. Lake system［M］// N. Winder，H. Liljenström. EU FP7 COMPLEX Final Scientific Report，Vol. 2：Non–linearities and System–Flips. Sigtuna，Sweden：Sigtunastiftelsen，2016：55–66.

［232］ARTO I，CAPELLÁN–PÉREZ I，FILATOVA T，et al. Socio–ecological system［M］// N. Winder，H. Liljenström. EU FP7 COMPLEX Final Scientific Report，Vol. 2：Non–linearities and System–Flips. Sigtuna，Sweden：Sigtunastiftelsen，2016：49–54.

［233］ARTO I，CAPELLÁN–PÉREZ I，FILATOVA T，et al. The climate system［M］// N. Winder，H. Liljenström. EU FP7 COMPLEX Final Scientific Report，Vol. 2：Non–linearities and System–Flips. Sigtuna，Sweden：Sigtunastiftelsen，2016：43–48.

［234］ARTO I，CAPELLÁN–PÉREZ I，FILATOVA T，et al. Definitions［M］// N. Winder，H. Liljenström. EU FP7 COMPLEX Final Scientific Report，Vol. 2：Non–linearities and System–Flips. Sigtuna，Sweden：Sigtunastiftelsen，2016：39–42.

［235］HASSELMANN K，KOVALEVSKY D. A hierarchy of out–of–equilibrium actor–based system–dynamic nonlinear economic models［M］// N. Winder，H. Liljenström. EU FP7 COMPLEX Final Scientific Report，Vol. 2：Non–linearities and System–Flips. Sigtuna，Sweden：Sigtunastiftelsen，2016：109–117.

［236］KOVALEVSKY D，HASSELMANN K. Actor–based system dynamics modelling of abrupt climate change scenarios［M］// N. Winder，H. Liljenström. EU FP7 COMPLEX Final Scientific Report，Vol. 2：Non–linearities and system–flips. Sigtuna，Sweden：Sigtunastiftelsen，2016：118–127.

［237］KOVALEVSKY D，SHCHIPTSOVA A，ROVENSKAYA E，et al. Narrowing uncertainty of projections of the global economy climate system dynamics via mutually compatible integration within multi–model ensembles［R］. IIASA Working

Paper，WP–16–015，2016.

［238］HASSELMANN K. 12 Fragen An. 12 Questions to［J］. Gaia–Ecological Perspectives for Science and Society，2017，26：4–5.

［239］HEWITT R，HASSELMANN K，KOVALEVSKY D V. The transformative role of actor interactions：new approaches to the climate policy narrative［C］// Glasgow，UK：The 11th International Social Innovation Research Conference（ISIRC 2019）—ISIRC Abstract Booklet，2019.

Books

［240］FAVRE A，HASSELMANN K. Turbulent fluxes through the sea surface，wave dynamics，and prediction［M］. Berlin：Springer Verlag，1978.

［241］HUNT J J，BENGTSSON L，BOLLE H–J，et al. The use of satellite data in climate models：Proceedings of a conference held in Alpach，Austria，10–12 June 1985［M］. Noordwijk：ESA Scientific & Technical Publications Branch，1985.

［242］The SWAMP Group. Ocean wave modeling［M］. New York：Plenum Publishing Corporation，1985.

［243］Phillips O M，HASSELMANN K. Wave dynamics and radio probing of the ocean surface［M］. New York：Plenum Publishing Corporation，1986.

［244］KOMEN G，CAVALERI L，DONELAN M，et al. Dynamics and modelling of ocean waves［M］. Cambridge：Cambridge University Press，1996.

［245］von STORCH H，HASSELMANN K. Seventy years of exploration in oceanography：A prolonged weekend discussion with Walter Munk［M］. Berlin：Springer，2020.

［246］JAEGER C，HASSELMANN K，LEIPOLD G，et al. Reframing the problem of climate change：From zero sum game to win–win solutions［M］. Milton Park：Earthscan，2012.

5.3 克劳斯·哈塞尔曼获得的奖项

1963年1月，获卡尔·克里斯蒂安森纪念奖。

1964年4月，获美国地球物理联合会詹姆斯·B.麦克尔万奖。

1970年11月，获哥廷根科学院（Academy of Sciences in Göttingen）颁发的物理学学术奖。

1971年1月，获美国气象学会斯维德鲁普奖章。

1981年12月，获遥感学会贝尔福托-欧洲遥感奖。

1990年4月，获美国国家科学院罗伯逊纪念演讲奖。

1990年9月，获科伯基金会欧洲科学奖。

1993年6月，获挪威卑尔根南森北极熊奖。

1994年12月，获英国波特兰市水下技术协会主办的海洋学奖。

1996年3月，获国际海洋学终身成就奖。

1996年10月，获1996年意大利Italgas研究与创新奖。

1998年11月，获德国联邦环境基金会1998年环境奖。

1999年5月，获达姆施塔特技术大学的卡尔·库普穆勒环。

2000年7月，获英国东英吉利大学荣誉博士称号。

2002年4月，获欧洲地球物理学会Vilhelm Bjerknes奖章。

2005年11月，获西班牙阿尔卡拉大学金奖。

2007年，获国际统计气候学会议成就奖。

2009年，获BBVA基金会科学前沿奖。

2021年，获诺贝尔物理学奖。https：//www.nobelprize.org/prizes/physics/2021/summary.